Scott Foresman

Cuaderno de lectores y escritores

Glenview, Illinois • Boston, Massachusetts • Chandler, Arizona
Upper Saddle River, New Jersey

ISBN 13: 978-0-328-48377-8
ISBN 10: 0-328-48377-X
3 4 5 6 7 8 9 10 V031 14 13 12 11
CC2

Unidad 1: Exploración

Unidad 2: Trabajamos juntos

Unidad 3: Ideas creativas

Unidad 4: Nuestro mundo cambiante

Unidad 5: Responsabilidad

Unidad 6: Tradiciones

Nombre ______________________________

Registro de lecturas Unidad 1

Tiempo de lectura	Título y autor	¿De qué se trata?	¿Cómo la calificas?	¿Por qué?
De _____ a _____			Muy buena Buena Mala	
De _____ a _____			Muy buena Buena Mala	
De _____ a _____			Muy buena Buena Mala	
De _____ a _____			Muy buena Buena Mala	
De _____ a _____			Muy buena Buena Mala	

Nombre ______________________________

Registro de lecturas Unidad 2

Tiempo de lectura	Título y autor	¿De qué se trata?	¿Cómo la calificas?	¿Por qué?
De _____ a _____			Muy buena Buena Mala	
De _____ a _____			Muy buena Buena Mala	
De _____ a _____			Muy buena Buena Mala	
De _____ a _____			Muy buena Buena Mala	
De _____ a _____			Muy buena Buena Mala	

Nombre ____________________

Registro de lecturas Unidad 3

Tiempo de lectura	Título y autor	¿De qué se trata?	¿Cómo la calificas?	¿Por qué?
De _____ a _____			Muy buena Buena Mala	
De _____ a _____			Muy buena Buena Mala	
De _____ a _____			Muy buena Buena Mala	
De _____ a _____			Muy buena Buena Mala	
De _____ a _____			Muy buena Buena Mala	

Nombre ______________________________

Registro de lecturas Unidad 4

Tiempo de lectura	Título y autor	¿De qué se trata?	¿Cómo la calificas?	¿Por qué?
De ______ a ______			Muy buena Buena Mala	
De ______ a ______			Muy buena Buena Mala	
De ______ a ______			Muy buena Buena Mala	
De ______ a ______			Muy buena Buena Mala	
De ______ a ______			Muy buena Buena Mala	

Nombre ________________________________

Registro de lecturas Unidad 5

Tiempo de lectura	Título y autor	¿De qué se trata?	¿Cómo la calificas?	¿Por qué?
De _____ a _____			Muy buena Buena Mala	
De _____ a _____			Muy buena Buena Mala	
De _____ a _____			Muy buena Buena Mala	
De _____ a _____			Muy buena Buena Mala	
De _____ a _____			Muy buena Buena Mala	

Nombre ____________________________

Registro de lecturas Unidad 6

Tiempo de lectura	Título y autor	¿De qué se trata?	¿Cómo la calificas?	¿Por qué?
De _____ a _____			Muy buena Buena Mala	
De _____ a _____			Muy buena Buena Mala	
De _____ a _____			Muy buena Buena Mala	
De _____ a _____			Muy buena Buena Mala	
De _____ a _____			Muy buena Buena Mala	

Nombre ____________________

Título del cuento ____________________

Autor ____________________

Escribe por qué es importante verificar tu comprensión mientras lees. Luego escribe lo que puedes hacer para **aclarar** algo que no entiendes.

Vuelve a mirar el cuento. ¿Hubo partes que no entendiste? **Escribe** las preguntas que te hiciste para entender mejor el cuento. **Escribe** lo que hiciste para aclarar tu comprensión.

Nombre ______________________

Título del cuento ______________________

Autor ______________________

Haz un **dibujo** de ti mismo en una nave espacial. ¿Qué ropa llevarías? ¿Qué harías? **Escribe** una oración que hable de tu ropa o equipo.

Puedes usar la organización del **texto** para recordar o entender lo que lees.

Escribe otro encabezado que pregunte algo sobre los astronautas. Luego usa el texto para **escribir** una respuesta.

Encabezado:

Respuesta:

Nombre ______________________________

Título del cuento ______________________________

Autor ______________________________

Encierra en un círculo lo que es verdadero acerca de la ficción realista.

Incluye animales que actúan como personas.

Incluye personajes.

Es un cuento para ser representado.

Tiene un ambiente.

Es una historia inventada que podría pasar en la vida real.

Dibuja imágenes que muestren lo que pasó al principio, al medio y al final del cuento. Escribe una oración corta sobre cada dibujo. Asegúrate de incluir los personajes y el ambiente.

Nombre ______________________________

Título del cuento ______________________________

Autor ______________________________

¿Qué sabes sobre los árboles? **Dibuja** dos o tres tipos de árboles que conozcas. **Rotula** los árboles. Luego **escribe** una oración que describa los árboles.

____

¿Qué aprendiste sobre los árboles? **Escribe** dos o tres hechos sobre los árboles. **Dibújalos.**

Nombre ______________________________

Título del cuento ______________________________

Autor ______________________________

Mira el título y las imágenes del cuento. **Predice** lo que sucederá en el cuento. **Establece un propósito** para la lectura. **Escribe** o **dibuja**.

Verifica tus predicciones. ¿Fueron correctas? ¿Cumpliste con el propósito de tu lectura? **Explica.**

Nombre ______________________________

Título del cuento ______________________________

Autor ______________________________

Haz un dibujo que muestre cómo ayudan los perros a las personas. Luego **escribe** una oración acerca de tu dibujo.

Escribe cómo Tere y Zuci trabajaron juntas para rescatar a Jim. **Resume.**

Nombre ______________________________

Título del cuento ______________________________

Autor ______________________________

Encierra en un círculo las oraciones verdaderas acerca de los textos informativos.

Incluye personajes ficticios.

El texto informa a los lectores.

Incluye hechos y detalles.

Es una historia inventada que podría pasar en la vida real.

Puede tratar sobre lugares y eventos reales.

Puedes poner atención a **cómo está organizado un texto** para entender mejor lo que lees.

Vuelve a mirar el cuento. **Escribe** cómo está organizado el texto. ¿Te ayudó la organización de este cuento a entender lo que leíste? Explica.

____

____

Nombre ______________________

Título del cuento ______________________

Autor ______________________

Haz un dibujo de tu mascota favorita. **Escribe** una oración que diga si podrías cuidar de tu mascota favorita.

¿Qué harías si no pudieras cuidar de tu mascota favorita? **Escribe.**

Nombre ________________________________

Título del cuento ________________________________

Autor ________________________________

Subraya las oraciones que son verdaderas acerca de las obras de teatro.

Se escriben para ser representadas.

Informan a los lectores sobre personajes reales.

Incluyen diálogo.

Incluyen hechos y detalles.

Incluyen personajes, ambiente y argumento.

Explican cómo hacer algo.

Puedes poner atención a **cómo está organizado un texto** para entender mejor lo que lees.

Escribe sobre un aspecto de las obras de teatro. Di cómo ayudó a contar el cuento.

Nombre ______________________________

Título del cuento ______________________________

Autor ______________________________

Subraya las oraciones que son verdaderas acerca de los cuentos folklóricos.

Los personajes siempre son animales.

Son cuentos que se contaban hace muchos años.

Proponen una moraleja o lección sobre la vida.

Incluyen rima.

Con frecuencia incluyen palabras repetidas.

Cuentan algo sobre un evento histórico.

Puedes usar pistas en el texto para **descubrir más cosas** de las que se dicen en el cuento. Esto se llama **inferir.**

Piensa sobre uno de los personajes del cuento. ¿Qué puedes descubrir, o inferir, de las acciones de este personaje o de lo que dijo? **Escribe.**

____

____

____

Nombre ______________________________

Título del cuento ______________________________

Autor ______________________________

Puedes **hacer preguntas** sobre las imágenes de un cuento antes de leer para entender mejor lo que leerás.

Mira las imágenes. **Escribe** cualquier pregunta que tengas antes de leer.

____

____

Ahora **responde** tus preguntas. Vuelve a mirar el cuento si necesitas ayuda.

____

____

____

Nombre ________________________

Título del cuento ________________________

Autor ________________________

Mira el título y las imágenes del cuento. **Predice** qué sucederá en el cuento. **Establece un propósito** para la lectura. **Escribe.**

Verifica tus predicciones. ¿Fueron correctas? ¿Cumpliste con el propósito de tu lectura? **Explica.** ¿Qué te sorprendió y por qué?

Nombre ______________________

Título del cuento ______________________

Autor ______________________

Piensa sobre el cuento que leíste. Luego responde las preguntas sobre los cuentos folklóricos.

Un cuento folklórico es un cuento que se contaba ______________________.

Un cuento folklórico con frecuencia da una ______________________ sobre la vida.

Con frecuencia incluye ______________________ que se repiten.

Ahora compara *Anansi* y *Toda buena obra*. Completa la tabla.

	Toda buena obra	Anansi
Personajes		
Argumento		

Nombre ______________________________

Título del cuento ______________________________

Autor ______________________________

Mira el título y las ilustraciones del cuento. **Predice** qué sucederá en el cuento. **Establece un propósito** para la lectura. **Escribe.**

Verifica tus predicciones. **Encierra en un círculo** las predicciones correctas. ¿Cumpliste tu propósito de lectura? **Explica** por qué o por qué no. ¿Hubo algo en el cuento que te sorprendió? ¿Por qué? **Escribe.**

Nombre ________________________________

Título del cuento ________________________________

Autor ________________________________

Escribe las características de una biografía.

Vuelve a mirar el texto. ¿Hubo partes difíciles de entender? **Escribe** las preguntas que te hiciste. Luego **escribe** lo que hiciste para aclarar tu comprensión de la lectura.

Nombre ______________________________

Título del cuento ______________________________

Autor ______________________________

Haz un dibujo que muestre cómo se ve la casa de Pepita.
Escribe una oración que diga por qué Pepita no quiere mudarse.

Mira tu dibujo de la casa de Pepita. **¿Cómo** crees que es la nueva casa de Pepita? **Añade** a tu dibujo cosas que podría tener la nueva casa de Pepita?

Nombre ______________________

Título del cuento ______________________

Autor ______________________

Haz dibujos de una semilla y lo que sucedería si sembráramos la semilla. Escribe una oración que diga una forma en que la planta podría cambiar con el tiempo.

Piensa sobre lo que sucede cuando alguien siembra una semilla de calabaza. **Haz dibujos** de las etapas en el ciclo de vida de una calabaza. **Escribe** una oración corta debajo de cada dibujo en la que hables de cada etapa.

Nombre ________________________________

Título del cuento ________________________________

Autor ________________________________

Puedes **hacer preguntas** sobre lo que vas a leer para entender mejor el cuento.

¿Qué **preguntas** quisieras hacer acerca del suelo? **Piensa** acerca de lo que crece en el suelo y lo que podrías encontrar si excavas en el suelo. **Escribe** preguntas.

Lee las preguntas que hiciste sobre el suelo. **Escribe** una respuesta a cada pregunta que haya sido respondida en el cuento.

Nombre ______________________________

Título del cuento ______________________________

Autor ______________________________

Encierra en un círculo las oraciones verdaderas sobre los mitos.

Un mito es un cuento inventado sobre algo de la naturaleza.

Un mito es un cuento que no podrá ocurrir en la vida real.

Un mito incluye personajes que son dioses o superhéroes.

Un mito es un cuento que tiene lugar en la actualidad.

Busca las características del mito mientras lees.

Lee las oraciones que son características del mito. **¿Cuáles** de esas características puedes encontrar en el cuento? **Escribe** ejemplos de esas características que hayas encontrado en el cuento.

____

____

Nombre ______________________________

Título del cuento ______________________________

Autor ______________________________

Escribe las distintas maneras en que puedes **verificar** y **aclarar** tu comprensión de la lectura. **Usa** estas maneras al leer *La primera tortilla*.

Lee tu lista de maneras de **verificar** y **aclarar** tu comprensión de la lectura. **Escribe** ejemplos de cómo las usaste para entender mejor *La primera tortilla*.

Nombre ______________________________

Título del cuento ______________________________

Autor ______________________________

Dibuja un bombero trabajando. **Escribe** una oración que explique qué trabajo está haciendo el bombero.

Escribe dos o tres **hechos** que aprendiste sobre el trabajo de un bombero.

Nombre ______________________________

Título del cuento ______________________________

Autor ______________________________

Lee el título del cuento y **mira** las ilustraciones. **Establece un propósito** para leer el cuento. **Escribe** o **dibuja.**

Cuando **visualizas** un cuento, formas imágenes en tu mente basadas en los detalles del cuento.

Haz un dibujo de cómo **visualizas** un hecho del cuento.

Nombre ______________________________

Título del cuento ______________________________

Autor ______________________________

Haz dos dibujos de ti mismo con la abuelita de José. **Escribe** burbujas de diálogo que muestren lo que te diría la abuelita.

¿Qué crees que aprende José cuando camina en el parque con su abuelita? **Escribe.**

Nombre ______________________________

Título del cuento ______________________________

Autor ______________________________

Antes de leer un cuento, puedes usar lo que sabes para **predecir** lo que los personajes del cuento harán.

Lee el título del cuento y **mira** las ilustraciones. ¿Qué puedes **predecir** sobre los personajes de Horacio, Morris y Dolores? **Escribe.**

Lee lo que **predijiste** sobre los personajes. **¿Predijiste** lo que realmente pasó? **Escribe** oraciones para **volver a contar** la parte del cuento que más te sorprendió, y por qué.

Nombre ______________________________

Título del cuento ______________________________

Autor ______________________________

Encierra en un círculo las oraciones verdaderas sobre la ficción realista.

Los personajes siempre son animales.

Tiene un principio, un medio y un final.

Los personajes parecen reales.

Es un cuento inventado.

Busca las características de la ficción realista mientras lees.

A veces los autores no nos dicen todo lo que sucede en un cuento. Para descubrir más de lo que ocurre, puedes **inferir.** Puedes usar claves del cuento y lo que ya sabes.

¿Qué puedes **inferir** sobre Norman? **Escribe** lo que crees que pasará con él en el futuro.

Nombre ________________________

Título del cuento ________________________

Autor ________________________

Escribe por qué es importante **verificar** tu comprensión mientras lees. Luego **escribe** qué puedes hacer para **aclarar** algo que no comprendes.

¿Hubo partes del cuento que no comprendiste? **Escribe** una pregunta que te hiciste para entender mejor el cuento.

Ahora vuelve a leer la parte del cuento que te ayuda a responder la pregunta. **Escribe** la respuesta a tu pregunta.

Nombre ______________________________

Título del cuento ______________________________

Autor ______________________________

Lee el título del cuento y **mira** las ilustraciones. Usa lo que sabes para **predecir** lo que el cuento te dirá sobre la bandera de los Estados Unidos. **Escribe.**

Verifica tus predicciones. ¿Fueron correctas? **Escribe** una oración o **haz un dibujo** que diga un hecho importante que aprendiste en el cuento.

Nombre ______________________________

Título del cuento ______________________________

Autor ______________________________

Puedes **hacer preguntas** sobre lo que vas a leer para entender mejor el cuento. Luego puedes buscar las respuestas a tus preguntas mientras lees.

¿Qué **preguntas** puedes hacer acerca del cuento? **Escribe** tus respuestas.

Mira las preguntas que tenías antes de leer el cuento. **Escribe** las respuestas a tus preguntas.

Nombre ______________________________

Título del cuento ______________________________

Autor ______________________________

Encierra en un círculo la palabra correcta para completar cada oración acerca de un texto informativo.

Con frecuencia cuenta _____ sobre personas reales. chistes hechos

Con frecuencia cuenta sobre una forma de vida _____.
inventada verdadera

Con frecuencia describe sucesos de _____. historia fantasía

Busca las características del texto informativo en el cuento.
Escribe las características que encuentres.

¿Hubo características que no pudiste encontrar? Si la respuesta es sí, **escribe** cuáles.

Nombre ______________________________

Título del cuento ______________________________

Autor ______________________________

Mira las ilustraciones y **lee** el título y las oraciones principales del cuento. Luego usa esas ideas para escribir tu propósito de lectura y **predecir** lo que pasará en el cuento.

Verifica tu propósito de lectura y tus predicciones. ¿Cumpliste tu propósito? ¿Fueron correctas tus predicciones? **Escribe** para explicar.

Nombre ______________________

Consejos para hablar sobre libros

- Habla sobre un libro que te guste.
- Usa una voz clara y fuerte.
- Mira directamente a tus compañeros.
- ¡No les cuentes el final!

Instrucciones Cuando hables sobre libros, responde estas preguntas.

1. ¿Cuál es el título del libro?
2. ¿Quién es el autor?
3. ¿Qué clase de libro es?
4. ¿Qué otros libros ha escrito el autor?
5. Cuenta qué fue lo que más te gustó.
6. Diles por qué deben leer el libro.

Leamos juntos

Nombre ______________________________

Antes de escribir

- Piensa con un amigo sobre las ideas.
- Haz preguntas para ayudar a tu amigo a escoger un buen tema.

Cuando revises

- Lee el trabajo de tu amigo en voz alta. Mientras escuchas, busca las partes que te gustan.
- Dile a tu amigo tres cosas que te gustaron. Di: "Me gustó la forma en que ____."
- Vuelve a leer el trabajo de tu amigo en voz alta. Busca las partes que no entiendes.
- Hazle a tu amigo las preguntas que tengas.

Te puede ser de ayuda pensar sobre:

- El título
- El principio
- El final
- Las palabras usadas
- El uso de verbos, sustantivos, adjetivos o adverbios

Nombre ______________________

Título del trabajo escrito ______________________

Instrucciones Responde las preguntas acerca de lo que escribiste.

1. ¿Cuáles son las dos mejores partes?

2. ¿Qué cosa podrías haber hecho mejor?

3. ¿Te gusta lo que escribiste? ¿Por qué sí o por qué no?

Nombre ______________________________

1. ¿Cuál de las siguientes palabras corresponde al patrón consonante-vocal-consonante-vocal?

la pato pasaba

2. ¿Cuál de las siguientes palabras corresponde al patrón consonante-vocal?

paraba otro mi

3. ¿Cuál de las siguientes palabras corresponde al patrón consonante-vocal-consonante-vocal-consonante-vocal?

nada una gusano

4. ¿Cuál de las siguientes palabras corresponde al patrón vocal-consonante-consonante-vocal?

alma era dijo

5. ¿Cuál de las siguientes palabras corresponde al patrón consonante-vocal-consonante-vocal?

comida rama ya

6. ¿Cuál de las siguientes palabras corresponde al patrón vocal-consonante-vocal?

pato una de

7. ¿Cuál de las siguientes palabras corresponde al patrón consonante-vocal-consonante-vocal-consonante-vocal?

si comida mono

8. ¿Cuál de las siguientes palabras corresponde al patrón consonante-vocal?

su otro pero

Actividad para la casa Su niño o niña identificó palabras de sílabas abiertas con diferentes patrones: *cv, vcv, cvcv, vccv* y *cvcvcv*. Pídale que busque otras palabras con sílabas abiertas y que escriba una oración con cada una.

Nombre ______________________

Escoge la palabra del recuadro que complete cada oración.
Escribe la palabra en la línea.

además	sin	medio	noche
par	propios	otro	árboles

1. La ______________ estaba clara y serena.

2. ______________ del croar de las ranas, sólo se escuchaba el cantar de la sirena.

3. Mientras tanto, los ______________ tranquilos dormían.

4. Un ______________ de lechuzas sus ojos abrían.

5. ______________ demora, el sol salió.

6. Y ______________ nuevo día comenzó.

7. En ______________ del bosque, los animales despertaron.

8. Y todos, a sus ______________ quehaceres regresaron.

Actividad para la casa Su niño o niña escribió oraciones usando las palabras de uso frecuente que aprendió esta semana. Ayúdelo a escribir un cuento sobre animales empleando estas palabras de uso frecuente.

Nombre ______________________________

Lee el cuento y mira la ilustración para averiguar más sobre el personaje Sr. James.

El señor James tiene un mercado en la esquina de mi casa. James recibe a todos sus clientes con una sonrisa y palabras agradables. En su mercado, vende leche y pan. Cuando hace calor, hace helados y se los regala a los niños. James es muy amable con todas las personas.

Encierra en un círculo la palabra que responda cada pregunta.

1. ¿Qué palabra describe al Sr. James?
   desagradable amable
2. ¿Cuál es el ambiente del cuento?
   parque tienda

Escribe la respuesta de cada pregunta.

3. ¿Por qué crees que las personas son muy amables con el Sr. James?

4. ¿Cuál es el ambiente del cuento?

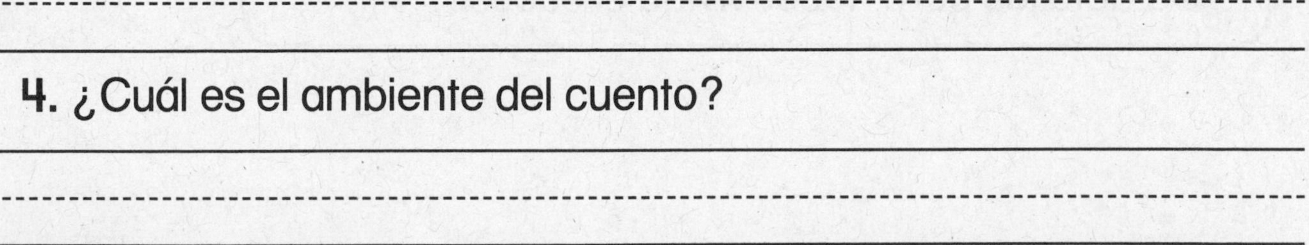

Actividad para la casa Su niño o niña describió al personaje y el ambiente del cuento. Ayúdele a escribir sobre una persona interesante del vecindario. Asegúrese de que describa por qué esa persona es amable o interesante.

Nombre ______________________________

Subir una montaña

Mi nombre es Sasha. Yo subí hasta lo alto de una montaña. Fue el verano pasado. Mi papá manejó por la curvada carretera hacia arriba y hacia arriba. ¡Yo tenía miedo de mirar hacia abajo!

Finalmente llegamos a la cima de la montaña. Era frío y ventoso allá arriba. Por suerte, yo traía mi abrigo.

Papá y yo miramos hacia abajo de la montaña. Me señaló dónde estaba nuestro pueblo. Estaba muy lejos. Las casas me parecían tan pequeñas como si fueran de juguete. Reí mucho porque yo vivo en una de esas casitas.

Aspectos principales de una narración personal

- Cuenta una experiencia interesante en la vida del escritor.
- Cuenta una historia usando las palabras *yo* y *me*.
- Da detalles para hacer vívido el suceso.

Nombre ______________________________

Sílabas abiertas

Completa la rima con una palabra de ortografía.

Palabras de ortografía	
lado	lata
nada	toma
dijo	debo
cola	rama
mono	pato
oro	así

1. La rata en la ____________
2. El relato del ____________
3. Es mi hijo, me ____________
4. La cama en la ____________
5. Ni pomada ni ____________
6. Apoyado de ____________

Completa la oración con una palabra de ortografía.

rama
mono
cola
toma
debo
oro

7. Ella se ____________ la sopa.
8. Yo ____________ hacer la tarea.
9. El gato tiene la ____________ muy larga.
10. El ____________ salta del árbol.
11. El anillo era de ____________.
12. En la ____________ hay un nido.

Actividad para la casa Su niño o niña está escribiendo palabras con sílabas abiertas. Dele pistas de una palabra, por ejemplo: "Le gusta nadar en el lago. Tiene cuatro letras". Pídale que la adivine y la escriba (pato).

Nombre ______________________________

Pon en **orden alfabético** cada grupo de palabras.
Escoge una palabra entre ( ) que viene entre las dos palabras que se muestran.

(casa/puerta)

1. pato ______________ radio

(sopa/zapato)

2. sol ______________ ventana

(balón/pescado)

3. cometa ______________ tren

(gota/regalo)

4. avión ______________ mar

Escribe las palabras en orden alfabético.
Usa la primera letra de cada palabra como ayuda.

5. tiene, cola, mucho

____

6. isla, frijol, cereal

____

7. México, chorizo, gemelo

____

8. hoja, sombreros, poeta

____

Actividad para la casa Su niño o niña aprendió a poner palabras en orden alfabético. Escriba tres palabras diferentes en tarjetas, una palabra en cada tarjeta. Pídale que ponga las palabras en orden alfabético.

Nombre ______________________

Oraciones

Una **oración** es un grupo de palabras que cuentan una idea completa. Las palabras de una oración siempre están en orden. Las oraciones comienzan con **mayúscula.** Muchas oraciones terminan con un **punto (.).**

Yo tengo muchos amigos. ← Es una oración completa.
muchos amigos ← No es una oración completa.

Busca la oración. **Cópiala.** Luego, **di** la oración.

1. Un elefante — Yo veo un elefante.

____

2. El gusano hablaba. — El gusano

____

3. El animal preguntó por ahí. — por ahí

____

4. partido por la mitad — Estaba partido por la mitad.

____

5. con medio mono — Se encontró con medio mono.

____

Actividad para la casa Su niño o niña estudió las oraciones. Lean juntos un cuento. Pídale que señale una oración y que le diga con qué letra mayúscula empieza y con qué signo de puntuación termina.

Nombre ___________________________

Una caminata en una cueva

Sentido	Palabras
Vista	
Oído	
Tacto	
Olfato	
Gusto	

Actividad para la casa Su niño o niña está aprendiendo a escribir cuentos, poemas, informes breves, párrafos de no ficción, cartas y otros géneros este año. Pregúntele sobre qué está escribiendo esta semana.

Nombre ______________________

Mira el dibujo.
Encierra en un círculo o **escribe** las respuestas.

1. ¿Dónde puedes averiguar qué libros y cintas auditivas tiene la biblioteca?

2. ¿A quién le debes pedir ayuda? ______________________

3. ¿Dónde debes buscar un libro sobre caballos voladores?

ficción   no ficción narrativa

4. ¿Dónde debes buscar el significado de una palabra?

catálogo en línea   referencia

5. ¿Qué libro tiene información sobre el cuidado de los caballos?

El cuidado de los caballos   El caballo del cuarto de Harry

Actividad para la casa Su niño o niña aprendió cómo solicitar información en un centro multimedia o en la biblioteca. Vaya con su niño o niña a la biblioteca y si no tiene una tarjeta para la biblioteca, ayúdele a solicitar una. Juntos, usen el catálogo en línea para encontrar los libros, DVD o cintas auditivas que pueden pedir prestados.

Nombre ______________________

Sílabas abiertas

Lee el informe que Jenny escribió. Busca dos palabras mal escritas y enciérralas en un círculo. Escribe bien las palabras y luego, escribe la última oración correctamente.

Palabras de ortografía	
lado	lata
nada	toma
dijo	debo
cola	rama
mono	pato
oro	así

Palabras con ortografía difícil
afilado
gusano
mariposa

En la rama del rosal, encontré un nido vacío. Al lado se movía un guzano mientras una mariposa amarilla buscaba flores. Mi perro movía la kola al ver un pato volando en lo alto.

1. ______________ 2. ______________

3. ______________________________

Encierra en un círculo la palabra que está bien escrita. **Escríbela.**

4. llado lado ______________

5. rrama rama ______________

6. azí así ______________

7. debo devo ______________

8. marriposa mariposa ______________

Actividad para la casa Su niño o niña está aprendiendo a identificar y corregir palabras con ortografía difícil y palabras con sílabas abiertas. Pídale que escriba una palabra y luego, cambie una letra para formar otra palabra. Por ejemplo, la palabra *mono* puede convertirse en *cono* o *mano*.

Nombre ______________________________

Escoge la palabra del recuadro que complete cada oración.
Escribe la palabra en la línea.

árbol	sin	noche	par	otro

1. A Pedro se le perdió el ________________ lápiz.

2. Por la ________________, Pedro salió a caminar.

3. Detrás de un ________________, escuchó un ruido.

4. Se encontró un perro mordiendo un ________________ de zapatos viejos.

5. ________________ pensarlo, Pedro le dio de comer y se lo llevó a su casa.

Actividad para la casa Su niño o niña escribió oraciones usando algunas palabras de uso frecuente que aprendió esta semana. Ayude y anime a su niño o niña a escribir un cuento sobre el campo y los animales empleando las palabras de uso frecuente.

Nombre ______________________________

Oraciones

Marca la oración.

1
- ⬭ Los elefantes son grandes.
- ⬭ grandes
- ⬭ son muy

2
- ⬭ el elefante el mono
- ⬭ El elefante con el mono.
- ⬭ El elefante habló con el mono.

3
- ⬭ el cocodrilo
- ⬭ Mira al cocodrilo.
- ⬭ mira el

4
- ⬭ gusta ser así
- ⬭ Me gusta ser así.
- ⬭ Me ser así.

5
- ⬭ En la selva hay animales.
- ⬭ En la selva animales.
- ⬭ la selva hay animales

Escuela + Hogar **Actividad para la casa** Su niño o niña se preparó para identificar las oraciones. Pídale que le diga tres oraciones sobre cosas que le ocurrieron durante el día.

Nombre ______________________

1. ¿Cuál de las siguientes palabras corresponde al patrón consonante-vocal-consonante?

   ⬭ en ⬭ dan ⬭ esto

2. ¿Cuál de las siguientes palabras corresponde al patrón vocal-consonante?

   ⬭ esta ⬭ del ⬭ un

3. ¿Cuál de las siguientes palabras corresponde al patrón vocal-consonante-consonante-vocal?

   ⬭ al ⬭ sin ⬭ esto

4. ¿Cuál de las siguientes palabras corresponde al patrón vocal-consonante-consonante-vocal?

   ⬭ alto ⬭ por ⬭ el

5. ¿Cuál de las siguientes palabras corresponde al patrón vocal-consonante?

   ⬭ ese ⬭ es ⬭ sus

6. ¿Cuál de las siguientes palabras corresponde al patrón consonante-vocal-consonante?

   ⬭ mano ⬭ sol ⬭ el

7. ¿Cuál de las siguientes palabras corresponde al patrón vocal-consonante?

   ⬭ si ⬭ en ⬭ ser

8. ¿Cuál de las siguientes palabras corresponde al patrón consonante-vocal-consonante?

   ⬭ algo ⬭ con ⬭ al

Actividad para la casa Su niño o niña identificó palabras de sílabas cerradas con diferentes patrones: vc, cvc y vccv. Pídale que busque otras palabras con sílabas cerradas y que escriba una oración con cada una.

Nombre ______________________

Escoge la palabra del recuadro que complete cada oración.
Escribe la palabra en la línea.

mientras	**lleno**	
aprender	**viajes**	**dormir**

1. A Tania le gusta ______________ mucho.

2. Cuando se levanta, se toma un vaso ______________ de jugo.

3. ______________ se viste para ir a la escuela, su mamá lee el periódico.

4. Tania quiere ______________ a pilotar un avión como su papá.

5. Tania sueña con hacer muchos ______________ alrededor del mundo.

Actividad para la casa Su niño o niña aprendió a leer las palabras *mientras, aprender, viajes, dormir, limpios* y *lleno*. Seleccione artículos de libros o revistas sobre aviones. Luego, pida a su niño o niña que busque estas palabras en la lectura.

Nombre ____________________

Lee cada texto. **Sigue** las instrucciones.

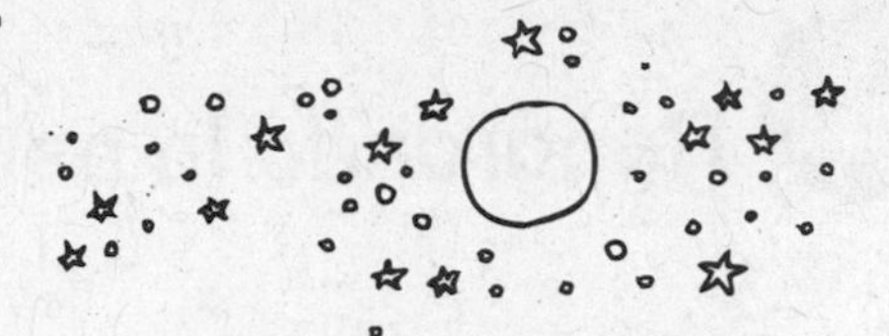

Sabemos mucho sobre la Luna. La Luna gira alrededor de la Tierra y refleja la luz del Sol. También sabemos que en su superficie hay muchos cráteres. ¿No sería divertido poder montarnos en una nave y viajar a la Luna?

1. **Escribe** la oración que exprese la idea principal.

2. **Escribe** un detalle que exprese algo más sobre la Luna.

Sabemos que Marte es rojo. También sabemos que alguna vez hubo agua en ese planeta. Marte es un lugar del cual queremos saber más.

3. **Escribe** la oración que exprese la idea principal.

4. **Escribe** un detalle que exprese algo más sobre la idea principal.

Actividad para la casa Su niño o niña describió la idea principal y los detalles de dos lecturas. Cuéntele a su niño o niña algún suceso sobre su niñez. Después, pídale que le diga la idea principal. Decidan juntos el mejor título para la historia.

Nombre ______________________________

Reparando la estación espacial

A veces, se descomponen cosas en la estación espacial y los astronautas tienen que arreglarlas. Los astronautas necesitan reparar las cosas que se descomponen dentro de la estación espacial. Es una tarea difícil. ¿Por qué? El astronauta y las herramientas flotan en la cabina. Otras veces, los astronautas tienen que arreglar cosas fuera de la estación espacial. Se ponen grandes trajes espaciales. Amarran las herramientas a sus trajes. Así las herramientas no se alejarán flotando hasta perderse en el espacio. Ellos están amarrados a la estación espacial. ¡Tampoco quieren perderse flotando en el espacio!

Aspectos principales de una no ficción expositiva

- Da información sobre un tema.
- Cuenta sobre personas, lugares y sucesos reales.
- Incluye hechos y detalles.

Nombre ______________________

Sílabas cerradas

Completa cada comparación con una palabra de ortografía.

Palabras de ortografía
atan
otros
buscan
isla
pasta
más
alma
corte
gustan
sol
alto
barcos

1. Pilotos en aviones. Marinos en ______.
2. Europa es un continente. Jamaica es una ______.
3. Estados Unidos, la hamburguesa. Italia, la ______.
4. Para pequeño, menos. Para grande, ______.
5. La casa es baja. El edificio es ______.
6. Por la noche hay luna. Por el día hay ______.

Escribe las palabras de ortografía definida por la frase.

7. rodeada de agua ______
8. con una tijera ______
9. brilla y da calor ______
10. navegan ______
11. unos hallan, otros ______
12. los cordones de zapato ______

Actividad para la casa Su niño o niña está escribiendo palabras con sílabas cerradas. Dele pistas de una palabra, por ejemplo: "Navegan y pueden tener velas". Pídale que la adivine y la escriba (barcos).

Nombre ______________________________

Mira el dibujo.
Escoge una palabra del recuadro
que te diga algo sobre cada cosa.
Escribe la palabra en la línea.

detrás **alrededor** **afuera** **sobre**

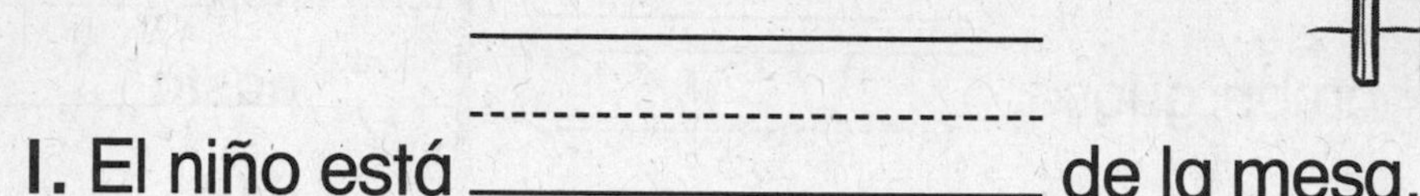

1. El niño está ______________ de la mesa.

2. Tú tienes que caminar ______________ de la mesa para llegar al frente.

3. El árbol está ______________.

4. El pájaro está volando ______________ el árbol.

Lee las siguientes instrucciones. Dibuja los objetos en la ilustración de arriba.

5. Dibuja una pelota **debajo** de la mesa.

6. Dibuja un gato **al lado de** la silla.

7. Dibuja un sombrero **dentro** de la caja.

8. Dibuja un reloj **sobre** la foto del perro.

Actividad para la casa Su niño o niña practicó usando palabras que indican posición. Juegue a "Simón dice" con su niño o niña. Use las mismas palabras de esta página en sus propias instrucciones. Por ejemplo: Simón dice: "Pon tus manos sobre tu cabeza." Simón dice: "Colócate al lado de la silla."

Nombre ______________________

Sujetos

EL **sujeto** de una oración dice quién o qué hace algo.

La astronauta viajó a la Luna.

Laura habla con la astronauta.

Escribe el sujeto de cada oración. Luego, **di** el sujeto de cada oración.

1. Los astronautas usaron un telescopio.

____

2. El transbordador viaja por el espacio.

____

3. La astronauta viajaba en el transbordador.

____

4. La Luna brilla por la noche.

____

5. Fernando quiere ser astronauta.

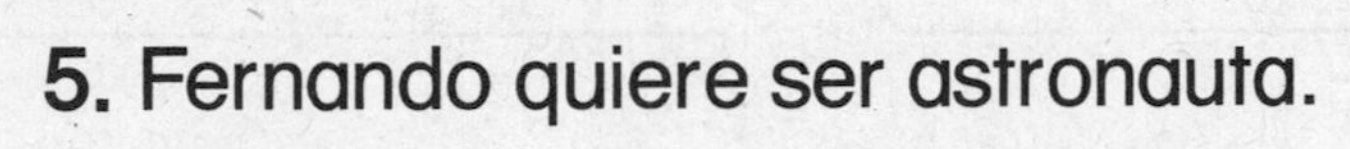

____

Escuela + Hogar **Actividad para la casa** Su niño o niña estudió el sujeto de la oración. Lean juntos un cuento. Señale oraciones sencillas del cuento. Pida a su niño(a) que le diga cuál es el sujeto de cada oración.

Nombre ______________________________

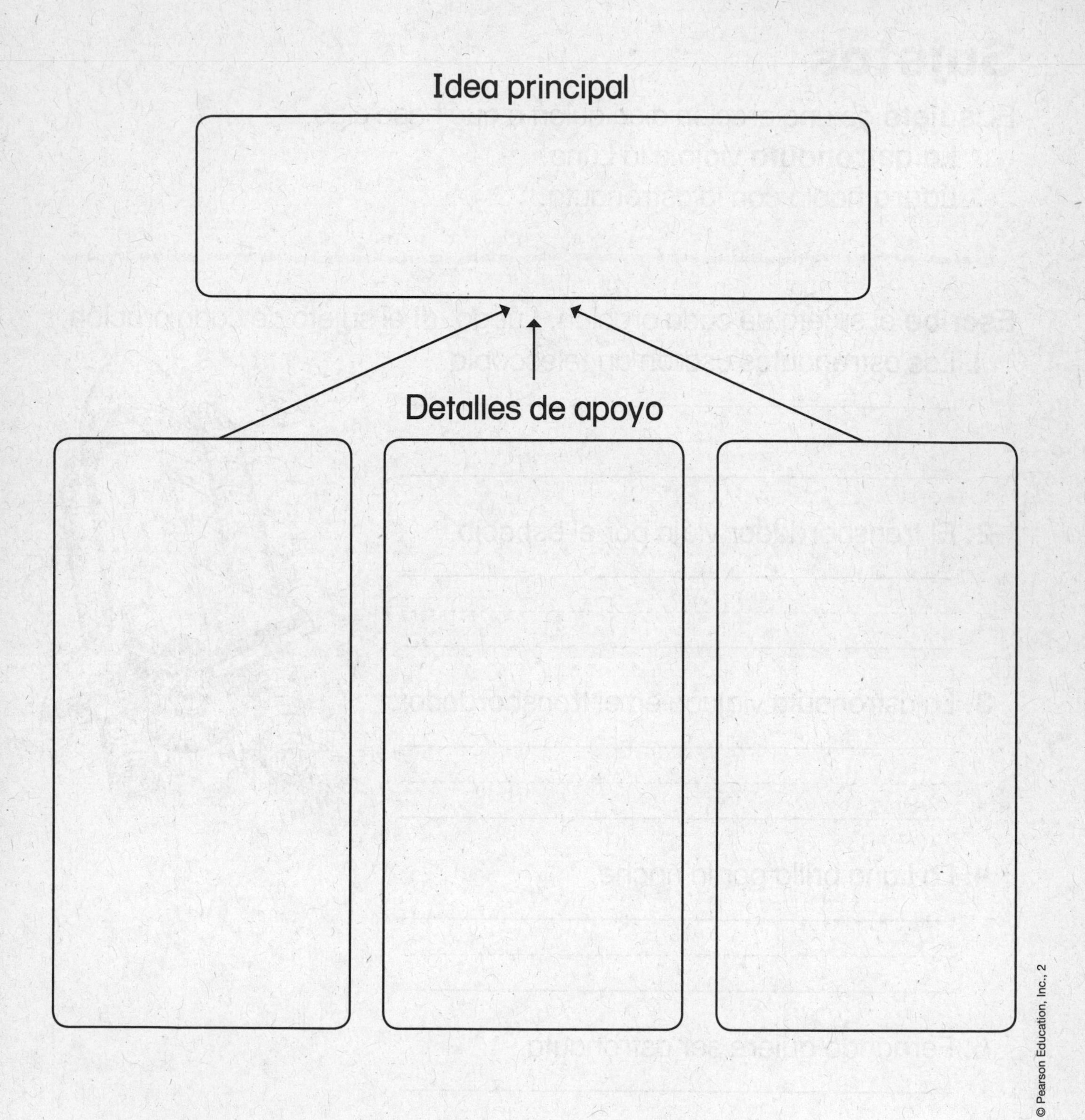

Actividad para la casa Su niño o niña está aprendiendo a escribir cuentos, poemas, informes breves, párrafos de no ficción, cartas y otros géneros este año. Pregúntele sobre qué está escribiendo esta semana.

Nombre ______________________________

Encierra en un círculo la ilustración o ilustraciones que contesten mejor cada pregunta.

1. **¿Qué usarías** para buscar el significado de la palabra **estampida**?

2. **¿Qué fuente te diría** cómo se trabaja con caballos?

3. **¿Qué dos fuentes usarías** para buscar hechos sobre la vida del Viejo Oeste?

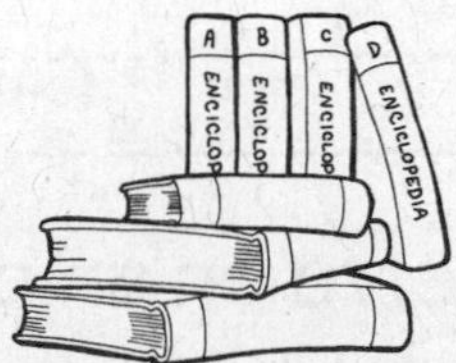

4. **¿Qué dos fuentes sirven** para buscar el tamaño de Estados Unidos?

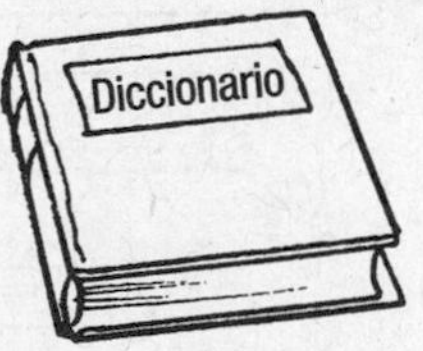

5. **¿Qué fuente te diría** cómo era la vida en el Viejo Oeste?

Actividad para la casa Su niño o niña aprendió a escoger las fuentes de referencia. Comente diferentes fuentes de información y algunas de las fuentes que usa cuando necesita información. Si es posible, trabaje con su niño o niña en Internet para obtener más información sobre los vaqueros, como William (Bill) Pickett, un famoso vaquero que participó en muchos rodeos.

Nombre ______________________________

Sílabas cerradas

Lee esta descripción escrita por Lidia. Busca tres palabras mal escritas y enciérralas en un círculo. Escribe bien las palabras y luego, escribe correctamente la oración a la que le falta un signo de puntuación.

> A poca diztancia, se ven los barcos. Los marinos hatan las cuerdas de las velas y vuscan la isla. Pronto se pondrá el sol y será de noche ¿Y las gaviotas? En lo alto del cielo.

1. ____________ 2. ____________ 3. ____________

4. ______________________________________

Palabras de ortografía

atan	otros
buscan	isla
pasta	más
alma	corte
gustan	sol
alto	barcos

Palabras con ortografía difícil

distancia
ventanas
descansar

Encierra en un círculo la palabra que está bien escrita. **Escríbela.**

5.	bentanas	ventanas	____________
6.	isla	izla	____________
7.	alma	halma	____________
8.	korte	corte	____________
9.	más	máz	____________

Actividad para la casa Su niño o niña está aprendiendo a identificar y corregir palabras mal escritas con sílabas cerradas. Pídale que escriba una palabra y luego, cambie o mueva una letra para formar otra palabra. Por ejemplo, la palabra *alma* puede convertirse en *mala* o *lama.*

Nombre ______________________________

Escoge la palabra del recuadro que complete cada oración.
Escribe la palabra en la línea.

mientras	dormir	aprender
lleno	astronauta	

1. Irma va a la escuela para ____________________.

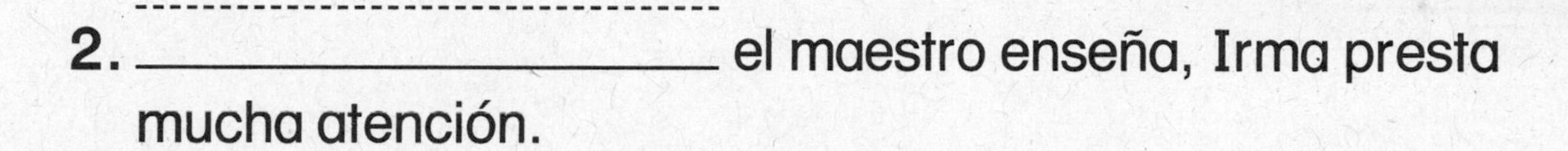

2. ____________________ el maestro enseña, Irma presta mucha atención.

3. Quiere ser ____________________ y hacer muchos viajes al espacio.

4. Todas las noches, antes de ____________________, mira al cielo.

5. ____________________ de emoción, su papá siempre dice: "Algún día caminarás en la Luna".

Actividad para la casa Su niño o niña completó oraciones usando las palabras que aprendió esta semana. Busque artículos de revistas o periódicos sobre viajes. Luego, pídale que busque y subraye esas palabras.

Nombre ______________________________

Sujetos

Marca el sujeto correcto de cada oración.

1 __________ es astronauta.

- ⬭ Ver
- ⬭ Paula
- ⬭ Divertido

2 __________ tienen un trabajo duro.

- ⬭ Los astronautas
- ⬭ Y
- ⬭ Mirar

3 __________ es una estrella grande.

- ⬭ Silla
- ⬭ Se va
- ⬭ El Sol

4 __________ es un planeta.

- ⬭ Jaime
- ⬭ Marte
- ⬭ Jugar

5 __________ es nuestro planeta.

- ⬭ La silla
- ⬭ Dime
- ⬭ La Tierra

Actividad para la casa Su niño o niña se preparó para identificar el sujeto de la oración. Diga oraciones sencillas, como por ejemplo: *La Luna brilla, El Sol da calor, La Tierra es redonda.* Luego, pídale a su niño o niña que le diga cuáles son los sujetos de estas oraciones.

Nombre ______________________________

Di la palabra que corresponda a cada dibujo.
Escribe una sílaba del recuadro que complete cada palabra.

 casa  cola  cuchara

ca co cu que qui ko ki

1. 

_______ cinar

2. 

_______ so

3. 

_______ rro

4. 

_______ caracha

5. 

_______ ala

6. 

tran _______ los

Escribe una oración con cada una de las siguientes palabras.

7. casi ______________________________

8. kimono ______________________________

Actividad para la casa Su niño o niña aprendió a escribir palabras con las sílabas *ca, co, cu, que, qui, ka, ke, ki, ko* y *ku*. Ayúdele a escribir otras palabras que contengan estas sílabas y pídale que dibuje cada palabra.

Nombre ______________________________

Escoge la palabra del recuadro que complete cada oración.
Escribe la palabra en la línea.

comida	llegar	carro	casi	ayer	siempre

1. ________________, nuestra clase fue a acampar al bosque.

2. Al ________________, armamos nuestras tiendas.

3. ________________ al anochecer, escuchamos el gruñido de un oso.

4. Como ________________, el oso buscaba ________________.

5. Sin detenernos, todos salimos corriendo hacia el ________________.

Actividad para la casa Su niño o niña aprendió a leer palabras como *comida, llegar, siempre, carro, casi* y *ayer*. Escriba cada palabra en tarjetas de fichero. Luego, pídale que escoja una tarjeta, lea la palabra y la use en una oración.

Nombre ____________________________

Lee el cuento. **Escribe** la respuesta de cada pregunta en la línea.

Max y sus padres estaban durmiendo en una tienda de campaña. Por la noche, Max oyó un ruido y se despertó. Después, Max despertó a sus padres. ¡Max pensó que un oso estaba arañando la parte de arriba de la tienda! El papá señaló la rama de un árbol que había caído encima de la tienda y le dijo a Max que el ruido venía del viento. No había ningún oso.

1. ¿Quiénes son los personajes del cuento?

____

2. **Subraya** la oración del cuento que exprese que Max tenía miedo.

3. ¿Cuál es el ambiente del cuento?

____

4. ¿Qué piensas que Max sintió después que su papá le habló sobre el viento?

____

5. ¿Cómo describirías al papá de Max?

____

____

Actividad para la casa Su niño o niña identificó los personajes y el ambiente del cuento. Escriban juntos características sobre el ambiente de un lugar que quieran visitar. Ayúdele a escribir un cuento usando la información.

Nombre ______________________________

La tormenta

Instrucciones para la escritura: Escribe un cuento de ficción realista sobre alguna vez que tú o un personaje vieron algo en la naturaleza.

Una tarde, Liz y Sam jugaban en el parque. Primero, se subieron en los columpios y volaron alto en el aire. Liz señaló el lindo cielo azul. Grandes nubes algodonosas pasaban flotando.

A continuación, ellos fueron a jugar al tobogán. Liz subió por la escalera. Ella señaló al cielo. Estaba oscuro. Las nubes eran grandes y grises.

Luego Liz se deslizó por el tobogán. Sam se deslizó detrás de ella. Los dos corrieron a casa. Podían ver que la lluvia venía hacia ellos.

Finalmente, llegaron a la casa de Sam. Cerraron la puerta y se asomaron a la ventana. Gruesas gotas de lluvia cayeron en la acera. La tormenta había llegado.

Nombre ______________________

Palabras con *c, q, k*

Palabras de ortografía					
codo	cometa	casa	como	quema	sacaba
cubo	kilo	quitar	queso	contar	cuna

Completa cada comparación con una palabra de ortografía.

1. La rodilla en la pierna. El ______________ en el brazo.
2. El oso, en su cueva. Yo, en mi ______________.
3. El frío congela. El fuego ______________.
4. Círculo para pelota. ______________ para caja.
5. Carne para salchicha. Leche para ______________.
6. Tú vas a deletrear a, b, c. Yo voy a ______________ 1, 2, 3.

Escribe las palabras de ortografía definida por la frase.

7. vuela alto ______________
8. parecido a ______________
9. ponía algo fuera ______________
10. igual a mil ______________
11. tomar algo ______________
12. cama pequeña ______________

Actividad para la casa Su niño o niña está escribiendo palabras con *ca, co, cu, que, qui, ka, ko, ku, ke, ki*. Pídale que encierre en un círculo las sílabas *ca, co, cu, que, qui, ka, ko, ku, ke, ki* y que escriba las palabras.

Nombre ______________________

Escoge una palabra del recuadro que sea un sinónimo de cada una de las siguientes palabras. No uses todas las palabras del recuadro.

cerca	poner	correr	romper	mucho
parar	llamar	lindo	oír	venir

1. próximo ______________

2. colocar ______________

3. galopar ______________

4. quebrar ______________

5. abundante ______________

6. detener ______________

Vuelve a escribir cada oración. Cambia la palabra subrayada por su sinónimo en el recuadro.

helado	hablar	lento

7. El dulce está <u>frío</u>.

____

8. El maestro quiere <u>conversar</u> contigo.

____

9. El señor camina muy <u>despacio</u>.

____

Actividad para la casa Su niño o niña está aprendiendo a identificar y a usar sinónimos. Pídale que escriba sinónimos para estas palabras: **inteligente** *(talentoso, sabio, vivo, habilidoso)*; **feliz** *(contento, afortunado, satisfecho, dichoso)*.

Nombre ______________________

Predicados

El **predicado** dice qué hace o cómo es el sujeto de una oración.

Mi familia **quiere ir al bosque.**
El paisaje **es hermoso.**

Escribe el predicado de cada oración.

1. Mi familia prepara un campamento.

2. Papá y yo armamos la tienda.

3. La tienda se cae.

4. La lluvia empieza a caer.

5. Todos dormimos en el carro.

Di el predicado de cada oración.

Escuela + Hogar **Actividad para la casa** Su niño o niña estudió el predicado de la oración. Lean juntos un cuento. Señale algunas oraciones sencillas y pida a su niño(a) que le diga cuál es el predicado de cada oración.

Nombre ______________________________

Guía para calificar: Ficción realista

	4	3	2	1
Enfoque/ Ideas	Los personajes, el ambiente y los sucesos parecen reales.	Algunos personajes y sucesos parecen reales. El ambiente parece real.	Los personajes o el ambiente no parecen reales.	Los personajes y el ambiente no parecen reales.
Organización	El cuento tiene un principio, medio y final bien definidos.	El cuento tiene un principio, medio y final definidos.	Algunos de los sucesos del cuento están fuera de orden.	Los sucesos del cuento no tienen orden alguno.
Voz	La escritura es firme, vivaz y personal.	La escritura es firme y tiene un toque de personalidad.	La escritura trata de mostrar un poco de personalidad.	La escritura no muestra nada del escritor o escritora.
Lenguaje	El escritor o escritora usa palabras vívidas y descriptivas.	El escritor o escritora usa algunas palabras descriptivas.	El escritor o escritora usa pocas palabras descriptivas.	El escritor o escritora usa palabras opacas.
Oraciones	Las oraciones son claras y completas.	La mayoría de las oraciones son claras y completas.	Algunas oraciones son claras y completas.	Pocas oraciones son claras y completas.
Normas	Todas las oraciones tienen un sujeto y un predicado bien definidos.	La mayoría de las oraciones tienen un sujeto y un predicado bien definidos.	Algunas oraciones tienen un sujeto y un predicado bien definidos.	Pocas oraciones tienen un sujeto y un predicado bien definidos.

Actividad para la casa Su niño o niña está aprendiendo a escribir un cuento de ficción realista. Pídale que describa el tipo de cuento que está escribiendo. La escritura de su niño o niña se evaluará a partir de esta guía para calificar de cuatro puntos.

Nombre ______________________________

Kai está haciendo un informe sobre bodas. **Mira** las ilustraciones. **Escribe** la respuesta de cada pregunta.

el abuelo de Kai

bibliotecaria

florista

1. Kai quiere averiguar cómo eran las bodas hace muchos años. ¿A quién le debe pedir información?

____

2. Si Kai quiere averiguar cuál es la flor más popular para una boda, ¿a quién le debe pedir información?

____

3. **Escribe** una pregunta que Kai podría hacerle a su abuelo.

____

4. Kai quiere saber sobre las bodas en diferentes países. ¿Quién podría ayudarle a buscar los libros apropiados?

____

5. **Escribe** una pregunta que Kai podría hacer sobre las bodas de otros países.

____

Actividad para la casa Su niño o niña aprendió a usar diferentes personas como fuente de información. Pregúntele a quién le pide ayuda cuando necesita información. Pídale que escriba dos preguntas para hacer a algún miembro de la familia o de la comunidad.

Nombre ______________________

Palabras con *c, q, k*

Lee la nota acerca de un niño y su hermanita. Busca tres palabras mal escritas y enciérralas en un círculo. Escribe bien las palabras y luego, escribe la oración a la que le falta un signo de puntuación.

Palabras de ortografía	
codo	cometa
casa	como
quema	sacaba
cubo	kilo
quitar	queso
contar	cuna

Palabras con ortografía difícil
kayak
quieto
culebra

Todo estaba qieto en el vecindario. En el patio de su casa, un niño volaba una kometa mientras comía un sándwich de quezo. ¿Dónde estaba su hermanita? Dormida en su cuna bajo el árbol

1. ____________ 2. ____________ 3. ____________

4. ______________________________________

Rellena el círculo de la palabra que está bien escrita. **Escríbela.**

5. ○ kodo ○ codo ○ qodo ____________

6. ○ casa ○ caza ○ kasa ____________

7. ○ zacaba ○ sacava ○ sacaba ____________

8. ○ quema ○ kema ○ cuema ____________

Actividad para la casa Su niño o niña está escribiendo palabras con ortografía difícil con *ca, co, cu, que, qui, ka, ko, ku, ke, ki*. Pídale que escriba otras palabras con estas sílabas.

Nombre ______________________________

Escoge la palabra del recuadro que corresponda a cada pista.
Escribe la palabra en la línea. **Pista**: Hay una palabra que no se usa.

comida	siempre	llegar	
faroles	acampar	casi	ayer

1. pasar la noche en una tienda de campaña ______________
2. alimento ______________
3. día anterior al de hoy ______________
4. dan luz ______________
5. ocurre todos los días ______________
6. no se logra completamente ______________

Actividad para la casa Su niño o niña emparejó palabras de la lectura y de uso frecuente con las pistas. Pídale que escriba un cuento sobre escalar montañas, acampar o sobre otra experiencia al aire libre. Anime a su niño o niña a usar las palabras del recuadro de arriba.

Nombre ______________________________

Predicados

Marca el predicado que completa cada oración.

1 Nosotros __________
- ⬭ fuimos de excursión.
- ⬭ por el bosque.
- ⬭ Mamá y yo.

2 Papá y yo ___
- ⬭ su amigo.
- ⬭ vimos una serpiente.
- ⬭ mi hermana.

3 Las hogueras ___
- ⬭ sus amigos.
- ⬭ son divertidas.
- ⬭ y ruidosas.

4 La comida ___
- ⬭ estaba rica.
- ⬭ lluvia fría.
- ⬭ cansada.

5 El lago ___
- ⬭ a cántaros.
- ⬭ esa vez.
- ⬭ es profundo.

Actividad para la casa Su niño o niña se preparó para identificar el predicado de la oración. Pídale que escriba varias oraciones sobre algo que hicieron unos familiares o amigos y que luego subraye el predicado de cada una.

Nombre ______________________

Escoge la sílaba del recuadro que complete cada una de las palabras de las siguientes oraciones. **Escribe** la sílaba en la línea.

La abe<u>ja</u> es muy trabajadora.

ja	je	ji	jo	ju	ge	gi	xi

1. Me gusta el jugo de naran ______________.

2. La mamá osa prote ______________ a sus ositos.

3. Las ______________ rafas son muy altas.

4. Desde el avión vemos un paisa ______________ muy bonito.

5. Mi tía vive en Mé ______________ co.

6. El naranjo es un árbol ori ______________ nario de China.

7. Mi cumpleaños es en ______________ nio.

8. Mi color favorito es el ro ______________.

Actividad para la casa Su niño o niña escribió palabras con las sílabas *ja, je, ji, jo, ju, ge* y *gi*. Ayúdelo a hallar otras palabras que contengan estas sílabas y pídale que escriba una oración con cada una.

Nombre ____________________

Escribe la palabra correcta del recuadro debajo de la pista.

hojas	pájaro	rama
naranja	abeja	animales

1. fruto del naranjo

____

2. animal que vuela

____

3. por donde respiran los árboles

____

4. lo que vas a ver al zoológico

____

5. parte de un árbol

____

6. insecto que hace miel

____

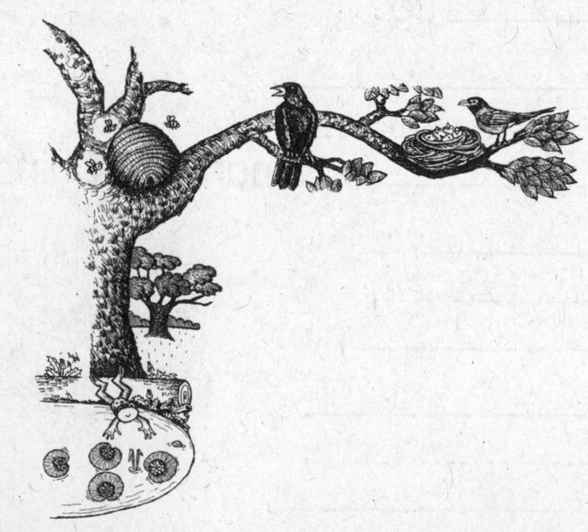

Actividad para la casa Su niño o niña aprendió las palabras *abeja, animales, hojas, naranja, pájaro* y *rama*. Haga un "archivo de palabras" para su niño o niña con una caja de zapatos. Dele hojas de papel o tarjetas de fichero para que escriba e ilustre nuevas palabras.

Nombre ______________________________

Lee el cuento y mira el dibujo. **Sigue** las instrucciones.

Los delfines nariz de botella son animales marinos. Pueden nadar muy rápido y a grandes profundidades. El delfín puede aguantar su respiración debajo del agua por poco tiempo. Cuando está fuera del agua, respira a través de un orificio nasal que tiene encima de la cabeza.

delfín nariz de botella

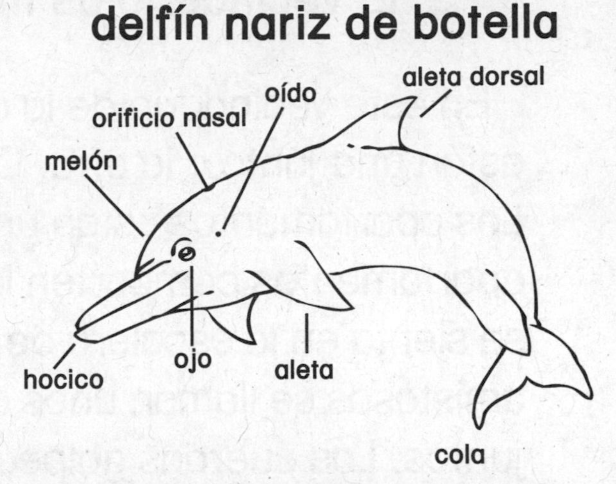

1. **Escribe** la oración del cuento que exprese la idea principal.

2. **Escribe** tres detalles que expresen algo sobre la idea principal.

Actividad para la casa Su niño o niña identificó la idea principal y los detalles de un cuento e interpretó la información de un diagrama. Halle una página web o un libro que contenga información sobre el pulpo y que incluya un diagrama de sus partes. Pida a su niño o niña que identifique los detalles del cuerpo de un pulpo.

Nombre ______________________________

El vecindario de mi ciudad

En este vecindario de la ciudad, todas las casas son altas y están una junto a la otra. Cada casa tiene tres apartamentos. Los apartamentos están uno encima del otro. Los apartamentos comparten la misma puerta del frente. La gente se sienta en la escalera de ladrillos del frente. Los vecinos amistosos se llaman unos a otros. Los niños y las niñas juegan juntos. Las cuerdas golpean la acera.

Entre las casas hay un callejón estrecho. ¿Qué animales viven aquí? Los gatos. ¿Por qué viven ahí? Ahí viven ratones.

Detrás de cada casa hay un pequeño patio cuadrado. Los niños juegan en él. En invierno, ellos construyen castillos de nieve. En verano, juegan al agarrado.

Aspectos principales de un informe breve

- El informe es un artículo informativo corto.
- Los hechos y detalles cuentan sobre un tema de la vida real.
- La información se presenta de una manera organizada.

Nombre ______________________

Palabras con *j, g, x*

Palabras de ortografía					
jabón	rojo	gente	jugada	gemelo	frijol
junto	jugo	Texas	jinete	jamás	gesto

Completa cada oración con una palabra de ortografía.

1. Saludó con un ___ de la mano. ______________
2. La bandera de ___ tiene una estrella. ______________
3. Ana se lavó las manos con el ___. ______________
4. *Siempre* es la palabra opuesta a ___. ______________
5. Verde, sigue; ___, para. ______________
6. Me gusta el ___ de naranja. ______________

Pistas de palabras Escribe las palabras de ortografía que responden a la pista.

Tienen *ju* y terminan en *o*.

7. ______________ 8. ______________

Empiezan con *ge* y contienen una *t*.

9. ______________ 10. ______________

Actividad para la casa Su niño o niña está escribiendo palabras con *j, g, x*. Dele pistas de una palabra y pídale que la adivine y la escriba.

Nombre ____________________________

Escribe las palabras en **orden alfabético**. Si las palabras comienzan con la misma letra, mira entonces la segunda letra de cada palabra. Si las dos primeras letras son iguales, fíjate entonces en la tercera letra de cada palabra.

1. banco, barco, bandera

2. fácil, fantástico, favor

3. candado, calor, camisa

4. amiga, animal, abrigo, alegría

5. dama, deporte, diente, diario

6. nacer, novia, niño, nadar

Actividad para la casa Su niño o niña está aprendiendo a poner palabras en orden alfabético mirando la segunda y tercera letra de cada palabra. Pídale que escriba los nombres de cada uno de los miembros de su familia en orden alfabético.

Nombre ______________________________

Oraciones enunciativas e interrogativas

Un **enunciado** es una oración que cuenta algo. Los enunciados terminan en **punto (.)**. También se llaman **oraciones enunciativas.**

Hay árboles de muchos tipos.

Una **pregunta** es una oración que busca una respuesta. Las preguntas empiezan y terminan con **signos de interrogación (¿?)**. También se llaman **oraciones interrogativas.**

¿Qué fruto da el naranjo?

Los enunciados y las preguntas comienzan con **mayúscula.**

Lee cada oración. **Escribe** *E* si la oración es un enunciado. **Escribe** *P* si la oración es una pregunta.

1. ¿Vieron algún naranjo? ______
2. Los árboles nos dan sombra. ______
3. En el parque hay árboles. ______
4. ¿Te gustan las guayabas? ______
5. Los árboles necesitan agua. ______

Di una pregunta. Luego, **contéstala** con un enunciado.

Actividad para la casa Su niño o niña estudió los enunciados y las preguntas. Lean juntos un libro. Señale una oración y pregunte a su niño o niña si se trata de un enunciado o de una pregunta. Pídale que le diga por qué.

Nombre ______________________________

Red

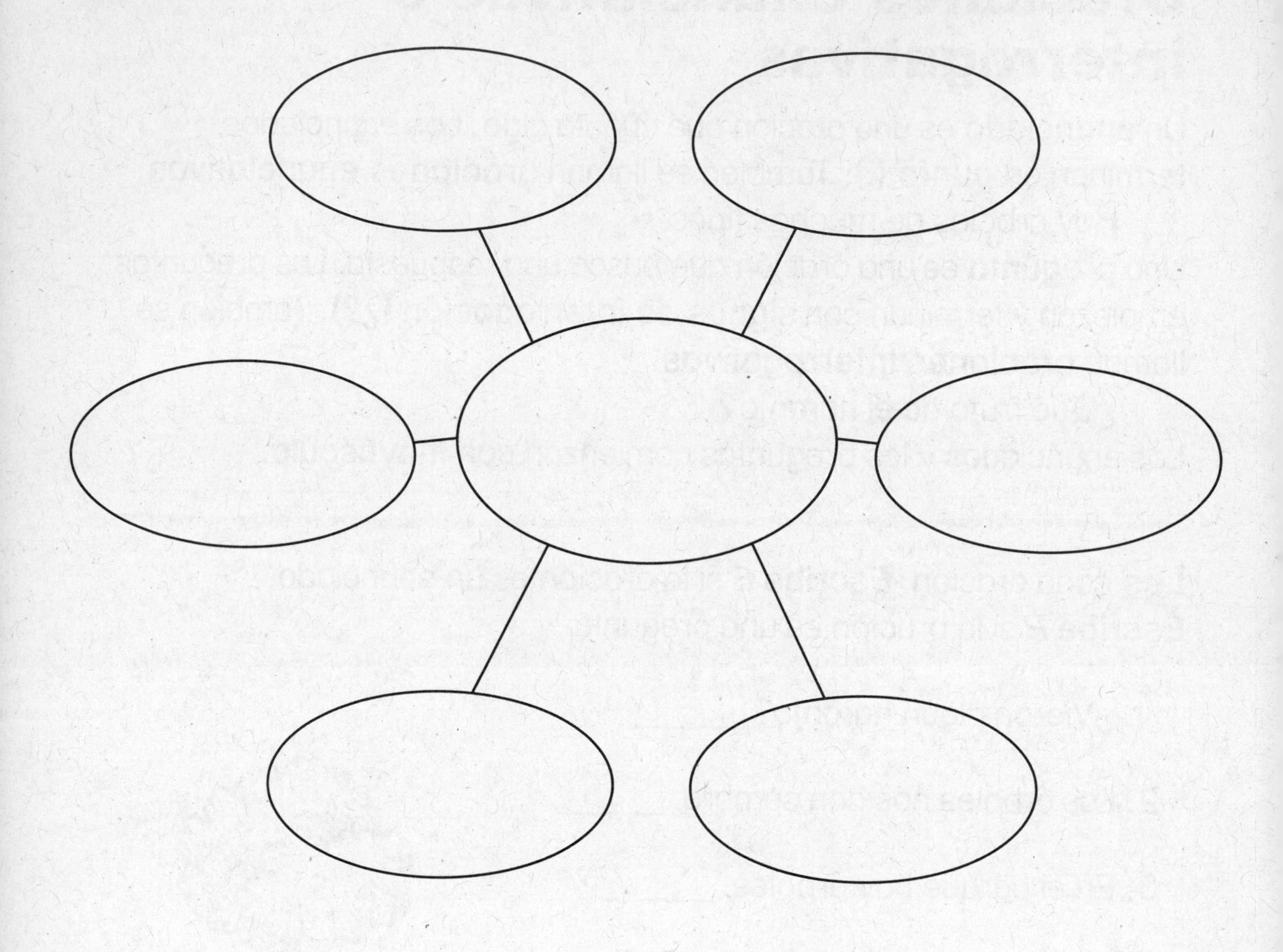

Actividad para la casa Su niño o niña está aprendiendo a escribir cuentos, poemas, informes breves, párrafos de no ficción, cartas y otros géneros este año. Pregúntele sobre qué está escribiendo esta semana.

Nombre ______________________

Mira la página del título, el contenido y el diccionario ilustrado.
Escribe la respuesta a cada pregunta.

Plantas del desierto

por Moe Jave

ilustrado por Ben Seco

Contenido

1. ¿En qué capítulo puedes encontrar información acerca de los cactus? ______________________

2. ¿En qué página comienza el Capítulo 2? ______________________

3. ¿Quién dibujó las ilustraciones de este libro? ______________________

4. Mira la página del título. ¿De qué se trata el libro? ______________________

5. ¿Qué es esto?  ¿Dónde encontraste la ilustración?

____

Actividad para la casa Su niño o niña aprendió acerca de las partes de un libro. Mire con su niño o niña un libro de no ficción. Miren juntos la página del título y el contenido. Pídale que encuentre el nombre del autor e identifique los títulos de los capítulos. A continuación, busque un diccionario ilustrado para hallar las palabras correctas para las ilustraciones.

Nombre ______________________________

Palabras con *j, g, x*

Lee sobre el sueño de Pili. Busca tres palabras mal escritas y enciérralas en un círculo. Escribe bien las palabras y luego, escribe correctamente la oración con el signo de puntuación equivocado.

Soñé que; estaba en Texas. Un frijol jigante en medio del paisage hacía un gesto apuntando a un xabón rojo junto a un jinete y su caballo. La gente miraba la escena sonriendo.

Palabras de ortografía

jabón	rojo
gente	jugada
gemelo	frijol
junto	jugo
Texas	jinete
jamás	gesto

Palabras con ortografía difícil

gigante
paisaje
México

1. ______________________________
2. ______________________________
3. ______________________________
4. ______________________________

Encierra en un círculo la palabra que está bien escrita. **Escríbela.**

5. Méjico / México ______________
6. jugada / xugada ______________
7. gesto / jesto ______________
8. rrojo / rojo ______________
9. gemelo / jemelo ______________
10. jente / gente ______________

Actividad para la casa Su niño o niña está aprendiendo a identificar y corregir palabras mal escritas con *j, g, x*. Pídale que escriba una palabra y luego, cambie una letra para formar otra palabra. Por ejemplo, la palabra *rojo* puede convertirse en *roto* o *mojo*.

Nombre ______________________

Escribe la palabra correcta del recuadro para completar cada oración.

abeja	pájaro	animales	frondoso	hojas

1. Hay muchos ______________ en el bosque.

2. Bajo la sombra de un árbol ______________ descansa un oso.

3. La lagartija entre las ______________ se esconde.

4. La ______________ trabaja en su colmena.

5. Y el ______________ carpintero en una rama se posa.

Actividad para la casa Su niño o niña identificó la idea principal, los detalles de un cuento e interpretó la información de una tabla. Ayúdele a hacer una tabla y a escribir un cuento sobre el tiempo. Luego, pídale que identifique la idea principal y los detalles del cuento.

Nombre ______________________________

Oraciones enunciativas e interrogativas

Marca la oración correcta.

1
- ⬭ Me gusta trepar?
- ⬭ Me gusta trepar.
- ⬭ me gusta trepar.

2
- ⬭ ¿Está el pájaro en la rama?
- ⬭ ¿Está el pájaro en la rama.
- ⬭ está el pájaro en la rama.

3
- ⬭ Los árboles son seres vivos
- ⬭ los árboles son seres vivos.
- ⬭ Los árboles son seres vivos.

4
- ⬭ Veo una lagartija en el tronco?
- ⬭ Veo una lagartija en el tronco.
- ⬭ veo una lagartija en el tronco

5
- ⬭ ¿Quieres ir al bosque?
- ⬭ ¿quieres ir al bosque?
- ⬭ Quieres ir al bosque?

Actividad para la casa Su niño o niña se preparó para tomar un examen de enunciados y preguntas. Mientras ven la televisión juntos, pídale que identifique los enunciados y las preguntas que surjan en los diálogos.

Nombre ______________________________

guitarra gorila gato agujero jilguero

Escoge la sílaba del recuadro que complete cada palabra.
Escribe la sílaba en la línea.

ga go gu gue gui

1. 
persi ________

2. 
hormi ________ ta

3. 
investi ________ ré

4. 
ami ________

5. 
________ santes

6. 
fue ________

Escribe una oración usando cada palabra.

7. llego ______________________________

8. lechuga ______________________________

Actividad para la casa Su niño o niña completó palabras con las sílabas *ga, go, gu, gue* y *gui*. Pídale que lea las palabras en voz alta y que escriba una oración con cada una.

Nombre ______________________________

Escoge la palabra del recuadro que complete cada oración.
Escribe la palabra en la línea.

nido	algo	caer	nubes	fuego	manera

1. Hay muchas ________________ en el cielo.

2. Mañana va a ________________ mucha nieve.

Halla la palabra que complete cada oración.
Marca el espacio que muestre la respuesta.

3. Estudiar es la única _____ de obtener buenas notas.
   - fuego
   - algo
   - manera

4. El agua apaga el _____.
   - fuego
   - algo
   - nido

5. Hay un _____ de hormigas bajo el tronco de ese árbol.
   - nubes
   - nido
   - manera

6. Patricia quiere hacer _____ interesante el fin de semana.
   - algo
   - nubes
   - manera

Actividad para la casa Su niño o niña aprendió las palabras *nido, algo, caer, nubes, fuego* y *manera*. Ayúdele a crear un diccionario de "Palabras útiles" que contenga cada palabra, una definición escrita y una ilustración cuando sea apropiado.

Nombre ______________________________

Lee la obra de teatro.
Responde las preguntas.

Un pájaro especial

Los personajes: Kiko, una ardilla listada Tata, un colibrí

Kiko: Buenos días, Tata. Te he estado observando.

Tata: Soy un colibrí, Kiko. Somos los pájaros más pequeños del mundo.

Kiko: Bueno, ¡puedes batir muy rápido tus pequeñas alas!

Tata: Sí. Papá me dijo que un colibrí puede batir sus alas 80 veces en un segundo.

Kiko: Y vi que puedes volar hacia atrás. Es asombroso.

Tata: Gracias. Somos los únicos pájaros que podemos volar hacia atrás.

1. ¿Qué dijo Tata acerca de las alas de un colibrí?

____

2. ¿Qué es un hecho acerca del tamaño de los colibríes?

____

3. ¿Qué otro hecho aprendiste acerca de un colibrí?

____

Actividad para la casa Su niño o niña aprendió a encontrar hechos y detalles en una obra de teatro. Vuelvan a leer juntos esta obra de teatro y cada uno lea el papel de uno de los personajes. Comenten lo que aprendieron acerca de los colibríes. Si es posible, investiguen acerca de las ardillas listadas. Hagan juntos una lista de algunos hechos y detalles (información acerca de los hechos) sobre las ardillas listadas.

Nombre ______________________________

Hormiguita Roja y el Cacto

Hormiguita Roja: Cacto, ¿tienes espinas afiladas?
Cacto: Sí, tengo muchas espinas afiladas.
Hormiguita Roja: Déjame ver cuán afiladas son.
Cacto: Ten cuidado.
Hormiguita Roja: ¡Ay! ¡Estas espinas son muy afiladas!
Cacto: Mis espinas no dejan que los animales me coman.
Hormiguita Roja: ¿Eres tú el más fuerte de todos?
Cacto: No, el Pájaro Carpintero es más fuerte que yo. Él se cuela entre mis espinas, y entonces me hace un hoyo con el pico. Él hace un nido para su familia.

Aspectos principales de una escena de una obra de teatro

- Una escena de una obra de teatro es parte de un cuento que se representa.
- Los personajes hablan.
- El nombre del personaje al principio de cada parlamento dice quién habla.

Nombre ______________________

Palabras con *ga, go, gu, gue, gui*

Palabras de ortografía					
gota	ganso	guiso	alguna	llego	persigue
gato	guinda	apaga	regalo	gol	fuego

Completa cada oración con una palabra de ortografía.

1. ____ llama a la puerta. ______________
2. Carlos recibió un ____. ______________
3. Me gusta comer ____. ______________
4. Quiero decirte ____. ______________
5. El león ____ a la cebra. ______________
6. Ayer anoté un ____. ______________

Pistas de palabras Encuentra dos palabras de ortografía que respondan a las pistas. Escríbelas.

Comienzan con *gui*.

7. ______________ 8. ______________

Empiezan con *ga* y terminan en *o*.

9. ______________ 10. ______________

Actividad para la casa Su niño o niña está escribiendo palabras con *ga ,go, gu, gue, gui.* Dele pistas de una palabra y pídale que la adivine y la escriba.

Nombre ______________________________

Lee la oración. **Encierra en un círculo** la palabra que tenga casi el mismo significado que la palabra subrayada.

1. Yo escribí una carta al autor del libro.

a. final   b. título   c. escritor

2. El conejo cruzó la cuerda.

a. saltó   b. movió   c. feliz

3. La pelota es tan grande que no cabe en la caja.

a. inmensa   b. pequeña   c. contenta

4. Mi amigo quiere hablar contigo.

a. conversar   b. cantar   c. mirar

5. La esponja de la cocina está mojada.

a. grande   b. húmeda   c. suave

Escoge una palabra y su sinónimo de una de las oraciones anteriores. **Escribe** tus propias oraciones usando cada una de ellas.

6. ______________________________

7. ______________________________

Actividad para la casa Su niño o niña identifica y usa sinónimos. Diga tres palabras subrayadas de esta página. Pídale que mencione el sinónimo de esas palabras sin mirar la página.

Nombre ____________________

Oraciones imperativas y exclamativas

Las **exclamaciones** son oraciones que se dicen con alegría, sorpresa o admiración. Empiezan y terminan con **signos de exclamación (¡!)**. También se llaman **oraciones exclamativas**.

¡Ay, tropecé con esa piedra! ¡Qué gran idea tuviste!

Los **mandatos** son oraciones que dan una orden. Los mandatos se escriben con **punto (.)** o con **signos de exclamación,** según cómo se digan. También se llaman **oraciones imperativas**.

Sin fuerza Busca el más fuerte.
Con fuerza ¡Contéstame, por favor!

Muchas veces el sujeto de un mandato no se ve.

Sube por la escalera. (*tú*)
Por favor, entren conmigo. (*ustedes*)

Todos los mandatos y las exclamaciones comienzan con **mayúscula.**

Escribe *M* si es un mandato y *X* si es una exclamación.

1. Dame la cesta. ____
2. ¡Es una cesta enorme! ____
3. Pon la comida dentro. ____

Di otro mandato y otra exclamación.

Actividad para la casa Su niño o niña estudió los exclamaciones y los mandatos. Jueguen juntos al siguiente juego: en un tiempo límite de dos minutos, hablen usando sólo exclamaciones y mandatos.

Nombre ______________________________

Tabla de cuatro columnas

Actividad para la casa Su niño o niña está aprendiendo a escribir cuentos, poemas, informes breves, párrafos de no ficción, cartas y otros géneros este año. Pregúntele sobre qué está escribiendo esta semana.

Nombre ______________________________

Cuenta horizontal y verticalmente partiendo del cero para hallar las cosas en el mapa.
Escribe las respuestas a las preguntas.

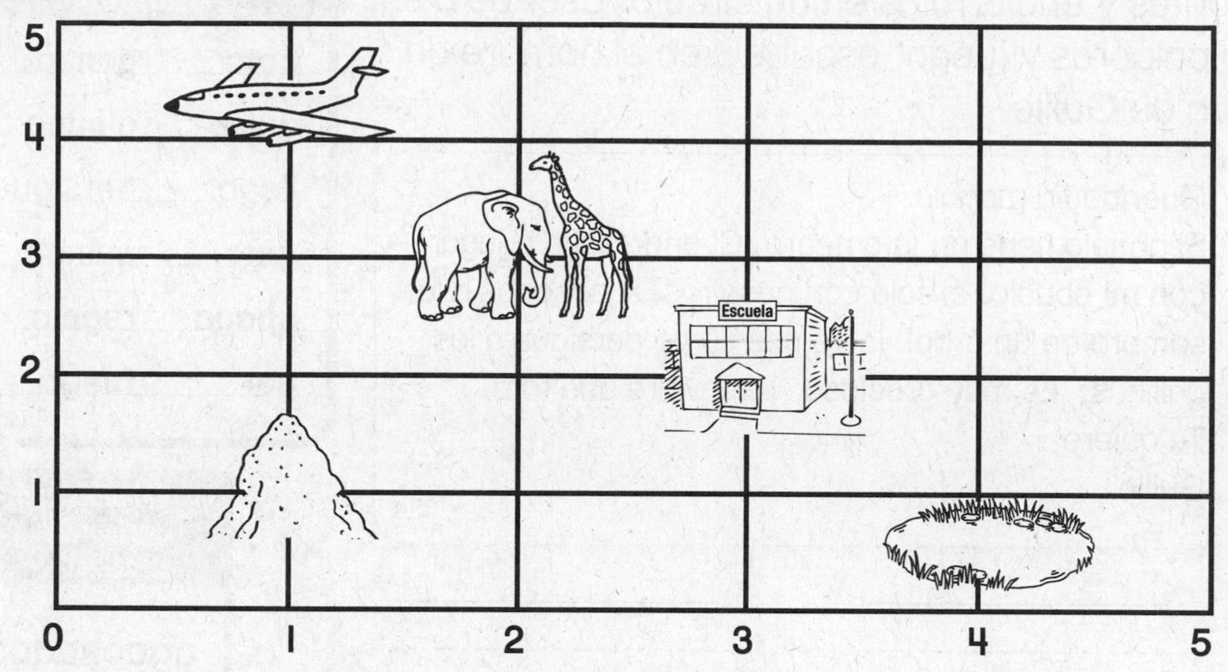

1. **Avanza** 3 espacios hacia la derecha y 2 hacia arriba. **Encierra en un círculo** el edificio que encuentres.
2. ¿Qué números cuentas hacia la derecha y hacia arriba para hallar la montaña?

   hacia la derecha __________ hacia arriba __________

3. **Avanza** 4 espacios hacia la derecha y 0 hacia arriba. ¿Qué hallas? __________
4. ¿Qué números cuentas hacia la derecha y hacia arriba para hallar el zoológico?

   hacia la derecha __________ hacia arriba __________

Actividad para la casa Su niño o niña practicó la lectura de un mapa en una cuadrícula. Dibuje una simple cuadrícula numérica como la que aparece en esta página. Indique algunos lugares del vecindario con dibujos, símbolos o palabras. Pida a su niño o niña que use los números que diga (avanza hacia la derecha __, luego hacia arriba __) para hallar e identificar cada lugar.

Nombre ______________________

Palabras con *ga, go, gu, gue, gui*

Palabras de ortografía	
gota	ganso
guiso	alguna
llego	persigue
gato	guinda
apaga	regalo
gol	fuego

Palabras con ortografía difícil
agachados
agujero
guiño

Lee la nota de Guille. Busca tres palabras mal escritas y enciérralas en un círculo. Escribe bien las palabras y luego, escribe bien el nombre de la tía de Guille.

Querida tía magola:
El abuelo tiene un jato negro. Cuando saljo a jugar con mi abuelo, él sale con nosotros. Ajachados a la sombra de un árbol, lo vemos cómo persigue a las gallinas. Es muy gracioso. Te enviaré una foto.
Te quiere,
Guille

1. ______________ 2. ______________

3. ______________ 4. ______________

Rellena el círculo de la palabra que está bien escrita. **Escríbela.**

5. ◯ giso ◯ guiso ◯ jiso ______________

6. ◯ yego ◯ lleguo ◯ llego ______________

7. ◯ regalo ◯ rregalo ◯ rejalo ______________

8. ◯ percigue ◯ persigue ◯ persige ______________

Actividad para la casa Su niño o niña está aprendiendo a identificar palabras mal escritas con *ga, go, gu, gue, gui*. Pídale que escriba una carta usando algunas de las palabras de ortografía.

Nombre ______________________

Escoge la palabra del recuadro que complete cada oración.
Escribe la palabra en la línea.

escenario	algo	nidos	manera	fuego	caer

1. Mi hermana y yo vamos al campo a ver los ______________________ de los pájaros.
2. Me gusta la ______________________ en que ella canta.
3. Siempre llevamos ______________________ de comer.
4. A veces, al ______________________ la noche, acampamos y hacemos una fogata.
5. El ______________________ de la fogata nos protege del frío.
6. Todo el panorama parece un ______________________.

Actividad para la casa Su niño o niña completó oraciones usando palabras de uso frecuente y palabras de la lectura que aprendió esta semana. Anímele a escribir una breve descripción de una excursión o caminata que hayan hecho juntos. Pídale que use tantas de esas palabras como le sea posible.

Nombre ____________________________

Oraciones imperativas y exclamativas

Marca la oración correcta de cada grupo.

1
- ⬭ ¡Qué fuerte eres!
- ⬭ qué fuerte eres.
- ⬭ Qué fuerte eres

2
- ⬭ apaga el fuego
- ⬭ Apaga el fuego.
- ⬭ apaga el fuego!

3
- ⬭ dispara la flecha!
- ⬭ dispara la flecha
- ⬭ Dispara la flecha.

4
- ⬭ atrapa al gato!
- ⬭ Atrapa al gato.
- ⬭ atrapa al gato.

5
- ⬭ ¡Me persigue el viento!
- ⬭ me persigue el viento!
- ⬭ me persigue el viento.

Escuela + Hogar **Actividad para la casa** Su niño o niña se preparó para tomar un examen de exclamaciones y mandatos. Miren juntos una revista y busquen cinco ejemplos de exclamaciones y otros cinco de mandatos.

Nombre ______________________________

rama **cola** **lata** **cuna** **mono**

Mira la primera palabra.
Encierra en un círculo la palabra que rima con la primera palabra.

1. cuna	laguna	dama	lata
2. cola	oro	el	hola
3. mono	pato	cono	así
4. rama	cama	nada	toma
5. lata	nada	bata	baño

Lee la historia.

Lalo es un mono. Se sube a los árboles. Lalo trepa con la cola de un lado a otro. Se mece en la rama como en una cuna y luego toma una siesta. Va a la laguna a ver a su amigo el pato. En el verano nada en el agua también. Así Lalo pasa el día.

Actividad para la casa Su niño o niña está aprendiendo palabras con sílabas abiertas con combinaciones de consonante-vocal-consonante-vocal como en *pato, cuna, toma, nada* y *mono.* Pídale que diga palabras que riman con estas palabras. Busquen otras palabras con esta combinación de consonante-vocal-consonante-vocal.

Nombre ______________________

Sílabas abiertas

Escribe la palabra de ortografía que signifique lo mismo que la frase o que la complete.

Palabras de ortografía
lado
lata
nada
toma
dijo
debo
cola
rama
mono
pato
oro
así

1. envase, recipiente ______________
2. el gato tiene una larga ______________
3. le gustan los plátanos ______________
4. lo opuesto de *todo* ______________
5. tiene plumas y nada ______________
6. se usa en joyería ______________
7. tiene hojas ______________

Completa las oraciones con una palabra de ortografía.

8. La ______________ contiene frijoles.
9. El ______________ nada en el lago.
10. Ella no tenía ______________ que decir.
11. Me gusta el ______________ y la plata.
12. Luis ______________ la verdad.

Actividad para la casa Su niño o niña está aprendiendo a escribir palabras con sílabas abiertas. Pídale que escriba palabras de ortografía y subraye sus sílabas abiertas.

Nombre ______________________

Escoge la palabra del recuadro que corresponde con cada pista.
Escribe la palabra en la línea.

además	sin	árbol	par	medio	noche

1. conjunto de dos objetos iguales ______________.
2. no se tiene algo ______________.
3. igual a la mitad de algo ______________.
4. a más de esto o aquello ______________.
5. tiempo en que falta la claridad del día ______________.
6. planta perenne, de tronco leñoso y con hojas ______________.

Escoge la palabra del recuadro que mejor complete la oración.
Escribe la palabra en la línea.

otro	propios

7. Fuimos a la ciudad en nuestros carros ______________.

8. Al ______________ día, regresamos a nuestra casa en el campo.

Actividad para la casa Según las pistas dadas, su niño o niña escribió palabras de uso frecuente estudiadas en esta unidad. Pídale que escriba un cuento que contenga esas palabras.

Nombre ______________________

Lee el cuento. **Responde** las preguntas.

AUTOBÚS ESCOLAR

En el autobús

Los niños del aula 204 estaban listos para ir al picnic de fin de curso.

—¡Alguien olvidó esta lonchera! —dijo Nan.

—Tráela, por favor —dijo la Sra. Kim, la maestra—. Debemos subir al autobús.

En el autobús, la Sra. Kim les pidió a todos sentarse.

—Miren por las ventanillas hacia afuera. Verán campos muy lindos —dijo la maestra.

Todos estaban contentos porque visitarían un lugar fuera de la escuela.

Estaban contentos de contar los árboles, de nombrar los pájaros que veían y de ver las vacas pastando en la hierba.

—¡Muu! —gritó Pablo.

—¡Muu! —gritó Jared.

—MUU, MUU —dijo Nan.

—¡Paren de decir muu! —dijo la Sra. Kim, parándose en la parte del frente del autobús—. Vamos a cantar una canción.

—Demos una palmada —gritó Pablo.

—Pisoteemos fuerte —gritó Jared.

—Chasqueemos los dedos —dijo Nan.

—Vamos a hacer las tres cosas —gritó Pablo.

—¡Paren! —ordenó la Sra. Kim—. Eso es demasiado ruidoso.

Actividad para la casa Su niño o niña identificó el ambiente del cuento, algunos de los personajes y lo que hicieron. Pídale que le diga por qué la Sra. Kim está contenta al final del cuento.

Nombre ______________________

Todos se quedaron en silencio. Pronto, el autobús se detuvo. La Sra. Kim se paró y dijo:

—Llegamos. La mesa del picnic está allí, al lado del lago.

—Es hora de comer —dijo Pablo—. ¡Pero no tengo mi lonchera!

—Aquí está, amigo —dijo Nan.

—Gracias —dijo Pablo—. Compartiré mi manzana contigo.

—Puedes probar mis pasteles de arroz —dijo Nan.

Fue el mejor picnic de todos. De regreso a la escuela, nadie imitó a una vaca o cantó una canción. Todos iban durmiendo. La Sra. Kim sonrió. Ella también estaba contenta.

---

1. ¿Dónde ocurre la mayor parte del cuento?

2. ¿Quién es la Sra. Kim?

3. ¿Cuáles dos personajes parecen ser buenos amigos?

4. ¿Qué sucede en el cuento que te indique que Pablo y Nan son buenos amigos?

Nombre ______________________________

Oraciones

Elige la palabra entre ( ) que completa cada oración. **Subráyala.**

1. El mundo se ____ por la mitad. (partió, mañana)

2. El elefante se ____. (aquí, despertó)

3. Las moscas son ____ de atrapar. (miró, difíciles)

Escribe cada oración en la raya.
Comienza y **termina** correctamente cada oración.

4. yo me escondo aquí

____

5. el camaleón está en la rama

____

6. el pato está en el agua

____

Nombre ___________________________

Día 1 Unidad 1 Semana 1 **Medio elefante**

Copia las oraciones. Asegúrate de escribir las letras grandes y las pequeñas usando el tamaño correcto.

El ave hizo un nido.

Daniela nada a diario.

Día 2 Unidad 1 Semana 2 **Exploremos el espacio**

Copia las oraciones. Asegúrate de formar las letras de manera correcta.

Gustavo come chocolate.

Tengo un gato con manchas.

Actividad para la casa Su niño o niña está practicando cómo escribir las letras *Aa, Dd, Oo, Gg, Cc, Chch.* Para practicar en casa, pídale que busque dos oraciones en su libro favorito y las copie usando su mejor letra. Después de leer las oraciones, pídale que encierre en un círculo cualquiera de estas letras que encuentre.

Nombre ______________________________

Día I Unidad I Semana 3 — Henry y Mudge

Copia la oración. Asegúrate que tus letras están derechas.

El elefante sabe cómo subir las escaleras.

____

Día I Unidad I Semana 4 — Árboles por todas partes

Copia las oraciones. Asegúrate que usas el espacio apropiado entre cada letra de una palabra.

Frank lee libros sobre leones.

____

Felicia y Beto llevan las llaves.

____

Día I Unidad I Semana 5 — El más fuerte de todos

Copia las oraciones. Asegúrate que usas el espacio apropiado entre las palabras de cada oración.

Tatiana tiene un kiosco.

____

Kate hizo helado de fresa.

____

Actividad para la casa Su niño o niña está practicando cómo escribir las letras *Ee, Ss, Ff, Bb, Ll, LLll, Tt, Hh* y *Kk.* Pídale que escriba una oración y verifique que al escribir las letras están derechas y que haya el espacio correcto entre cada letra y cada palabra.

Nombre ______________________________

sol **isla** **pasta** **bufanda** **barco** **insecto**

Escoge una palabra que vaya con cada clave.
Encierra en un círculo la palabra.

1. Puedes comerla.

poste pasta

2. Nos da luz y calor.

sol isla

3. Te lleva a otro lugar.

barco alto

4. Animal pequeño con seis patas.

mono insecto

5. Lugar en el mar.

isla espuma

6. Te cubre el cuello.

mantel bufanda

Lee la historia.

Los niños llegaron en un barco a la isla. El sol está en lo alto y hace calor. ¡No necesitan abrigo ni bufanda! Buscan tesoros enterrados pero sólo encuentran insectos de colores. Su papá pone un mantel en la arena y comen pasta de caracol con pescado. A los niños les gustan las formas de la pasta.

Actividad para la casa Su niño o niña está aprendiendo palabras con sílabas cerradas con combinaciones de vocal-consonante-consonante-vocal como en *isla, pasta, insecto* y *bufanda*. Busquen otras palabras con esta combinación de vocal-consonante-consonante-vocal.

Nombre ______________________

Sílabas cerradas

Escribe la palabra de ortografía que signifique lo mismo que la frase o que la complete.

Palabras de ortografía
atan
otros
buscan
isla
pasta
más
alma
corte
gustan
sol
alto
barcos

1. contrario a desatan ______________
2. comida italiana ______________
3. contrario de menos ______________
4. alumbra de día ______________
5. flotan en el agua ______________
6. semejante a los demás ______________
7. encantan, aman ______________

Completa las oraciones con una palabra de ortografía.

8. Chris prepara ______________ para la cena.
9. La ______________ está cerca de la costa.
10. El ______________ brillaba entre las nubes.
11. Hay muchos ______________ en el puerto.
12. El naranjo es bajo, el pino es ______________.

Actividad para la casa Su niño o niña está aprendiendo a escribir palabras con sílabas cerradas. Díctele palabras de ortografía y pídale que las escriba.

Nombre ______________________

Escoge la palabra del recuadro que complete cada oración.
Escribe la palabra en la línea.

aprender	mientras	lleno	dormir	viajes

1. Terminado el juego nos vamos a ______________________.

2. Mi mundo está ______________________ de sueños.

3. Quisiera ______________________ a manejar una nave espacial.

4. También quisiera hacer muchos ______________________ interesantes.

5. Necesito silencio ______________________ hago la tarea.

Actividad para la casa Su niño o niña aprendió a leer las palabras *aprender*, *experimentos*, *lleno*, *telescopio* y *viajes*. Seleccione libros o revistas sobre la exploración del espacio. Pídale a su niño o niña que busque estas palabras en la lectura.

Nombre ______________________________

Lee el cuento.
Sigue las instrucciones.

¡Brr! ¡Hace frío!

Es un animal muy grande. Tiene la piel negra, pero no la puedes ver. Puedes ver su pelaje blanco. Algunas veces, su pelaje parece amarillo. Sus patas son grandes y gordas. Este enorme animal vive cerca de la parte más helada del mundo. Vive en o cerca del Polo Norte. ¡Brr! Hace mucho frío allí. Pero a este animal le gusta el hielo. ¿Sabes qué animal es? Es el oso polar.

Un oso polar tiene 42 dientes. Los necesita para masticar su comida. Con su excelente olfato puede oler su cena. Es hora de sumergirse y nadar. Es hora de cazar la cena. Puede ser una foca. Puede ser un pez. ¡Puede ser hasta una ballena! Esos 42 dientes están muy afilados y fácilmente pueden desmenuzar la comida.

El oso polar traslada su comida al hielo. Duerme en el hielo y mantiene sus oseznos en el hielo. ¡Por suerte para estos osos, hay hielo dondequiera!

Algo malo está sucediendo en el mundo de los osos polares. El sol calienta mucho y derrite el hielo. Algunas veces, el oso está en una capa de hielo que es muy fina. Parte de esa capa se derrite. En esa capa fina de hielo el oso no puede dormir, no puede alimentarse y no puede cuidar de sus oseznos. ¿Qué le sucederá al oso polar?

Actividad para la casa Su niño o niña identificó la idea principal y algunos detalles en algunos párrafos. Léale a su niño o niña un cuento y haga una pausa después de un párrafo interesante. Luego, ayúdele a hacer una lista de los detalles que expresen algo sobre la idea principal.

Nombre ______________________

Algunas personas quieren ayudar a los osos polares. Quieren trabajar para mantenerlos a salvo. Tenemos que esperar que los osos polares estén a salvo y continúen viviendo por muchos años más.

---

1. Mira el segundo párrafo. Subraya la oración que expresa la idea principal.

2. Mira el segundo párrafo otra vez. Haz una lista de tres detalles que expresen algo sobre la idea principal.

____

____

____

3. Mira el cuarto párrafo. Subraya la oración que expresa la idea principal.

4. Mira el cuarto párrafo otra vez. Haz una lista de dos detalles que expresen algo sobre la idea principal.

____

____

____

Nombre ______________________

Sujetos

Subraya el sujeto de cada oración.

1. Los astronautas salen al espacio.
2. Seis personas viajan en el transbordador.
3. La Tierra es nuestro planeta.

Elige el sujeto del recuadro que completa cada oración.

Las estrellas	Saturno	Los transbordadores

4. ______________ son muy veloces.

5. ______________ es un planeta.

6. ______________ se ven de noche.

Nombre ______________________

Di la primera sílaba de cada dibujo.
Escribe la sílaba del cuadro para completar cada palabra.

que cu co ko

1. ________do

2. ________so

3. ________bo

4. ________ala

5. ________meta

6. ________ma

Lee la historia.

Hoy es el festival de cometas. Todos van hasta la colina donde hay viento. El cometa de Karina tiene dibujos de koala. El cometa de Claudia parece un cubo y el de Enrique tiene forma de pescado. El ganador será el que tenga la figura más original. Después, todos irán al bosque. Cerca del estanque habrá un banquete con queso y kiwi.

Actividad para la casa Su niño o niña está aprendiendo a identificar palabras con *c*, *q*, *k*. Busquen otras palabras con estas letras y ayude a su niño o niña a escribirlas en tres listas según su ortografía.

Nombre ______________________

Palabras con *c, q, k*

Palabras de ortografía					
codo	casa	quema	cubo	quitar	contar
cometa	como	sacaba	kilo	queso	cuna

Escribe la palabra de ortografía que signifique lo mismo que la frase o que la complete.

1. rodilla y ______________
2. cama para un bebé ______________
3. hogar, residencia ______________
4. el fuego ______________
5. contrario de dar ______________
6. se hace de la leche ______________
7. 1, 2, 3, 4 ______________

Completa las oraciones con una palabra de ortografía.

8. La ______________ volaba alto en el cielo.
9. El ratón comió el ______________.
10. Mamá acostó a Mayi en la ______________.
11. La ______________ tiene dos pisos.
12. La llama de la vela ______________.

Actividad para la casa Su niño o niña está aprendiendo a escribir palabras con *ca, co, cu, que, qui*. Díctele palabras de ortografía y pídale que las escriba.

Nombre ______________________________

Escoge la palabra del recuadro que corresponda con cada pista.
Escribe las letras de cada palabra en las casillas.

siempre	comida	llegar
ayer	carro	

1. el día anterior al de hoy
2. vehículo para moverse de un lugar a otro
3. conjunto de cosas que se comen
4. todo el tiempo
5. alcanzar el fin o lugar deseado

Lee las letras en las casillas grises para hallar la palabra escondida.

Palabra escondida: ______________________________

Actividad para el hogar Su niño o niña aprendió a leer las palabras *acampar, ayer, carro, comida, llegar* y *siempre*. Pídale que lea cada palabra en voz alta y que las use en una oración.

Nombre ______________________________

Lee el cuento. **Contesta** las preguntas.

Ven a viajar en avión

¡Drip! ¡Drop! La lluvia caía en la ventana. ¡Splish! ¡Splash! La lluvia salpicaba la acera. Grace y Brad no podían salir a jugar.

—¿Qué te gustaría hacer? —preguntó el padre—. ¿Te gustaría hacer una tienda de campaña? Podríamos almorzar y dormir dentro de la tienda.

—No —dijo Grace—. Hicimos eso la última vez que llovió.

—¿Te gustaría hornear? —preguntó la madre—. Podríamos hacer brownies.

—No —dijo Brad—. La semana pasada horneé galletas con papá.

—Lo sé —dijo Grace—. Vamos a jugar al *Aeropuerto*. Seré el piloto. Brad puede vender los boletos.

—De ninguna manera —dijo Brad—. Pilotaré este avión y tú podrás ser mi copiloto.

—Solamente la ida —dijo Grace, poniendo sus manos en las caderas—. ¡Al regreso, soy el piloto!

—¡Sí, así debe ser! —exclamó Brad.

—Primero, vamos a construir un avión —dijo la madre—. ¿Podremos construirlo con estas cajas y almohadas?

La familia estaba muy ocupada construyendo el avión cuando Grace dijo:

—Ya tenemos el avión, el piloto y el copiloto, pero no tenemos pasajeros.

Actividad para el hogar Su niño o niña identificó y describió los personajes y el ambiente del cuento. Lean un cuento juntos. Pídale que identifique los personajes, el ambiente y que diga algo sobre éstos.

Nombre ______________________________

La madre miró al padre. Rápidamente, el padre le guiñó un ojo a la madre.

—Supongo que tienen dos pasajeros —dijo la madre—. Aquí están nuestros boletos. Vamos a la Tierra de los juegos.

—Abróchense los cinturones —dijo Brad.

—¡Enseguida mi capitán! —dijo Grace.

---

1. ¿Quiénes son los personajes del cuento? Escribe los nombres en la línea.

2. ¿Cuál es el ambiente del cuento?

3. ¿Cómo ayudaron la madre y el padre a Brad y a Grace?

4. ¿Cómo crees que se sienten la madre, el padre, Grace y Brad al final del cuento?

Nombre ______________________

Predicados

Escribe el predicado de cada oración.

1. Henry y Mudge oyen un sonido.

____

2. Henry mira afuera.

____

3. Un oso grande pasa por allí.

____

4. El oso mira a Henry.

____

5. Mudge ladra.

____

6. El oso se va corriendo.

____

Nombre ______________________________

Di la palabra para cada dibujo.
Escribe la letra del cuadro para completar cada palabra.

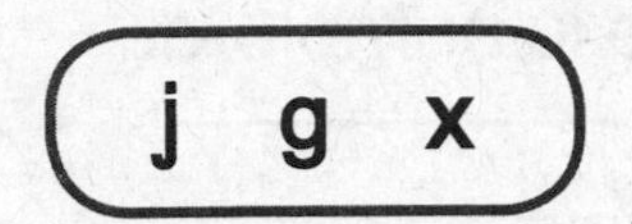

1. rojo — ro ______ o

2. ______ emelas

3. Mé ______ ico

4. ______ ente

5. Te ______ as

6. ______ ugada

Lee la historia.

Mis primas Gema y Juanita viven en México. Ellas son gemelas. Siempre hacen todo juntas. Jamás se separan y son muy inteligentes. A Gema le gusta dibujar y a Juanita le gusta jugar fútbol. Cuando vienen a Texas, se visten de rojo para no perderse entre la gente. Yo también me visto de rojo y entonces, ¡parecemos trillizas!

Actividad para la casa Su niño o niña está aprendiendo a identificar palabras con *j, g, x.* Busquen otras palabras con estas letras y ayude a su niño o niña a escribirlas en tres listas según su ortografía.

Nombre ______________________

Palabras con *j, g, x*

Escribe la palabra de ortografía que signifique lo mismo que la frase o que la complete.

Palabras de ortografía
jabón
rojo
gente
jugada
gemelo
frijol
junto
jugo
Texas
jinete
jamás
gesto

1. hace espuma ______________
2. monta a caballo ______________
3. color del sombrero de María ______________
4. mellizo, jimagua ______________
5. ______________ de naranja
6. unido ______________
7. grupo de personas ______________

Completa las oraciones con una palabra de ortografía.

8. Lali hizo un ______________ con la mano.
9. La mejor ______________ del partido.
10. Busca ______________ en el mapa.
11. La planta tenía un solo ______________.
12. El ______________ quitó las manchas.

Actividad para la casa Su niño o niña está aprendiendo a escribir palabras con *ja, jo, ju, ji, ge, gi* y con *x* cuando tiene el sonido /j/. Díctele palabras de ortografía y pídale que las escriba.

Nombre ______________________________

Escoge la palabra del recuadro que responda a cada pregunta.
Escribe la palabra en la línea.

animales	naranja	pájaro
abeja	rama	hojas

1. ¿Qué insecto hace la miel y la cera? ______________________

2. ¿Qué son las tortugas y los patos? ______________________

3. ¿Cuál es el fruto del naranjo? ______________________

4. ¿Qué animal tiene alas, vuela y canta? ______________________

5. ¿Qué parte de las plantas está alrededor del tronco? ______________________

6. ¿Por dónde respiran los árboles? ______________________

Actividad para el hogar Su niño o niña aprendió las palabras *abeja, animales, hojas, naranja, pájaro* y *rama* y las usó para contestar las preguntas. Por turnos, hagan otras preguntas que tengan como respuesta estas palabras.

Nombre ______________________

Lee el cuento. Sigue las instrucciones.

Salvar a las tortugas

En el medio de un día caluroso, una enorme tortuga cuero nada hacia la orilla. Pone entre 60 y 100 huevos en la arena aproximadamente. Solamente algunos de estos huevos se abrirán después de su período de incubación. Las tortugas que salen del cascarón pueden verse caminando hacia el agua y nadando hacia lo lejos. Quizás crucen hasta un océano. Estas tortugas deben permanecer en el agua hasta que estén listas para poner huevos como su madre.

La tortuga cuero es la tortuga más grande del mar. Su caparazón no es como el de otras tortugas. Es áspero como el cuero.

La tortuga cuero está en peligro de extinción. Hay muchas razones que causan este peligro. Una de las razones es que la tortuga come medusas. Puede ver una bolsa plástica en el agua y pensar que es una medusa. Cuando se la come, la tortuga se muere. Otra de las razones es que a las personas les gusta comer los huevos de estas tortugas. Las tortugas quedan atrapadas en las redes de pesca. La gente construye casas en las orillas de los mares y las tortugas pierden el lugar donde anidan.

Escuela + Hogar

Actividad para el hogar Su niño o niña identificó la idea principal de un párrafo. Pídale que le diga la idea principal del último párrafo de la lectura de arriba.

Nombre ______________________________

En un país, hay un grupo de personas que quieren ayudar a las tortugas. Ahora, allí, se le paga a la gente para que cuide los huevos de las tortugas y mantenga lejos a los cazadores. Estos ayudantes ganan dinero y las tortugas se mantienen protegidas. El plan del grupo ha funcionado muy bien.

1. Mira el tercer párrafo. Subraya la idea principal.

2. Mira el tercer párrafo otra vez. Haz una lista de tres detalles que expresen algo sobre la idea principal.

3. Mira el cuarto párrafo. Subraya la idea principal.

4. Mira el cuarto párrafo otra vez. Haz una lista de dos detalles que expresen algo sobre la idea principal.

Nombre ____________________

Oraciones enunciativas e interrogativas

Lee cada oración. **Escribe** *E* si la oración es un enunciado. **Escribe** *P* si la oración es una pregunta.

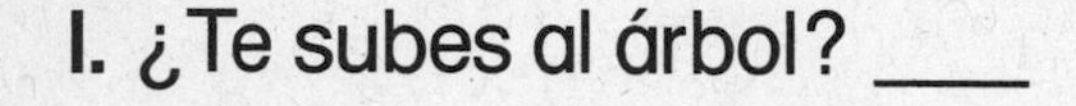

1. ¿Te subes al árbol? ____

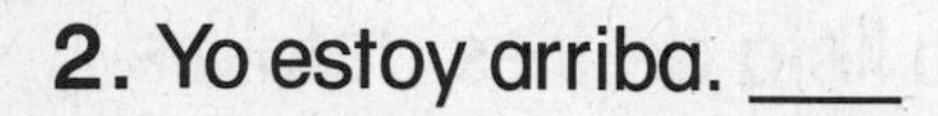

2. Yo estoy arriba. ____

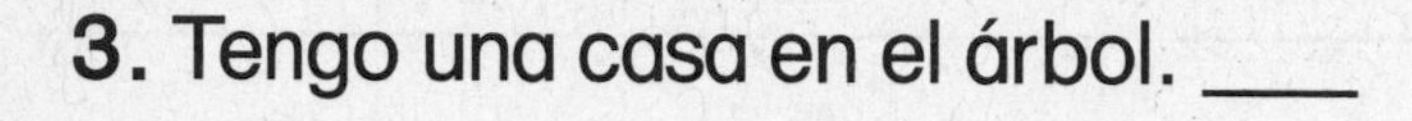

3. Tengo una casa en el árbol. ____

Escribe cada oración correctamente. **Usa** las letras mayúsculas y la puntuación correctas.

4. cuándo vendrás a verme

____

5. te enseñaré mis naranjos

____

6. te gustan o no

____

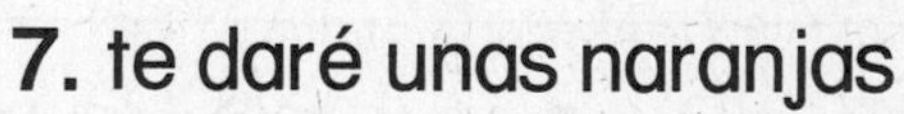

7. te daré unas naranjas

____

Nombre ______________________

Lee las dos palabras en cada línea. **Escribe** la palabra del cuadro que estaría entre las dos en el diccionario.

ganso	llego	persigue
apaga	regalo	fuego

1. lima ______________ mapa
2. nota ______________ ratón
3. fama ______________ hielo
4. ala ______________ bate
5. pato ______________ queso
6. elefante ______________ gato

Lee la historia.

En agosto es la fiesta de Miguel el ganso. Todos sus amigos van a la laguna y nadan por un rato. Algunos tocan la guitarra. Otros juegan a la pelota en el laguito. Sami el gato es mago y siempre hace trucos para todos. Después que Miguel apaga las velas del pastel, abre sus regalos. Al final, todos se divierten.

Actividad para la casa Su niño o niña está aprendiendo a identificar palabras con *gue-* y *gui-*. Pida a su niño o niña que encierre en un círculo las palabras de la historia que tengan *gue-* o *gui-*. Luego, juntos formen oraciones con esas palabras.

Nombre ______________________

Palabras con *ga, go, gu, gue, gui*

Escribe la palabra de ortografía que signifique lo mismo que la frase o que la complete.

Palabras de ortografía
gota
ganso
guiso
alguna
llego
persigue
gato
guinda
apaga
regalo
gol
fuego

1. pato, águila, paloma ______________
2. lo contrario de *ninguna* ______________
3. caliente ______________
4. anotación en futbol ______________
5. maúlla ______________
6. sale de un gotero ______________
7. lo contrario de *enciende* ______________

Completa las oraciones con una palabra de ortografía.

8. A mamá se le quemó el ______________ .
9. El ______________ nada en el estanque.
10. Hoy ______________ a clases temprano.
11. Tito recibió un ______________ por su cumpleaños.
12. El policía ______________ al ladrón.

Actividad para la casa Su niño o niña está aprendiendo a escribir palabras con *ga, go, gu, gue, gui.* Díctele palabras de ortografía y pídale que las escriba.

Nombre ______________________

Escoge la palabra del recuadro que complete cada oración.
Escribe la palabra en la línea.

nido	caer	fuego	manera	nubes	algo

1. ______________________ sucedía en el bosque.

2. Había un ______________________ muy peligroso.

3. Una hormiguita subió hasta el ______________________ de un pájaro.

4. La hormiguita le pidió que volara hasta las ______________________ para que éstas mandaran lluvia.

5. Un poco más tarde, se vio ______________________ la lluvia.

6. De esa ______________________, se salvó el bosque.

Actividad para el hogar Su niño o niña completó oraciones usando las palabras *algo, caer, fuego, manera, nido* y *nubes*. Vayan juntos a la biblioteca y escojan varios libros. Pídale a su niño o niña que busque estas palabras en los libros.

Nombre ____________________

Lee la obra de teatro.
Responde las preguntas.

Vamos de compras

Personajes:	Sra. Gansa	Sr. Sapo, un vendedor	Sra. Gallina

Ambiente: El centro comercial

Sra. Gansa: Necesito una nueva falda. ¿Qué me puede mostrar?

Sr. Sapo: Pruebe esta roja con rayas azules. Hará juego con sus zapatos rojos.

Sra. Gansa: No, gracias. Seguiré mirando.

Sr. Sapo: ¿Qué tal entonces esta falda blanca? Sienta esta tela. Es muy suave. Sólo tóquela. Es tan suave. Es la última falda blanca en la tienda.

Sra. Gansa: No, creo que quiero algo verde.

Sr. Sapo: No tengo nada verde. Pero tengo una camisa azul. Va bien con la falda blanca.

Sra. Gansa: ¿Una camisa azul y una falda blanca? ¡Voy a parecer una bandera! Debo seguir mirando.

Sr. Sapo: Entonces voy a atender a la Sra. Gallina.

Sra. Gansa: Está bien.

Sra. Gallina: Qué pieza de tela tan agradable. Creo que voy a comprar esta falda blanca. Y voy a comprar también esa camisa azul. Usted casi siempre tiene justo lo que busco.

Nombre ______________________

Sr. Sapo	Me alegro, me alegro. Voy a poner las dos juntas. Y luego se las coloco en una bolsa.
Sra. Gansa	Sr. Sapo, cambié de opinión. Quiero esa falda blanca.
Sr. Sapo	Lo siento, acabo de venderla. Se terminó. La Sra. Gallina pensó que era una compra muy buena.
Sra. Gansa	Oh, quizás se la pueda comprar a ella. ¡Sra. Gallina! ¡Sra. Gallina!
Sr. Sapo	¿Aprenderá alguna vez?

1. Encierra en un círculo las palabras en la obra de teatro que nombran cosas que las personas usan.

2. ¿En qué se parecen el rojo, el blanco, el azul y el verde?

3. ¿En qué se parecen la Sra. Gansa y la Sra. Gallina?

4. Mira los nombres de todos los personajes. ¿En qué se parecen?

Actividad para la casa Su niño o niña hizo una revisión en busca de hechos y detalles en una obra de teatro. Investiguen acerca de uno o más de los animales (gansa, gallina, sapo). Hagan juntos una lista de los hechos y detalles.

Nombre ______________________

Oraciones imperativas y exclamativas

Escribe *M* si la oración es un mandato.
Escribe *X* si es una exclamación.

1. Ven conmigo. __________

2. ¡Estoy tan contenta! __________

3. Espera aquí. __________

Escribe correctamente cada oración.

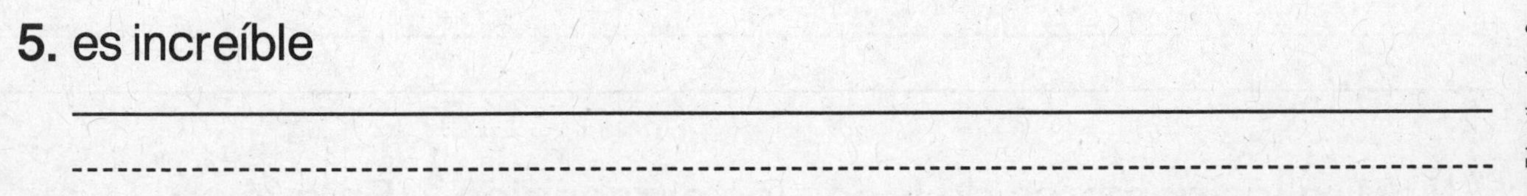

4. mira la hormiga

____

5. es increíble

____

6. es la más fuerte de todas

____

Nombre ______________________________

Tabla del cuento

Completa esta tabla del cuento para ayudarte a organizar tus ideas. **Escribe** tus ideas en oraciones.

Título ____

Principio

↓

Medio

↓

Final

Nombre ___________________________

Usar palabras que dicen qué sientes

Escribe una palabra del recuadro para decir qué siente el escritor.

nervioso	molesto	asustado	entusiasmado

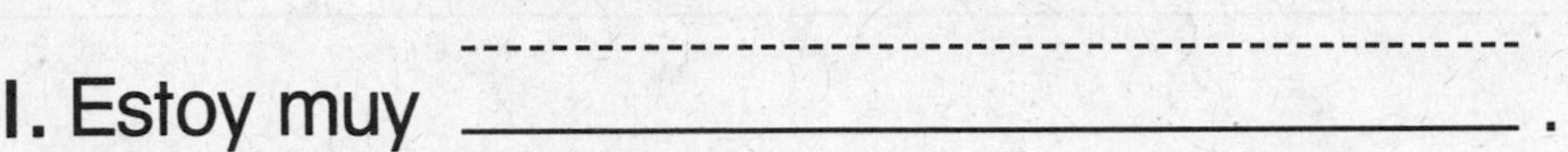
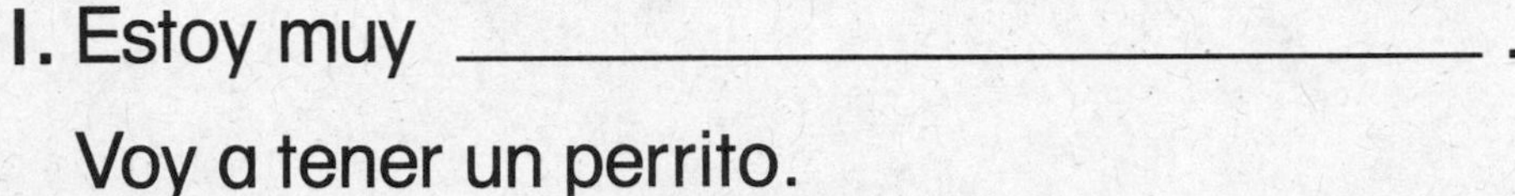

1. Estoy muy ________________.
Voy a tener un perrito.

2. José está ________________.
Tomás se llevó su carro favorito.

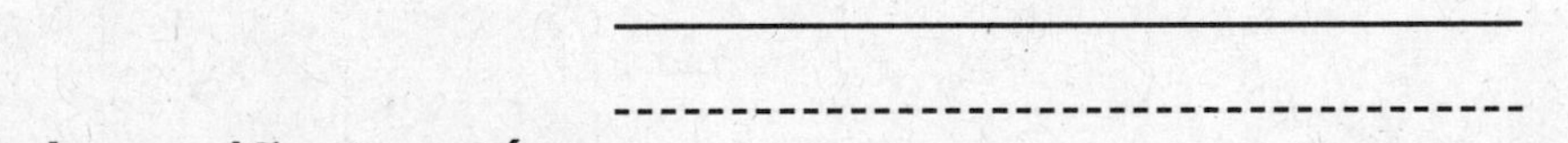
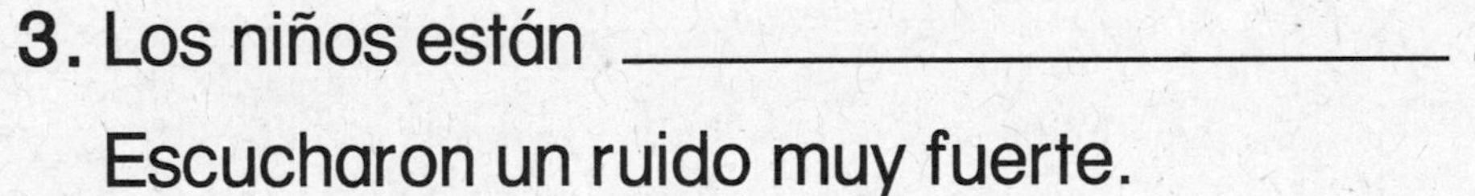

3. Los niños están ________________.
Escucharon un ruido muy fuerte.

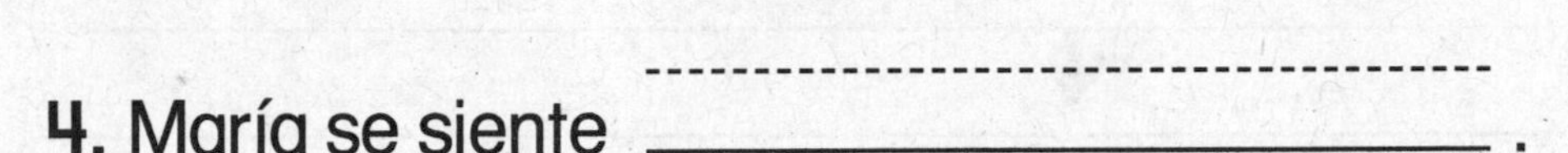

4. María se siente ________________.
Va a actuar en una obra de teatro.

Nombre ______________________________

Añadir palabras, frases y oraciones

Cuando revisas, añades palabras, frases y oraciones para añadir detalles y hacer más expresiva tu escritura.

Sigue las instrucciones para revisar la oración.

En este parque hay árboles.

1. Añade la palabra *enorme* para describir el parque. Escribe la nueva oración.

2. Añade la frase *muchos tipos* de para describir los árboles. Escribe la nueva oración.

3. Muestra qué siente el narrador sobre el parque. Añade la oración *me gusta caminar por aquí.* Escribe ambas oraciones.

Nombre ______________________

Guía de autoevaluación

Marca *sí* o *no* acerca de la voz en tu cuento.

	Sí	No
1. Usé palabras que dicen lo que siento.		
2. Usé una o más palabras que describen.		
3. Usé una o más palabras que muestran acción.		

Responde las preguntas.

4. ¿Cuál es la mejor parte de tu cuento?

5. ¿Qué cambiarías en tu cuento si pudieras volverlo a escribir?

Nombre ______________________________

bra**zo** **za**patos **so**pa **ce**bolla **ci**ne

Escoge la sílaba del recuadro que complete cada una de las palabras de las siguientes oraciones.
Escribe la sílaba en la línea.

za zo so ce ci

1. La ______pa está caliente.

2. Escalamos hasta la ______ma de la montaña.

3. La niña di______ que quiere una mascota.

4. Mario hi______ su tarea.

5. El libro está en______ma del escritorio.

6. Vicente tiene fuer______ y alza pesas.

Escuela + Hogar **Actividad para la casa** Su niño o niña escribió palabras con las sílabas *za, zo, so, ce* y *ci*. Ayúdelo a buscar otras palabras que contengan estas sílabas. Luego, pídale que escriba un cuento usando esas palabras.

Nombre ______________________

Escoge las palabras del recuadro que completen las oraciones del siguiente cuento. **Escribe** las palabras en las líneas.

malo	escuchar	fácil	encima
igual	tirar	fuerza	

Mi perro Moti no es ______________, pero es bastante travieso. Un día, encontré a Moti ______________ de mi cama, mordiendo mis almohadas. Al ______________ mi voz, salió corriendo. No fue ______________ alcanzarlo, pero corrí ______________ o más que Moti. Cuando lo alcancé, comenzó a ______________ muy fuerte. Los dos resbalamos y nos caímos. Mi hermano Tito salió a ver qué pasaba. Cuando nos vio, agarró a Moti por el collar y lo sacó. Después, y haciendo mucha ______________, me ayudó a mí.

Actividad para la casa Su niño o niña usó pistas para escribir palabras de uso frecuente y palabras de la lectura que aprendió esta semana. Anímele a escribir un cuento sobre cómo rescatar a un animal usando las palabras del recuadro

Nombre ____________________

Lee el cuento. **Responde** las preguntas.

Koalas

Los koalas son mamíferos que viven en los bosques de Australia. No es correcto llamarlos osos koalas, porque no son osos. Ellos tienen un pelaje suave y orejas con largos pelos blancos en sus puntas. Los koalas duermen de día y comen de noche. Los koalas comen hierbas y cortezas de diferentes árboles, pero las hojas de eucalipto son sus favoritas. Debido a que los koalas comen tantas hojas de eucalipto, a menudo huelen como algunos tipos de gotas para la tos. Las koalas hembras tienen una bolsa donde vive el bebé koala.

1. ¿Cuál es el tema de este cuento?

____

2. ¿Qué hace que los koalas huelan como gotas para la tos?

____

____

3. ¿Por qué los koalas comen de noche?

____

Actividad para la casa Su niño o niña identificó causas y efectos en un cuento de no ficción. Busquen otro cuento de no ficción acerca de animales. Lean juntos una parte del cuento. Ayude a su niño o niña a encontrar una causa (razón para que algo ocurra) y un efecto (el resultado de una causa).

Nombre ______________________________

Marta al rescate

Marta es una salvavidas en la playa. La mayor parte del tiempo, la cosa está tranquila. Pero la semana pasada un amigo de Marta, Jack, se fue nadando demasiado lejos. La marea era fuerte y él no podía nadar de regreso.

Marta lo vio y se lanzó al océano. Pronto ella estaba tirando de Jack, y luego ambos estaban de vuelta en la playa.

Jack se sentía un poco asustado pero estaba bien. Se sintió además muy agradecido. ¡Marta hizo algo maravilloso cuando salvó la vida de Jack!

Aspectos principales de una no ficción narrativa

- Habla de personas y sucesos reales.
- Generalmente cuenta los sucesos en el orden en que ocurrieron.

Nombre ____________________

Palabras con *z, c, s*

Palabras de ortografía					
salida	paso	sopita	hizo	dice	cereal
cima	taza	zorro	lazos	cien	solo

Completa cada oración con una palabra de ortografía.

1. Subí a la ___ de una montaña. ____________________
2. Lucas come ___ en el desayuno. ____________________
3. ___ es la palabra opuesta a *entrada*. ____________________
4. ¡Ya puedo contar hasta ___! ____________________
5. Mi mamá me adornó la cabeza con ___. ____________________
6. Cuando me enfermo tomo ___ de pollo. ____________________

Pistas de palabras Encuentra dos palabras de ortografía que respondan las pistas. Escríbelas.

Empiezan con *ci*.

7. ____________________ 8. ____________________

Empiezan con *s* y contienen una *i*.

9. ____________________ 10. ____________________

Actividad para la casa Su niño o niña está escribiendo palabras con *z, c, s.* Pídale que escriba oraciones con las palabras de ortografía.

Nombre ______________________

Lee la oración.
Escribe la letra del significado correcto para cada palabra subrayada.
Usa otras palabras de la oración como ayuda.

1. La ventana estaba entreabierta, por eso la lluvia penetraba en la casa. ______
   a. muy abierta b. un poco abierta c. abierta

2. Fue un día aburrido porque no tenía nada que hacer. ______
   a. emocionante b. tedioso c. sorprendente

3. Juan recibió una bicicleta roja por su cumpleaños. Yo sonreí y dije: —Fenomenal para ti. ______
   a. terrible b. inesperado c. estupendo

4. Ha llovido mucho todo el día. El clima está tempestuoso. ______
   a. calmado b. huracanado c. fresco

5. El estudiante desaprobó el examen. Por eso, se siente afligido. ______
   a. paciente b. maravillado c. triste

Lee la oración. **Escribe** el significado de la palabra subrayada.
Usa otras palabras de la oración como ayuda.

6. Por no estar mirando hacia donde iba, Ben tropezó contra el árbol.

____

Actividad para la casa Su niño o niña usó sinónimos y aprendió a usar palabras del contexto para encontrar el significado de palabras desconocidas. Lea algunas oraciones de un libro preferido por su niño o niña. Coloque otra palabra que no pertenezca a la oración. Observe si adivina el significado de esa palabra.

Nombre ______________________________

Sustantivos comunes

Los **sustantivos** son palabras para llamar a las personas, los lugares, los animales y las cosas.

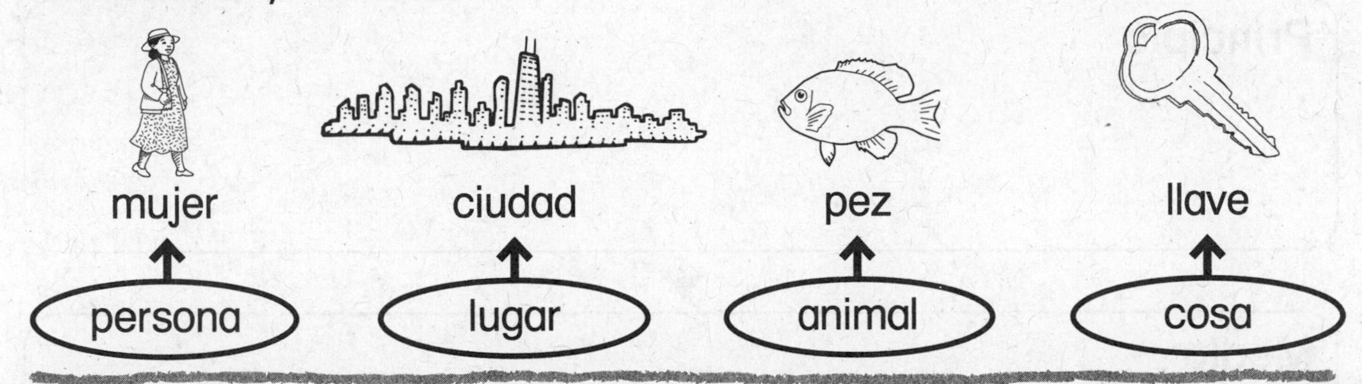

Escribe el sustantivo de cada oración. Luego, **di** los sustantivos.

1. El hombre se cayó. ______________________

2. El hielo se rompió. ______________________

3. El perro ladró. ______________________

Escribe los dos sustantivos de cada oración.

4. Hay un gato en el árbol.

______________________ ______________________

5. El niño necesita una escalera.

______________________ ______________________

Actividad para la casa Su niño o niña estudió los sustantivos. Den juntos un paseo. Señale personas, lugares, animales y cosas sin nombrarlos y pídale a su niño o niña que diga el sustantivo de cada uno.

Nombre ______________________________

Tabla del cuento

Título ______________________________

Principio

↓

Medio

↓

Final del cuento

Actividad para la casa Su niño o niña está aprendiendo a escribir cuentos, poemas, informes breves, párrafos de no ficción, cartas y otros géneros este año. Pregúntele sobre qué está escribiendo esta semana.

Nombre ______________________

Lee este importante anuncio.

Simulacros de incendios

Los simulacros de incendios pueden ocurrir en cualquier momento. Sigue estas reglas para mantenerse seguro. Para de hacer lo que estés haciendo. Halla a tu compañero, si tienes uno. Sal de tu clase. Camina con calma hacia el pasillo. Nunca debes correr. Reúnete con el resto de tu clase en el lugar especial de reunión. Cuando tu maestro o maestra anuncie "fin de la alarma", puedes regresar a tu salón de clases.

Toma notas acerca del anuncio. **Haz una lista** de las cuatro cosas que hay que recordar para mantenerte seguro durante un simulacro de incendio.

1. ______________________
2. ______________________
3. ______________________
4. ______________________

Actividad para la casa Su niño o niña aprendió cómo tomar notas para recordar una información importante. Cree, junto con su familia, un plan de escape para un incendio en su casa. Pida a su niño o niña que tome notas de los pasos importantes de su plan. A continuación, coloque el plan en un lugar visible en su casa.

Nombre ______________________________

Palabras con *z, c, s*

Lee la nota de Adrián. Busca tres palabras mal escritas y enciérralas en un círculo. Escribe bien las palabras y luego escribe la oración que no pertenece al párrafo.

Palabras de ortografía	
salida	paso
sopita	hizo
dice	cereal
cima	zorro
lazos	cien
solo	taza

Palabras con ortografía difícil
celoso
comenzar
sentarse

> Mi mamá hiso una cesta de mimbre. Para comensar, la decoró con lasos de muchos colores. El árbol es amarillo. Luego, la rellenó con buñuelos y chocolates y se la llevamos a mi abuelita.

1. ____________ 2. ____________

3. ____________

4. ______________________________

Rellena el círculo de la palabra que está bien escrita. **Escríbela.**

5. ○ zalida ○ calida ○ salida ____________

6. ○ izo ○ hizo ○ hiso ____________

7. ○ cima ○ zima ○ shima ____________

8. ○ sereal ○ zereal ○ cereal ____________

Actividad para la casa Su niño o niña está aprendiendo a identificar palabras mal escritas con *za, zo, zu, ce, ci, sa, so, su, se, si.* Pídale que escriba una palabra y luego cambie una letra para formar otra palabra. Por ejemplo, la palabra *cera* puede convertirse en *pera* o *cena.*

Nombre ____________________

Escoge una palabra del recuadro para completar cada oración. **Escribe** la palabra en la línea.

valientes	collar	encima	malo	
fácil	escuchar	fuerza	resbalaron	igual

1. Un día ayudé a salvar una foca. El tiempo estaba muy ____________. Llovía demasiado.

2. Todos logramos ____________ una foca llorar muy lejos.

3. Al ____________ que mi hermana, me puse muy nerviosa.

4. Al llegar allí pusimos una red ____________ de la foca para atraparla sin que se lastimara.

5. Los peces ____________ sobre un lado del bote.

6. Pusimos una venda en su cuello como un ____________.

7. Papá hizo mucha ____________ para sacar la foca del agua.

8. Nosotros nos sentimos muy ____________.

Actividad para la casa Su niño o niña usa pistas para escribir palabras de uso frecuente. Anime a su hijo a escribir una historia sobre cómo rescatar a un animal usando las palabras del recuadro.

Nombre ___________________________

Sustantivos comunes

Marca el sustantivo correcto.

1 Miguel quería una __________.

- ⬭ comer
- ⬭ mascota
- ⬭ bonita

2 Ahora tiene un __________.

- ⬭ cachorro
- ⬭ simpático
- ⬭ después

3 Van al __________ a pasear.

- ⬭ aquí
- ⬭ decir
- ⬭ parque

4 Juegan en el __________.

- ⬭ lejos
- ⬭ jugar
- ⬭ jardín

5 El cachorro le hace __________ a Miguel.

- ⬭ divertido
- ⬭ compañía
- ⬭ ahora

Actividad para la casa Su niño o niña se preparó para identificar los sustantivos comunes. Lean juntos un cuento. Señale varias oraciones sencillas. Pídale que identifique los sustantivos comunes en esas oraciones.

Nombre ____________________

pingüino   cigüeña

Escribe la sílaba del recuadro que complete las siguientes palabras.

güe   **güi**

1. zari ________ ya

2. bilin ________

3. ena ________ ta

4. desa ________

5. para ________ tas

6. ________ ra

Escribe una oración con cada una de las siguientes palabras.

7. yegüita ____________________

8. antigüedad ____________________

Actividad para la casa Su niño o niña escribió palabras con la sílabas *güe* y *güi*. Ayúdele a buscar otras palabras con estas sílabas. Luego, pídale que las deletree en voz alta y que las use en una oración.

Nombre ____________________

Escoge la palabra del recuadro que corresponda con cada una de las pistas.
Escribe la palabra en la línea.

llevar	grado	ninguno	país
madera	joven	maíz	

1. nivel de estudio

____

2. parte de los árboles cubierta por la corteza

____

3. ni una sola cosa o persona

____

4. de poca edad

____

5. nación

____

6. planta tropical

____

7. conducir algo de un lugar a otro

____

Escuela + Hogar

Actividad para la casa Su niño o niña aprendió a leer palabras de uso frecuente como *grado, joven, llevar, madera, maíz, ninguno* y *país*. Escriba oraciones con estas palabras dejando un espacio en blanco donde vaya cada una. Luego, pida a su niño o niña que complete las oraciones con las palabras de uso frecuente.

Nombre ______________________

Lee el siguiente texto. **Responde** las preguntas.

Thomas Jefferson

por Virginia Mann

Thomas Jefferson fue el tercer presidente de Estados Unidos. Jefferson vivió en Virginia en una casa muy hermosa. El propio Jefferson fue el que hizo los planos de su casa. También inventó otras cosas muy útiles para su casa. Algunas de esas cosas aparecen en la siguiente tabla.

Inventos de Jefferson	¿Cómo era?
pedestal para libros	Sostenía cinco libros a la vez. Era giratorio.
gran reloj	Podía ver la esfera desde dentro o fuera de la casa.
escalera	Estaba hecha de madera. Se podía doblar.

I. ¿Cuál es el nombre de la autora? ______________________

2. ¿Qué aprendiste leyendo la tabla? ______________________

____

3. ¿Cuál crees que fue el propósito de la autora al escribir esta historia? ______________________

Actividad para la casa Su niño o niña respondió preguntas sobre un texto de no ficción y expresó por qué la autora lo escribió. Lean juntos un artículo de periódico o revista. Luego, pídale que identifique quién escribió el texto y por qué cree que el autor lo escribió.

Nombre ______________________________

Helen Keller

Helen Keller nació en Alabama en 1880. Cuando era una bebé, se enfermó gravemente. Después de eso, Helen no podía ver, oír ni hablar.

Los padres de Helen le contrataron una maestra. El nombre de la maestra era Annie Sullivan. Ella enseñó a Helen a "hablar" y "oír" con sus manos.

Helen aprendió rápido. Ella era muy inteligente. Cuando creció, fue a estudiar a la universidad. Después de la universidad, Helen escribió libros y dio conferencias. En 1903, escribió un libro sobre su vida. Helen Keller enseñó a las personas que jamás debían darse por vencidas.

Aspectos principales de una biografía

- Habla de la vida de una persona real.
- Cuenta hechos importantes sobre la persona.

Nombre ______________________

Palabras con *güe, güi*

Palabras de ortografía					
vergüenza	desagüe	averigüe	antigüedad	cigüeña	bilingüe
paragüero	agüita	güero	enagüita	pingüino	lengüeta

Completa cada oración con una palabra de ortografía.

1. ¿No te da ____? ____________
2. Yo soy ____. ____________
3. Te bebiste mi ____. ____________
4. La muñeca tiene una ____ azul. ____________
5. Se tapó el ____. ____________
6. La ____ del zapato es muy larga. ____________

Pistas de palabras Encuentra dos palabras de ortografía que respondan las pistas. Escríbelas.

Termina en *-ces*

7. ____________ 8. ____________

Terminan en *güe.*

9. ____________ 10. ____________

Escuela + Hogar **Actividad para la casa** Su niño o niña está escribiendo palabras con *güe, güi.* Pregúntele en qué se parecen las palabras de ortografía. (Todas tienen sílabas *güe, güi*)

Nombre ______________________________

Mira las páginas del diccionario. **Escribe** las palabras del recuadro en orden alfabético para cada página. Usa las palabras guía para escoger la página correcta.

rana	piedra	simple	sencillo
sobrecama	televisión	tráfico	túnel

1. otro ... regreso

2. sapo ... simplificar

3. sobre ... tía

4. todo ... unión

Escuela + Hogar **Actividad para la casa** Su niño o niña puso palabras en orden alfabético y aprendió a usar palabras guía en un diccionario. Haga que su niño o niña nombre una palabra más para cada página usando las palabras guía de arriba.

Nombre ____________________________

Sustantivos propios

Un **sustantivo propio** es el nombre especial de una persona, un animal, un lugar o una cosa. Siempre se escribe con **mayúscula.** El nombre y el apellido de las personas, el nombre de las mascotas y el nombre de los días festivos son sustantivos propios. Algunos sustantivos propios tienen más de una palabra.

Abraham Lincoln era abogado en **Springfield, Illinois.** Se casó con **Mary Todd.** En los **Estados Unidos** se celebra el **Día de los Presidentes** en honor de sus líderes nacionales.

Escribe los dos sustantivos propios que hay en cada oración.

1. La maestra Grant contó la historia de Lincoln.

2. Noah y Maya la escuchaban.

3. Abraham nació en Kentucky.

4. Celebré el Cuatro de Julio en San Diego.

Di otros sustantivos propios.

Actividad para la casa Su niño o niña estudió los sustantivos propios. Miren algunas cartas del correo juntos y pídale que señale todos los sustantivos propios que vea en las direcciones.

Nombre ______________________________

Red

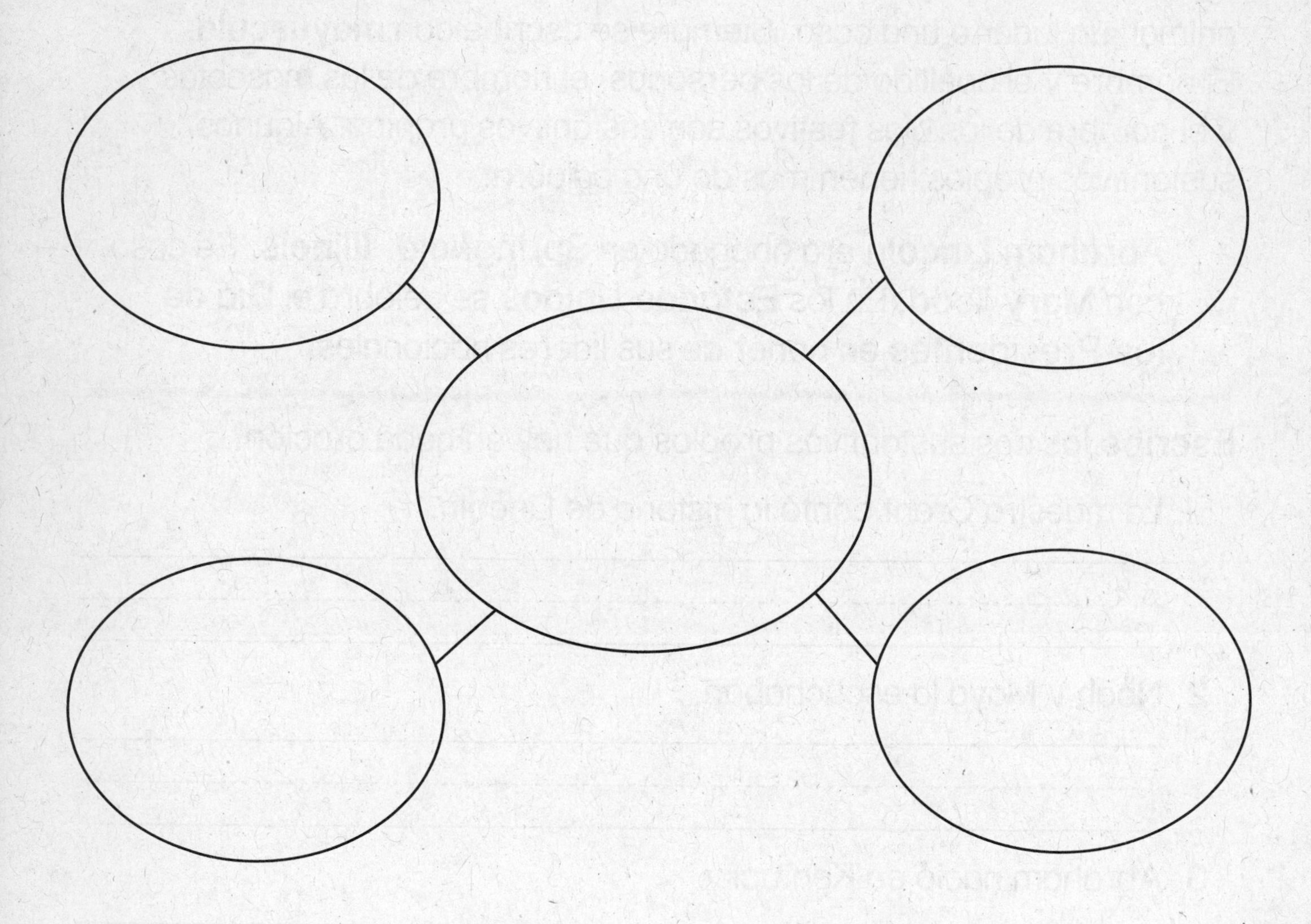

Actividad para la casa Su niño o niña está aprendiendo a escribir cuentos, poemas, informes breves, párrafos de no ficción, cartas y otros géneros este año. Pregúntele sobre qué está escribiendo esta semana.

Nombre ______________________

Lee la línea cronológica. **Escribe** la respuesta de cada pregunta.

Benjamin Franklin vivió durante la época de la fundación de nuestro país. La línea cronológica muestra algunas de las cosas que hizo de joven.

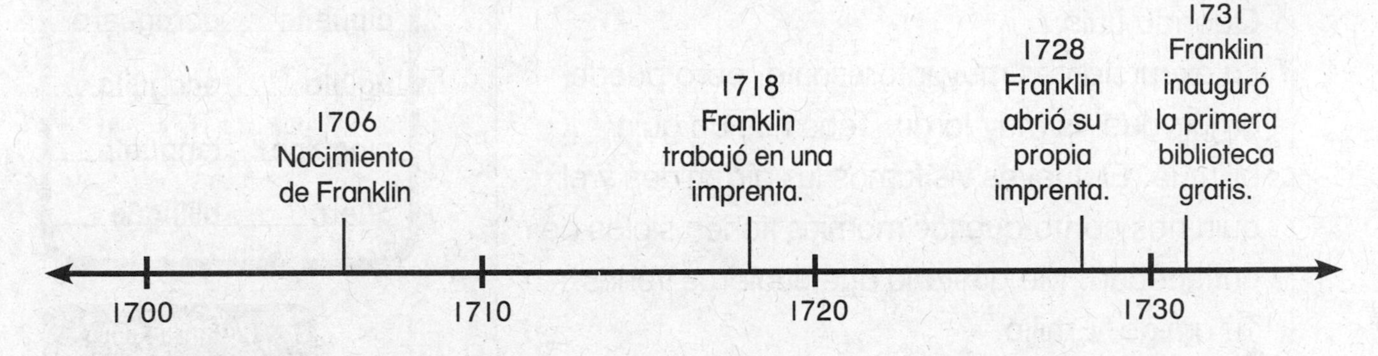

1. **Encierra en un círculo** en la línea cronológica lo que Franklin hizo en 1718.

2. ¿En qué año nació Franklin? ______________

3. **Encierra en un círculo** la edad que Franklin tenía cuando empezó a trabajar en una imprenta.

   12 14 22

4. ¿Qué hizo Franklin en el año 1731?

   ____

5. ¿Por qué fue importante el suceso de 1731?

   ____

Escuela + Hogar

Actividad para la casa Su niño o niña buscó información sobre una persona en una línea cronológica. Pídale que haga una línea cronológica sobre sucesos importantes de su vida. Ayúdele a escribir el año y una breve descripción de una oración sobre cada suceso.

Nombre ______________________

Palabras con *güe, güi*

Lee la carta de Emilio. Busca dos palabras mal escritas y enciérralas en un círculo. Tacha la palabra que no debe ir en mayúscula y luego escribe las palabras correctamente.

Palabras de ortografía	
vergüenza	desagüe
averigüe	antigüedad
cigüeña	paragüero
agüita	enagüita
pingüino	lengüeta
güero	bilingüe

Querido Luis:
La excursión es muy interesante, pero puedo argüir que es muy larga. Tenemos un guía bilinjüe. El Jueves visitamos las pirámides y el guía nos contó que las momias tienen siglos de antiguedad. Me gustaría que pudieras verlas.
Tu amigo, Emilio.

Palabras con ortografía difícil
sinvergüenza
ambigüedad
argüir

1. ______________ 2. ______________

3. ______________

Rellena el círculo de la palabra que está bien escrita. **Escríbela.**

4. ○ vergüenza ○ berguenza ______________
5. ○ hagüita ○ agüita ______________
6. ○ gero ○ güero ______________
7. ○ lenjüeta ○ lengüeta ______________
8. ○ cigüeña ○ cigüena ______________

Escuela + Hogar

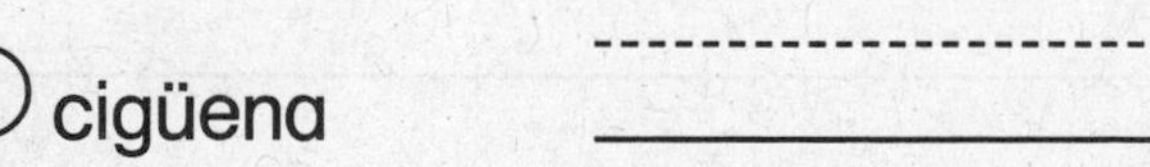

Actividad para la casa Su niño o niña está escribiendo palabras con *güe, güi.* Pídale que escriba un párrafo con estas palabras de ortografía.

Nombre ______________________

Lee el cuento. **Escoge** y **escribe** la palabra del recuadro que complete las oraciones del cuento.

grado	país	madera
maíz	joven	abogado

Mi hermano Raúl está en segundo ____________.

A pesar de que es muy ____________, Raúl siempre está hablando de lo que quiere ser cuando crezca. Siempre dice: "Seré ____________ o arquitecto".

Un día, le pregunté por qué quería ser abogado o arquitecto. Me respondió que quería ser como Lincoln. Quería estudiar leyes y ayudar a otras personas. Así, quizás algún día podría llegar a ser presidente del ____________. Después, continuó diciéndome que si no se hacía abogado, sería arquitecto. De esta manera, podría diseñar y construir su propia casa. Raúl sueña con tener una casa grande de ____________, en el campo, con muchos animales y al lado de un cultivo de ____________.

Actividad para la casa Su niño o niña usó palabras de uso frecuente para completar las oraciones de un cuento. Pídale que escriba sobre su libro favorito. Anímele a usar algunas de estas palabras de uso frecuente.

Nombre ______________________________

Sustantivos propios

Marca la respuesta correcta.

1 El apellido de Felipe es __________.
- ⬭ rodríguez
- ⬭ Rodríguez
- ⬭ Felipe

2 A Lincoln lo llamaban __________.
- ⬭ abe
- ⬭ abraham
- ⬭ Abe

3 Abrió una oficina en __________.
- ⬭ springfield, illinois
- ⬭ springfield, Illinois
- ⬭ Springfield, Illinois

4 Sus hijos menores se llamaban __________.
- ⬭ willie y tad
- ⬭ Willie y Tad
- ⬭ willie y Tad

5 En 1861 empezó la __________.
- ⬭ Guerra Civil
- ⬭ Guerra civil
- ⬭ guerra civil

Actividad para la casa Su niño o niña se preparó para identificar los sustantivos propios. Lean juntos un cuento. Pídale que identifique los sustantivos propios de una página.

Nombre ______________________________

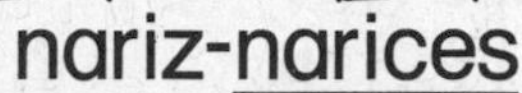

nariz-narices

flor-flores

palo-palos

Di el plural de las palabras entre ( ).
Escribe la palabra en la línea.

1. (hoja)

____

2. (pez)

____

3. (árbol)

____

4. (luz)

____

5. (piedra)

____

6. (caracol)

____

Escuela + Hogar **Actividad para la casa** Su niño o niña aprendió a leer palabras de uso frecuente como *grado, joven, llevar, madera, maíz, ninguno* y *país*. Escriba oraciones con estas palabras dejando un espacio en blanco donde vaya cada una. Luego, pida a su niño o niña que complete las oraciones con las palabras de uso frecuente.

Nombre ____________________________

Escoge la palabra del recuadro que corresponda con cada pista.
Escribe la palabra en la línea.

momento	bajo		
adentro	primero		
palo	ojo	tanto	piedra

1. porción de tiempo breve

____

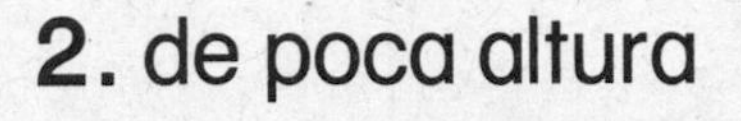

2. de poca altura

____

3. trozo de roca

____

4. antes de todo

____

5. pedazo de madera largo

____

6. opuesto de **afuera**

____

7. órgano de la vista

____

8. cantidad, número o porción de algo indefinido

____

Actividad para la casa Su niño o niña está aprendiendo a leer las palabras de uso frecuente *adentro, bajo, momento, ojo, palo, piedras, primero* y *tanto*. Pídale que mire la ilustración de arriba y que escriba oraciones sobre la ilustración usando las palabras de uso frecuente.

Nombre ______________________________

Lee el texto. **Escribe** la respuesta a cada pregunta.

Huracanes

¿Qué es un huracán?

Un huracán es una tormenta enorme. Está formado por lluvia y vientos muy fuertes que giran en círculos. Los huracanes comienzan sobre un océano y pueden viajar sobre tierra.

¿Cuáles son las partes de un huracán?

El centro de un huracán se llama el ojo. Hay calma en el ojo, pero en el área alrededor de él, los vientos se mueven a velocidades muy altas. Esta área de la tormenta se llama la pared del ojo.

¿Por qué es peligroso un huracán?

Los vientos de un huracán son lo suficientemente fuertes como para derribar edificios y árboles y levantar carros. Las grandes lluvias de los huracanes pueden causar inundaciones y deslizamientos de lodo.

1. ¿Bajo qué título encuentras una definición de un huracán?

____

2. ¿Cuáles son los dos hechos acerca del ojo de un huracán?

____

3. ¿Cuál es un detalle acerca de la pared del ojo?

____

Actividad para la casa Su niño o niña aprendió a encontrar hechos y detalles en un texto informativo. Vuelvan juntos a leer este cuento. Comenten lo que aprendieron de los huracanes. Hagan una lista de los hechos y detalles de un huracán.

Nombre ______________________________

Una nueva estudiante

Instrucciones para la escritura: Escribe un párrafo informativo sobre cómo tú y otros ayudaron a alguien en la escuela.

El mes pasado, a nuestra clase de segundo grado llegó una nueva estudiante. Su nombre es Suki. La familia de Suki se mudó desde Tokio, Japón, ¡hasta acá, en Austin, Texas! Suki habla muy bien inglés. Pero al principio ella estaba un poco asustada. Todo era nuevo para ella. Así que los niños de nuestra clase la ayudaron. Nosotros le enseñamos dónde encontrar las cosas en el salón de clase. Le enseñamos qué hacer en la cafetería y en la biblioteca. Durante el receso, le enseñamos a jugar *T-ball*. Nuestra maestra dijo que estaba orgullosa de nosotros.

Nombre ______________________

Plurales terminados en *-s, -es, -ces*

Palabras de ortografía					
flores	palitos	pequeños	pasteles	grandes	ramas
peces	bebés	mujeres	árboles	carteles	veces

Completa cada oración con una palabra de ortografía.

1. Los elefantes son muy ____. ______________

2. El jardín tiene muchas ____. ______________

3. Los ____ de chocolate son mis favoritos. ______________

4. Las ____ del arbusto son gruesas. ______________

5. Colgamos ____ en la pared. ______________

6. Los ____ nadan en el río. ______________

Pistas de palabras Encuentra dos palabras de ortografía que respondan las pistas. Escríbelas.

Terminan con *-ces*.

7. ______________ 8. ______________

Empiezan con *pa*.

9. ______________ 10. ______________

Actividad para la casa Su niño o niña está escribiendo palabras en plural. Pídale que encierre en círculos el plural *–s, -es,* o *-ces* de las palabras de ortografía y que escriba las palabras.

Nombre ______________________

Las palabras en el recuadro hablan sobre tiempo.
Escribe la palabra correcta del recuadro en cada oración.

antes	después	primero	mientras

1. Tú debes ponerte las medias ______________ de ponerte los zapatos.

2. Mario tomará una botella de agua. ______________ abrirá la botella. Después la tomará.

3. Siempre me lavo los dientes ______________ de cada comida.

4. Habla siempre claramente ______________ leas en voz alta.

Completa cada oración. Usa la palabra subrayada de tiempo.

5. Estudio todos los días. Finalmente yo ______________

____

6. Durante el juego de pelota, ______________

Actividad para la casa Su niño o niña usa palabras de tiempo para decir cuándo un suceso ocurre. Pídale que su niño le dé instrucciones sobre cómo preparar una receta. Trate de que use palabras como *primero, luego, después* y *finalmente* como direcciones.

Nombre ________________________

Sustantivos en singular y plural

Cuando hay **una** persona, lugar, animal o cosa, usamos sustantivos en **singular.** Cuando hay **más de uno,** usamos sustantivos en **plural.**

un pato (**singular**)

dos serpientes (**plural**)

Para hacer que un sustantivo esté en plural, añadimos **-s.**
Si el sustantivo termina en una consonante, añadimos **-es.**

rama ramas
árbol árbol**es**

Añade *-s* o *-es* al final de las palabras en singular.
Escribe el plural de cada sustantivo. Luego, **dilos**.

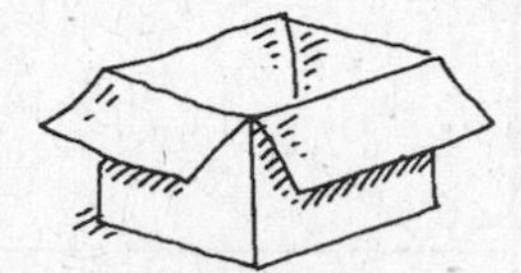

1. caja ________________________

2. búho ________________________

3. flor ________________________

4. autobús ________________________

5. rama ________________________

Actividad para la casa Su niño o niña estudió el singular y el plural de los sustantivos. Señale cosas de su entorno. Nombre cada una de ellas y pídale a su niño o niña que diga el plural.

Nombre ______________________________

Guía para calificar: Texto expositivo/ Párrafo informativo

	4	3	2	1
Enfoque/ Ideas	Es un párrafo bien definido con muchos hechos y detalles.	Es un párrafo claro que tiene suficientes hechos y detalles.	Algunas partes del párrafo son claras; tiene algunos hechos y detalles.	El párrafo no está claro; tiene pocos hechos, o ninguno.
Organización	El problema y la solución están presentados con claridad.	El problema y la solución están presentados con bastante claridad.	El problema y la solución no están claros en algunas partes.	El problema y la solución no están claros.
Voz	Muestra una comprensión bien definida del tema.	Muestra una buena comprensión del tema.	Muestra bastante comprensión del tema.	Muestra poca comprensión del tema.
Lenguaje	El escritor o escritora usa palabras precisas para describir las cosas.	El escritor o escritora usa algunas palabras precisas.	El escritor o escritora usa pocas palabras precisas.	El escritor o escritora no usa palabras precisas.
Oraciones	Las oraciones son claras y completas.	La mayoría de las oraciones son claras y completas.	Algunas oraciones son claras y completas.	Pocas oraciones son claras y completas.
Normas	Los sustantivos singulares y plurales se usan siempre correctamente.	Los sustantivos singulares y plurales se usan correctamente con frecuencia.	Los sustantivos singulares y plurales se usan correctamente a veces.	Los sustantivos singulares y plurales no se usan correctamente.

Actividad para la casa Su niño o niña está aprendiendo a escribir un párrafo informativo. Pídale que describa el tipo de párrafo que está escribiendo. La escritura de su niño o niña se evaluará a partir de esta guía para calificar de cuatro puntos.

Nombre ______________________________

Mira los títulos de los capítulos y el diccionario ilustrado de este libro. **Escribe** la respuesta a cada pregunta.

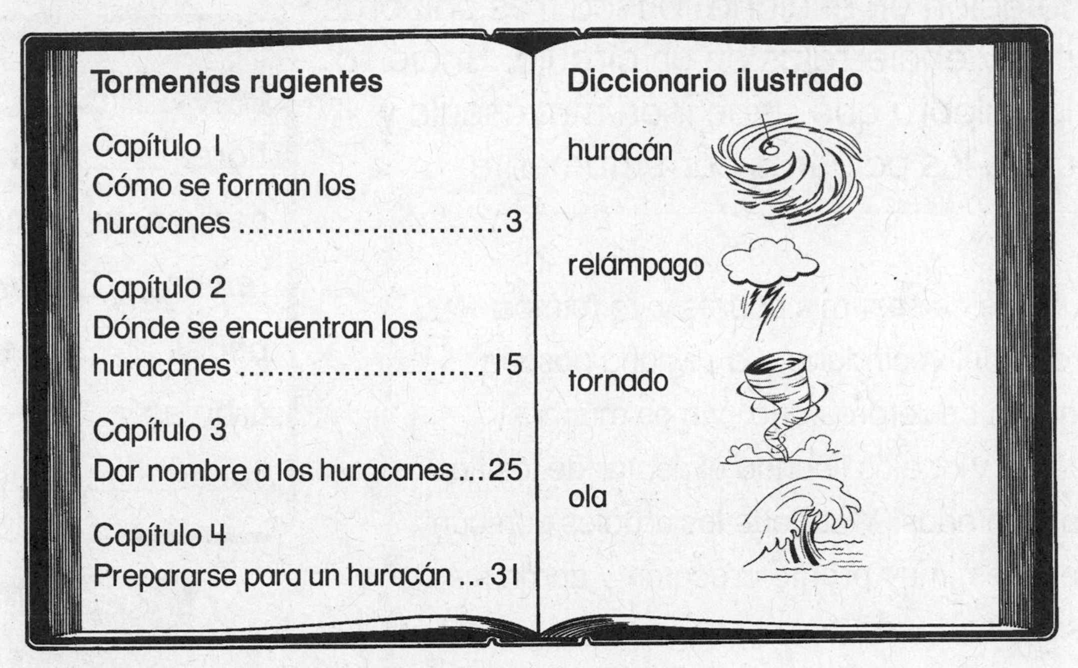

Tormentas rugientes

Diccionario ilustrado

huracán

relámpago

tornado

ola

1. ¿En qué capítulo puedes encontrar información acerca de los nombres de los huracanes? ______________________________

2. ¿Qué es esto?  ______________________________

3. ¿Qué se discutirá en el Capítulo 2?

____

____

4. ¿Qué es esto?  ______________________________

5. ¿Qué capítulo tendrá información sobre cómo mantenerse seguro durante un huracán? ______________________________

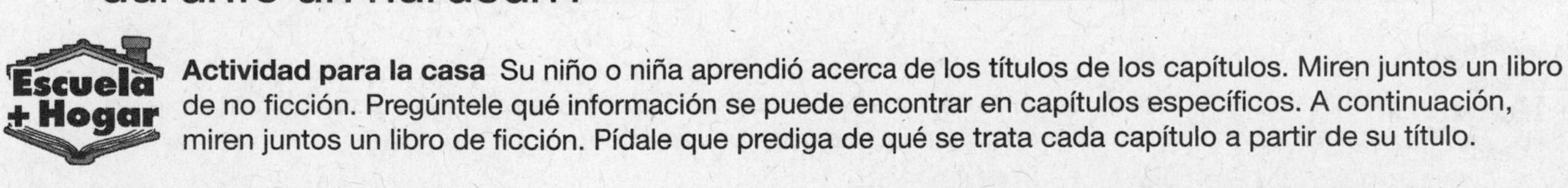

Actividad para la casa Su niño o niña aprendió acerca de los títulos de los capítulos. Miren juntos un libro de no ficción. Pregúntele qué información se puede encontrar en capítulos específicos. A continuación, miren juntos un libro de ficción. Pídale que prediga de qué se trata cada capítulo a partir de su título.

Nombre ______________________________

Plurales terminados en *–s, –es, –ces*

Lee la anotación en el diario. Busca tres palabras mal escritas y enciérralas en un círculo. Encierra también la palabra que debe ir en mayúscula y luego escribe las palabras correctamente.

Palabras de ortografía	
flores	palitos
pequeños	grandes
ramas	peces
bebés	mujeres
árboles	carteles
veces	pasteles

Palabras con ortografía difícil
nueces
lombrices
tempestades

Viernes
después de clases, mis padres y yo fuimos al parque del vecindario. La semana pasada terminaron de reforestarlo. Vimos muchas mariposas y abejas libando el néctar de las flor recién plantadas. Y aunque los árboles son aún pequeñoses, muy pronto crecerán y darán las más sabrosas nuez

1. ______________ 2. ______________

3. ______________ 4. ______________

Rellena el círculo de la palabra que está bien escrita. **Escríbela.**

5. ○ pastelces ○ pasteles ______________

6. ○ bebés ○ bebéses ______________

7. ○ veses ○ veces ______________

8. ○ mujeres ○ mujers ______________

Actividad para la casa Su niño o niña está escribiendo palabras en plural para completar oraciones. Ayúdelo a hacer una nueva oración para cada palabra de ortografía.

Nombre ______________________

Escoge las palabras del recuadro que completen cada oración.
Escribe las palabras en las líneas.

piedras	momento	diminutas
bajo	tanto	primero	palo

1. Un día, un gato estaba siguiendo las ______________ huellas de dos ratones que se quería comer.
2. De pronto, una de las patas del gato quedó atrapada ______________ ______________ ______________ unas ______________.
3. Tenía ______________ dolor que les pidió ayuda a los ratones.
4. Usando un ______________, los ratones levantaron las piedras y liberaron al gato.
5. ______________, el gato les dio las gracias. Después, les dijo a los ratones que nunca más los perseguiría para comérselos.
6. Desde ese ______________, el gato y los ratones fueron amigos.

Actividad para la casa Su niño o niña está aprendiendo a leer las palabras de uso frecuente *bajo, momento, palo, piedras, primero* y *tanto*. Escriba oraciones con estas palabras, dejando espacios en blanco para que su niño o niña las complete. Luego, pídale que mire el recuadro de arriba y que escoja la palabra de uso frecuente o de la selección que complete cada oración.

Nombre ______________________________

Sustantivos en singular y plural

Marca la respuesta correcta.

1 Había ranas entre las __________.

- ⬭ rama
- ⬭ ramas
- ⬭ ramaz

2 Estos __________ son mangles.

- ⬭ arbolitos
- ⬭ arbolito
- ⬭ arbolitoes

3 Los mangles crecen en __________ húmedos.

- ⬭ lugar
- ⬭ lugarez
- ⬭ lugares

4 Los bosques de mangles se llaman __________.

- ⬭ manglar
- ⬭ manglares
- ⬭ manglars

5 En los manglares viven muchos __________.

- ⬭ animalez
- ⬭ animals
- ⬭ animales

Actividad para la casa Su niño o niña se preparó para identificar el singular y el plural de los sustantivos. Lean juntos un cuento. Pídale que busque sustantivos en plural terminados en *-s* y en *-es*.

Nombre ______________________

Encierra en un círculo las palabras que contengan grupos consonánticos con *r*.
Escribe la palabra en la línea.

cuatro

ladrar

secretaria

1. planeta	lago	triste	______
2. creo	diploma	clavos	______
3. público	ladrones	agua	______
4. cruz	flaca	premio	______
5. plato	come	entraron	______
6. clase	dragón	patos	______
7. amigo	tenía	letrero	______
8. cronómetro	placa	roble	______

Actividad para la casa Su niño o niña identificó y escribió palabras que contienen grupos consonánticos con *r*. Seleccione algunos artículos de revistas o periódicos y pídale a su niño o niña que busque e identifique otras palabras que contengan estos grupos consonánticos.

Nombre ______________________________

Escoge la palabra del recuadro que corresponda con cada pista. **Escribe** la palabra en la línea.

viejo	triste	idea
camino	gallo	ventana

1. ave

____

2. lo contrario de nuevo

____

3. lo contrario de alegre

____

4. pensar algo o tener intención de hacer algo

____

5. vía para caminar

____

6. abertura en las paredes de las casas para dejar que entre luz

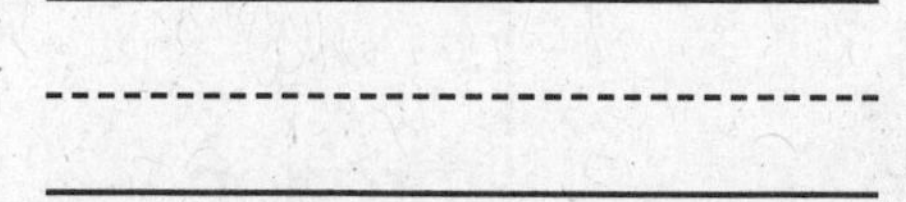

Actividad para la casa Su niño o niña aprendió a leer las palabras de uso frecuente *camino, gallo, idea, triste, ventana* y *viejo*. Escriba cada una de las palabras en pedazos de papeles pequeños. Luego, escriba las pistas en otros papeles. Pida a su niño o niña que empareje las palabras con las pistas correspondientes.

Nombre ______________________________

Lee el cuento de hadas. **Responde** las preguntas.

Una mañana en Villa Dragón

Hace mucho tiempo, en la tierra de Villa Dragón, vivía el amistoso dragón Manchas. Manchas tenía manchas café por todo su cuerpo. Una mañana, Manchas estaba triste porque notó que se había desaparecido una de sus manchas. Su amigo Gorrión dijo que ayudaría a Manchas a buscar la mancha perdida.

Los dos amigos caminaron. De repente, Gorrión gorjeó.

Y la mancha perdida estaba pegada a la parte de abajo de la pata del dragón.

1. ¿Por qué es esto un cuento de hadas?

____

2. ¿Por qué está triste Manchas al comienzo del cuento de hadas?

____

3. ¿Por qué caminaron los dos amigos?

____

Actividad para la casa Su niño o niña identificó causas y efectos en un cuento de hadas. Lean juntos un cuento de hadas. Pídale que identifique los personajes, el ambiente y la serie de sucesos imaginarios al usar causa y efecto.

Nombre ______________________________

Las hijas del granjero

Había una vez un granjero que vivía con sus tres hijas. La familia tenía un lindo huerto. Ellos cultivaban muchos frutos y vegetales.

Una mañana, un gnomo entró a su huerto. ¡Él se comió muchas plantas! Después de eso, regresó todos los días. El granjero y sus hijas estaban muy disgustados.

Así que las tres hijas pensaron un plan. Esa noche, rociaron todas las plantas con pimienta picante.

Al día siguiente, el gnomo regresó. Agarró un tomate y le dio una mordida. Entonces, ¡aulló y se fue corriendo! El granjero y sus hijas rieron y rieron. Y nunca jamás volvieron a ver al gnomo.

Aspectos principales de un cuento de hadas

- Narra un cuento sobre personajes y sucesos mágicos.
- Por lo general, los personajes son muy buenos o muy malos.

Nombre ____________________

Grupos consonánticos con *r*

Escribe las palabras de ortografía que faltan.

Palabras de ortografía	
creo	ladrido
trabajo	tres
fruta	grande
nosotros	cabra
detrás	tropezó
broma	pronto

1. El ____________ del perro lo despertó.
2. El niño contó uno, dos y ____________ .
3. Una sandía es más ____________ que un limón.
4. La ____________ tenía largos cuernos.
5. El mango es una ____________ .
6. A ____________ nos gusta cantar.

Escribe las palabras de ortografía definida por la frase.

proviene de plantas	contrario a delante	hace reír
7. ____________	8. ____________	9. ____________
sonido del perro	**enorme, inmenso**	**Entre dos y cuatro**
10. ____________	11. ____________	12. ____________

Escuela + Hogar

Actividad para la casa Su niño o niña está escribiendo palabras con *pr, gr, br, cr, fr, tr* y *dr.* Pídale que encierre en un círculo las sílabas *pr, gr, br, cr, fr, tr* y *dr* y que escriba las palabras.

Nombre ______________________

Lee cada pareja de oraciones.
Escoge la palabra correcta en el recuadro para cada oración y **escríbela.**

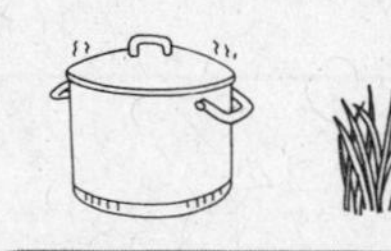

hierba/hierva

1. a. Debes arrancar la mala ______________ del jardín.

   b. Cuando ______________ el agua, échale los macarrones.

bello/vello

2. a. Ese es el cuadro más ______________ que he visto.

   b. Los ciclistas no tienen ______________ en las piernas.

asta/hasta

3. a. El ______________ de la bandera es muy grande.

   b. En su despedida mi vecino me dijo:"¡ ______________ mañana!"

Escuela + Hogar

Actividad para la casa Su niño o niña aprendió sobre palabras que suenan iguales pero se escriben de manera diferente. Haga que su niño escriba oraciones con ambas palabras homófonas en una misma oración.

Nombre ______________________________

Sustantivos masculinos y femeninos

Un sustantivo puede ser **masculino** o **femenino.**

Masculino	**Femenino**
niño	niña
fotógrafo	fotógrafa
oso	osa
zorro	zorra

Muchos sustantivos masculinos terminan en **-o.** Muchos sustantivos femeninos terminan en **-a.**

Masculino	carro, barco, banco, cepillo, plátano
Femenino	casa, mesa, silla, carta, sandía

Escribe *M* si el sustantivo es masculino y *F* si es femenino.

1. ganso ____________

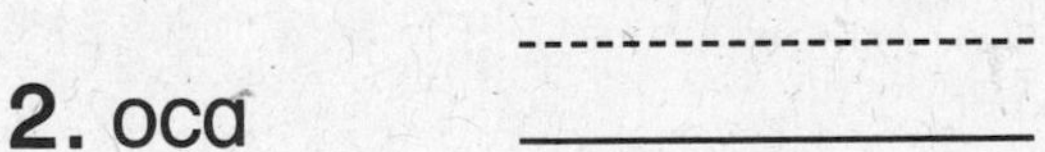

2. oca ____________

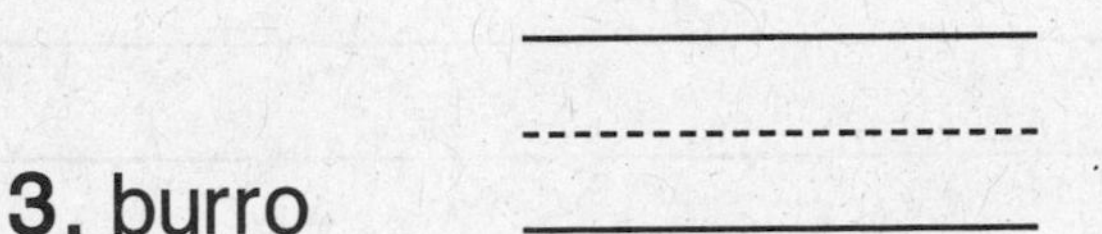

3. burro ____________

Di otros sustantivos masculinos y femeninos.

Actividad para la casa Su niño o niña estudió los sustantivos masculinos y femeninos. Miren juntos algunos de los libros preferidos de su niño o niña. Señale varios sustantivos y pregúntele en cada caso si el sustantivo es masculino o femenino.

Nombre ____________________________

Tabla del cuento

Título ____

Personajes

Ambiente

Principio

↓

Medio

↓

Final del cuento

Actividad para la casa Su niño o niña está aprendiendo a escribir cuentos, poemas, informes breves, párrafos de no ficción, cartas y otros géneros este año. Pregúntele sobre qué está escribiendo esta semana.

Nombre ______________________________

Mira la ilustración. **Sigue** las instrucciones.

1. **Encierra en un círculo** los volúmenes que están en orden alfabético.

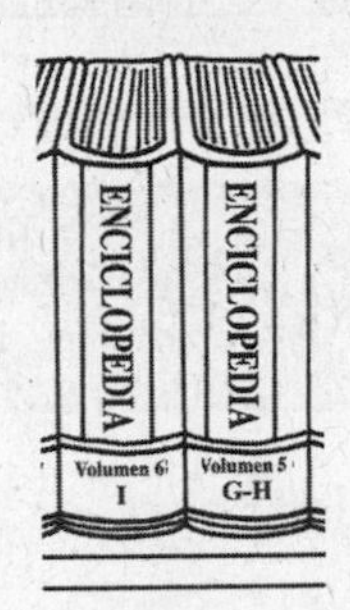

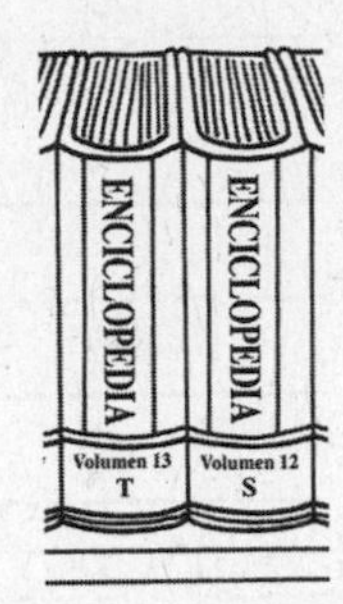

2. ¿Qué volúmenes usarías para hallar hechos sobre los cuentos de hadas?

____

3. ¿Qué palabras clave usarías para hallar hechos sobre gallos?

____

4. ¿Entre qué par de palabras guía podrías hallar la entrada burro?

balón/disco   boca / buscar   butaca / buzón

Actividad para la casa Su niño o niña aprendió cómo usar una enciclopedia. Pídale que escoja un tema para hacer una investigación y explíquele cómo una enciclopedia puede usarse para hallar la información relacionada con el tema. Si pueden, vayan a la biblioteca y ayude a su niño o niña a usar la enciclopedia.

Nombre ______________________

Grupos consonánticos con *r*

Lee el párrafo siguiente. Busca cuatro palabras mal escritas y enciérralas en un círculo. Escribe bien las palabras.

Palabras de ortografía	
creo	ladrido
trabajo	tres
fruta	grande
nosotros	cabra
detrás	tropezó
broma	pronto

Juan es un chico muy graciozo. Siempre tiene una nueva vroma. Una vez oímos un ladrido y era Juan jugando con la kabra del vecino. Pero tropezó con una piedra grande y fue entonces la cabra la que reía detrás del letrerro despintado.

1. ______________ 2. ______________

3. ______________ 4. ______________

Palabras con ortografía difícil
letrero
gracioso
principal

Encierra en un círculo la palabra que está bien escrita. **Escríbela.**

5. prinsipal principal ______________

6. travajo trabajo ______________

7. nosotros noxotros ______________

8. cavra cabra ______________

Actividad para la casa Su niño o niña está aprendiendo a identificar y corregir palabras mal escritas con *pr, gr, br, cr, fr, tr* y *dr.* Pídale que escriba una carta usando algunas de las palabras de ortografía.

Nombre ______________________

Lee el cuento.
Escribe la palabra que complete las oraciones del cuento.

monstruos	idea	
camino	triste	viejo
gallo	ventana	

Carlos, sigilosamente, se acercó al molino ______________.

A la entrada del ______________ al molino había un letrero que decía "NO ENTRAR". A pesar del letrero, Carlos quería ver si de verdad había ______________ adentro.

Mientras Carlos se acercaba, oyó un ruido. Tenía miedo, probablemente los monstruos se lo comerían. ¿Pero qué diría la gente si decidía regresar? Carlos se acercó a la ______________ y miró hacia adentro. ¿Qué vio? Un ______________, un gato y un perro tocando instrumentos musicales. Carlos entró y preguntó:
—¿Dónde está el cantante de esta banda?

—Está enfermo —le contestó, ______________, el gallo—. Pero tengo una ______________. Tú podrías cantar con nosotros.
Desde entonces, Carlos fue el nuevo cantante de la banda.

Actividad para la casa Su niño o niña identificó y escribió palabras que contienen los grupos consonánticos *cr, dr* y *tr*. Seleccione algunos artículos de revistas o periódicos y pídale a su niño o niña que busque e identifique otras palabras que contengan estos grupos consonánticos.

Nombre ______________________________

Sustantivos masculinos y femeninos

Marca la respuesta correcta.

1 Veo un pato y una __________.

- ganso
- pájaro
- pata

2 El __________ se comió el queso.

- ratón
- rata
- ardilla

3 Llevaban la misma __________.

- gorra
- sombrero
- gorro

4 Junta un __________ con el otro.

- pata
- pie
- pierna

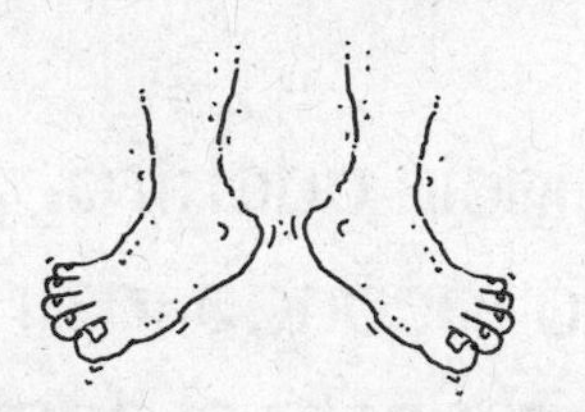

5 Bailamos una __________.

- danza
- ritmo
- brinco

Actividad para la casa Su niño o niña se preparó para identificar los sustantivos masculinos y femeninos. Pídale que mire un artículo de una revista o un periódico y que subraye varios sustantivos masculinos y encierre en un círculo varios femeninos.

Nombre ____________________

tablero

globos

Encierra en un círculo la palabra de cada fila que contenga un grupo consonántico con *l*.
Escribe la palabra en la línea.

1. glosario premio crema ____________
2. probar agua blusa ____________
3. grande hambre blancas ____________
4. perro iglesia brazo ____________
5. sable gato fruta ____________
6. base regla gato ____________
7. Miami doblada hierba ____________
8. bastón juego glacial ____________

Actividad para la casa Su niño o niña identificó palabras con grupos consonánticos con *l*. Escriba grupos consonánticos con *l* en papelitos. Pida a su niño o niña que añada otras combinaciones de letras para formar palabras.

Nombre ______________________

Escoge la palabra del recuadro que complete cada oración. **Escribe** la palabra en la línea. **Recuerda** usar la mayúscula al comienzo de una oración.

preguntar	mañana	obra
mal	armadillos	hambre

1. ______________ vamos a ir a ver a los animales del desierto.

2. Veremos a los ______________ con sus patas cortas.

3. Tenemos que llevar comida para no pasar ______________.

4. Como buena ______________, ayudaré a darles de comer a los animales.

5. No quiero ir con mi hermano porque seguro va a ______________ mucho.

6. Estoy seguro de que me sentiré ______________ cuando sea la hora de regresar a casa.

Lagarto

Actividad para la casa Su niño o niña aprendió a leer las palabras *hambre, mal, mañana, obra* y *preguntar*. Escriban juntos una descripción de un viaje familiar o de la escuela en que su niño o niña haya participado. Anímele a incluir en la descripción alguna de las palabras de uso frecuente.

Nombre ___________________________

Lee los siguientes cuentos. **Sigue** las instrucciones.

Por qué las tortugas viven en el agua (cuento africano)

Hace mucho tiempo, las tortugas solamente vivían en la tierra. Un día, algunas personas intentaron romper el caparazón de una tortuga para cocinarla y comérsela. La tortuga les dijo a las personas que si la ahogaban sería mejor. Las personas llevaron a la tortuga al río y la sumergieron. La tortuga sonrió y se escapó nadando. Después de eso, las tortugas siempre han vivido a salvo en el agua.

El oso compite con la tortuga (cuento estadounidense)

Un oso y una tortuga se pusieron de acuerdo para hacer una carrera y determinar quién era el animal más rápido del bosque. La carrera tuvo lugar alrededor de un lago congelado. El oso corrió y la tortuga nadó. La tortuga tenía que sacar la cabeza por los huecos del hielo para que el oso la viera que estaba nadando. Pero la tortuga engañó al oso. Tenía a otras tortugas en cada hueco del hielo para que el oso creyera que era ella. El oso se cansó mucho y la tortuga ganó la carrera. El oso durmió durante todo el invierno. Es por eso que los osos duermen durante todo el invierno.

1. ¿Qué características describen a las tortugas en los dos cuentos?

____

2. ¿Qué se explica en los dos cuentos sobre los animales?

____

____

3. Subraya la oración de abajo que explique en qué es diferente el problema de la tortuga en “Por qué las tortugas viven en el agua” del problema de la tortuga en “El oso compite con la tortuga”.

La vida de la tortuga está en peligro. La tortuga nada muy bien.

Actividad para la casa Su niño o niña comparó y contrastó dos cuentos folclóricos. Indíquele que uno de los cuentos sucede en el bosque. Luego, pídale que compare y contraste este ambiente con el de otro cuento donde los sucesos ocurren en el desierto. Pídale que describa las diferencias y semejanzas entre los dos cuentos.

Nombre ________________________________

La gallinita roja

Había una vez una Gallinita Roja que se encontró algunos granos de trigo. Les pidió al Perro, al Cerdo y al Gato que la ayudaran a plantarlos, pero ellos estaban demasiado ocupados para ayudarla. Así que ella los plantó sola.

Pronto el trigo estuvo listo para ser segado. —¿Quién me ayudará a segar el trigo? —preguntó ella.

—Yo no —dijeron Perro, Cerdo y Gato. Así que Gallinita Roja segó el trigo sola.

Luego que hubo molido el trigo en harina, les pidió a Perro, a Cerdo y a Gato que la ayudaran a hornear el pan. Pero ellos estaban demasiado cansados para ayudar. Así que Gallinita Roja horneó el pan sola.

Pronto el pan estuvo listo, ¡y tenía un aroma delicioso! Perro, Cerdo y Gato corrieron a la cocina de Gallinita Roja. —¡Nos gustaría mucho comer una rebanada de pan! —dijeron.

—¡No necesito que me ayuden ahora! —dijo Gallinita Roja—. Yo hice sola todo el trabajo. ¡Ahora me comeré yo sola este pan! Y así lo hizo.

Aspectos principales de un cuento folclórico

- Es como un cuento de hace mucho tiempo.
- Las buenas acciones generalmente se premian.
- Las malas acciones generalmente se castigan.

Nombre ______________________________

Grupos consonánticos con *l*

Palabras de ortografía					
glotón	clase	blanco	plomo	claro	plaza
clima	inglés	blusa	platicar	flecha	

Completa cada oración con una palabra de ortografía.

1. Mi hermanito es un ____. ______________________
2. La ____ azul te queda bien. ______________________
3. Daniel tiene un gato ____. ______________________
4. ¿Cómo está el ____ por allá? ______________________
5. ¡Extraño tanto ____ contigo! ______________________
6. Todo el pueblo se reunió en la ____. ______________________

Pistas de palabras Encuentra dos palabras de ortografía que respondan las pistas. **Escríbelas.**

Comienzan con *bl*

7. ______________________ 8. ______________________

Comienzan con *pl*

9. ______________________ 10. ______________________

Actividad para la casa Su niño o niña está escribiendo palabras que contienen grupos consonánticos con *l*. Dele pistas de una palabra y pídale que la adivine y la escriba.

Nombre ______________________________

Lee la oración. **Encierra en un círculo** el significado de la palabra subrayada en cada oración. Usa otras palabras de la oración como ayuda.

1. El padre se mostró <u>interesado</u> por las notas de su hijo.

   a. triste b. preocupado c. agradecido

2. El gatico se mostró <u>nervioso</u> cuando vio un gran perro en su patio.

   a. feliz b. valiente c. temeroso

3. Fue una noche tranquila y el clima estuvo <u>sereno</u>.

   a. tormentoso b. lluvioso c. despejado

4. La estudiante recibió un <u>regalo</u> por sus buenas calificaciones.

   a. prenda b. premio c. regaño

Lee cada oración. **Escribe** el significado de la palabra *en cursiva*. Usa otras palabras de la oración como ayuda.

5. Sara no puede *visualizar* su nueva casa porque aún no la ha visto.

____

6. Henry es un niño muy *tímido*. No quiere pararse frente a muchas personas.

____

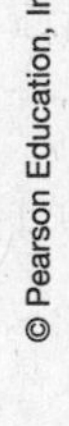

Actividad para la casa Su niño o niña se apoya en otras palabras para averiguar el significado de aquellas que no conoce. Pídale que le diga cómo encontró el significado de las oraciones 5 y 6.

Nombre ______________________

Sustantivos individuales y colectivos

Los **sustantivos individuales** nombran a un solo ser o cosa.

oveja   barco   árbol

Los **sustantivos colectivos** aunque están en singular, nombran a un número indeterminado de seres o cosas.

rebaño   flota   bosque

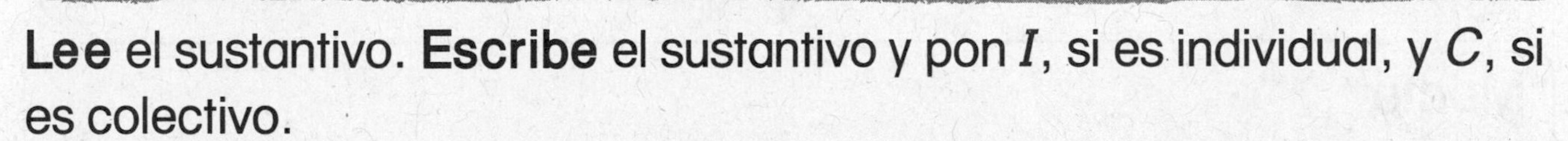

Lee el sustantivo. **Escribe** el sustantivo y pon *I*, si es individual, y *C*, si es colectivo.

1. pájaro ______________________
2. bandada ______________________
3. arboleda ______________________
4. árbol ______________________
5. equipo ______________________
6. jugador ______________________

Di algunos sustantivos colectivos.

Actividad para la casa Su niño o niña estudió los sustantivos individuales y colectivos. Pídale que señale objetos que se pueden nombrar con sustantivos colectivos.

Nombre ______________________________

Tabla del cuento

Título ____

Principio

Medio

Final del cuento

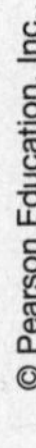

Actividad para la casa Su niño o niña está aprendiendo a escribir cuentos, poemas, informes breves, párrafos de no ficción, cartas y otros géneros este año. Pregúntele sobre qué está escribiendo esta semana.

Nombre ______________________

Mira la página Web.
Sigue las instrucciones.

Back	Forward	Main Page	Print	Mail	Search

http://www.coyote.com

El coyote

❍ **Cómo es**
❍ **Dónde vive**
❍ **Qué come**
❍ **Qué sonidos hace**
❍ **Cómo caza**

Enlaces para aprender más
● **Fotos de coyotes** ● **Otros animales del desierto**

Print

1. **Encierra en un círculo** la dirección de la página Web.

2. **Escribe** el título de la página Web.

____

3. **Dibuja** un recuadro alrededor del botón con el que haces clic para imprimir la página.

4. **Dibuja** una X encima del botón con el que haces clic para aprender cómo es un coyote.

5. **Escribe** cómo podrías saber cómo lucen las orejas de un coyote.

____

____

Actividad para la casa Su niño o niña aprendió cómo leer una página Web. Pídale que describa las partes de una página Web o usen juntos una computadora para ver y repasar una página Web. Luego, pídale que halle la dirección y el título de la página Web. Por último, pregúntele sobre qué trata la página Web.

Nombre ______________________

Grupos consonánticos con *l*

Lee la nota de Jorge. Busca tres palabras mal escritas y enciérralas en un círculo. Escribe bien las palabras, así como la última oración.

El sábado amaneció con un klima perfecto. Por esa razón, mis hermanos y yo fuimos a la playa. Jugamos voleibol hasta el mediodía, pero decidimos parar para almorzar un poco. ¡Qué provlema, dejamos el almuerzo en la casa! "No se preocupen", deklaró, mi hermano más pequeño, mientras sacaba tres sándwiches de su mochila. ¡Glotón un como él, no saldría de casa sin comida!

Palabras de ortografía	
glotón	clase
blanco	plomo
claro	plaza
clima	inglés
blusa	platicar
flecha	cable

Palabras con ortografía difícil
problema
declaró
cumpleaños

1. ____________ 2. ____________ 3. ____________

4. ______________________________________

Rellena el círculo de la palabra que está bien escrita. **Escríbela.**

5. ○ Inglés ○ inglés ○ hinglés ____________
6. ○ fleca ○ flecha ○ flechah ____________
7. ○ blusa ○ vlusa ○ bluza ____________
8. ○ vlanco ○ blanco ○ blanko ____________

Actividad para la casa Su niño o niña está aprendiendo a identificar palabras mal escritas con *gl, bl, pl, cl,* y *fl.* Pídale que piense y escriba otras palabras con *gl, bl, pl, cl,* y *fl.*

Nombre ______________________________

Escoge la palabra del recuadro que complete cada oración.
Escribe la palabra en la línea.
Recuerda usar la mayúscula al comienzo de una oración.

armadillo	hambre	preguntar
mañana	ratón	obra

1. ______________ vamos a leer en clase los cuentos que hicimos sobre animales.

2. Mi cuento es sobre un ______________ tímido que se esconde detrás de una roca.

3. El cuento de Leonardo es sobre un ______________ que ayuda a una serpiente.

4. El cuento de Rita es sobre una lagartija con mucha ______________.

5. Manuel va a leer sobre la ______________ buena ______________ de Zuci y Tere, dos perras amigas.

6. Otros niños deben escuchar la lectura y ______________ lo que no entiendan.

Escuela + Hogar

Actividad para la casa Su niño o niña está aprendiendo a leer las palabras de uso frecuente *hambre, mañana, obra, preguntar* y *ratón*. Escriba cada una de las palabras en tarjetas de fichero. Luego, pídale a su niño o niña que escoja una tarjeta, lea la palabra y la use en una oración.

Nombre ___________________________

Sustantivos individuales y colectivos

Marca el sustantivo colectivo correspondiente a cada sustantivo individual.

1 marinero
- ⬭ equipo
- ⬭ tripulación
- ⬭ fusil

2 isla
- ⬭ continente
- ⬭ arrecife
- ⬭ archipiélago

3 barco
- ⬭ flota
- ⬭ mar
- ⬭ pesca

4 persona
- ⬭ bandada
- ⬭ gente
- ⬭ casa

5 rosa
- ⬭ jardín
- ⬭ riego
- ⬭ rosaleda

Actividad para la casa Su niño o niña se preparó para identificar los sustantivos individuales y colectivos. Diga los sustantivos *caballo, álamo* o *abeja*. Pida a su niño o niña que le diga el sustantivo colectivo correspondiente.

Nombre ______________________

Lee las claves. **Escribe** la palabra de la lista que completa cada clave.

dice **sopita** **taza** **solo** **zorro** **cien**

1. Rima con **forro** y empieza con la última letra del alfabeto.

____

2. Rima con **quise** pero lleva una *c*.

____

3. Es uno más que 99.

____

4. Rima con **Polo** pero empieza como **ser**.

____

5. Rima con **agüita** y se come calientita.

____

6. Rima con **pasa** pero lleva una *z*.

____

Lee la historia.

Antes de ir a clases, Zulema come cereal con fruta. En la escuela, siempre come una manzana en su almuerzo. Para la cena prefiere una sopita de letras o arroz. A Zulema le gusta cocinar. Dice que hizo sola una ensalada de frutas siguiendo las recetas de su abuela. ¡Qué delicioso!

Actividad para la casa Su niño o niña está aprendiendo a identificar palabras con *z*, *c*, *s*. En un periódico, libro o revista, busquen otras palabras con estas letras. Luego, pida a su niño o niña que las escriba en tres listas según su ortografía.

Nombre ____________________

Palabras con *z, c, s*

Escribe la palabra de ortografía que signifique lo mismo que la frase o que la complete.

Palabras de ortografía
salida
paso
sopita
hizo
dice
cereal
cima
taza
zorro
lazos
cien
solo

1. la cumbre de la montaña es también la ____________________
2. lo opuesto a entrada ____________________
3. un héroe enmascarado ____________________
4. se come con leche ____________________
5. tiene fideos y es mejor calientita ____________________
6. cuando estás acompañado no te sientes así ____________________
7. vasija para tomar ____________________

Completa las oraciones con una palabra de ortografía.

8. La ____________________ está al final del pasillo.
9. Tú mamá ____________________ que te apresures.
10. El pelo de la niña estaba adornado con ____________________.
11. Daniel ____________________ una cometa.
12. ____________________ la verdad.

Actividad para la casa Su niño o niña está aprendiendo a escribir palabras con *za, zo, zu, ce, ci, sa, so, su, se, si.* Pídale que mire una palabra de ortografía y luego la escriba.

Nombre ______________________________

Escribe la palabra del recuadro que corresponda con cada una de las pistas.

fácil encima malo igual escuchar fuerza

1. lo contrario de bueno

____

2. oír con atención

____

3. capacidad para mover algo, resistencia

____

4. se puede hacer sin gran esfuerzo

____

5. idéntico, de la misma naturaleza, cantidad o calidad

____

6. sobre la parte superior de algo

____

Escuela + Hogar

Actividad para la casa Su niño o niña repasó las palabras *encima, escuchar, fácil, fuerza, igual* y *malo*. Pídale que lea las palabras en voz alta y que le dé ejemplos de cada una. ¿Qué hay encima del escritorio? ¿Qué música escuchas? ¿Cuándo haces fuerza? ¿Qué cosa hallas fácil de hacer? Nombra algo que sea malo y dos cosas que sean iguales.

Nombre ______________________________

Lee el cuento.
Responde las preguntas.

Rescates en las montañas

Practicar el excursionismo en los senderos boscosos y rocosos de las montañas puede ser divertido. Pero también puede ser peligroso. Los excursionistas se podrían perder porque no siguen el sendero, porque anochece y no pueden verlo o porque una niebla aparece repentinamente.

Es importante que los excursionistas verifiquen el estado del tiempo antes de comenzar. Frecuentemente se lesionan o se enferman cuando hay mal tiempo. Podrían resbalar porque un sendero se cubre de hielo. Podrían caerse y romperse un hueso. A veces un excursionista se lesiona porque las ráfagas de viento lo empujan contra rocas. Es importante que estén preparados para el mal tiempo inesperado. Se pueden enfermar cuando hay frío y humedad porque no vistieron la ropa adecuada. Además de chaquetas y pantalones impermeables que dan calor, los excursionistas deben llevar gorros, guantes y botas.

Las personas que se pierden o se lesionan en las montañas necesitan ayuda. Aunque es un trabajo peligroso, los equipos de rescate salen a buscarlas. Un equipo de rescate en las montañas está compuesto de expertos bien entrenados que saben lo que se debe hacer. Los integrantes de un equipo de rescate en Colorado deben acumular 15,000 horas de entrenamiento cada año. Ellos están preparados a diario para dar auxilio y buscan de día o de noche a los excursionistas en problemas.

Actividad para la casa Su niño identificó causas y efectos en un cuento de no ficción. Lea con su niño o niña un cuento o mire un video infantil favorito. Haga pausa de vez en cuando para preguntar sobre las relaciones de causa y efecto en el argumento del libro o del video.

Nombre ______________________________

El equipo usualmente usa un helicóptero para los rescates. Vuela sobre las montañas tratando de localizar a los excursionistas. Si están buscando de noche, usan gafas para ver en la oscuridad. Tal vez tenga que aerotransportar a un excursionista porque es la única manera de sacarlo de las montañas. Por ejemplo, el excursionista podría estar atrapado en un barranco. Durante el aerotransporte, el helicóptero deja a los rescatadores en el barranco y luego deja caer una cesta atada a un cable. Los rescatadores colocan al excursionista en la cesta y el helicóptero hala el cable hasta recuperar la cesta.

Los excursionistas rescatados se llevan a un hospital. Muchas vidas se salvan gracias a los esfuerzos de rescatadores valientes que hallan a las personas en peligro lo antes posible.

1. ¿Qué podría ocurrir si un excursionista no sigue un sendero?

____

2. ¿Qué efecto podría tener no vestir la ropa adecuada?

____

3. ¿Por qué saben los rescatadores lo que deben hacer?

____

4. ¿Por qué debería un equipo de rescate aerotransportar a un excursionista lesionado?

____

5. ¿Qué efecto tienen los equipos de rescate sobre los excursionistas perdidos o lesionados?

____

Nombre ______________________________

Sustantivos comunes

Subraya los sustantivos.

1. Dos perros ladraban.

2. Un hombre se cayó.

3. El viento soplaba.

4. Había mucha nieve.

Escribe el sustantivo que hay en cada oración.

5. El agua estaba fría. ______________________________

6. El hielo se partió. ______________________________

7. Los animales ayudaron. ______________________________

8. Se acercaron a la chimenea. ______________________________

Nombre ______________________

Día 1 Unidad 2 Semana 1

Tere y Zuci

Copia las oraciones. Asegúrate que cuando escribes las letras grandes y las pequeñas, usas el tamaño correcto.

Ulises corre rapidito.

Tengo una blusa verde.

Día 2 Unidad 1 Semana 2

Abraham Lincoln

Copia las oraciones. Asegúrate que cuando escribes las letras grandes y las pequeñas, usas el tamaño correcto.

Manuel no nada nunca.

El niño come piña.

Actividad para la casa Su niño o niña está practicando cómo escribir las letras, *Rr, rr, Nn, Ññ, Mm, Ii* y *Uu*. Para practicar en casa, pídale que escriba dos oraciones acerca de lo que le gusta hacer. Después de leer las oraciones, pídale que encierre en un círculo cualesquiera de estas letras que encuentre.

Nombre ______________________________

Día 3 Unidad 2 Semana 3 — Los arbolitos bebé

Copia las oraciones. Asegúrate de formar las letras de manera correcta.

Pedro y Julián prefieren el jugo de pera.

Día 4 Unidad 2 Semana 4 — Los músicos de Bremen

Copia la oración. Asegúrate que tus letras están derechas.

William y Walter son muy valientes.

Wendy juega waterpolo.

Día 5 Unidad 2 Semana 5 — Toda buena obra

Copia las oraciones. Asegúrate de usar el espacio correcto entre una letra y otra.

Valeria quiere comer pizza de queso.

Valentín nunca está quieto.

Actividad para la casa Su niño o niña está practicando cómo escribir las letras, *Jj, Pp, Ww, Yy, Qq* y *Vv.* Para practicar en casa, pídale que escriba dos oraciones acerca de lo que le gusta hacer. Después de leer las oraciones, pídale que encierre en un círculo cualquiera de estas letras que encuentre.

Nombre ______________________________

Lee las palabras.
Encierra en un círculo la palabra para cada dibujo.

1. cigüeña desagüe

2. vergüenza paragüero

3. enagüita pingüino

4. antigüedad güero

Lee la historia.

El pingüino Pedro es bilingüe. Puede hablar dos idiomas. Su amiga la cigüeña Berta habla inglés y su novio Saúl el zorrillo habla español. A Pedro le da vergüenza cuando Clara le dice que averigüe lo que Saúl le escribe en sus cartas. Entonces Clara le trae un poco de agüita y le dice, "Por eso es bueno ser bilingüe como tú".

Actividad para la casa Su niño o niña está aprendiendo a identificar palabras con *güe-* y *güi-*. Pida a su niño o niña que encierre en un círculo las palabras de la historia que tengan *güe-* o *güi-*. Luego, juntos formen oraciones con esas palabras.

Nombre ______________________

Palabras con *güe, güi*

Escribe la palabra de ortografía que signifique lo mismo que la frase o que la complete.

Palabras de ortografía
vergüenza
desagüe
averigüe
antigüedad
cigüeña
bilingüe
paragüero
agüita
güero
enagüita
pingüino
lengüeta

1. salida del agua ______________
2. semejante a investigue ______________
3. tiene grandes alas ______________
4. guarda los paraguas ______________
5. parte de un zapato ______________
6. dos idiomas ______________
7. contrario de aguota ______________

Completa las oraciones con una palabra de ortografía.

8. Enrojeció de ______________ por el regaño.
9. Al zapato le falta la ______________.
10. El ______________ resbaló sobre el hielo.
11. La ______________ se posó en el techo.
12. Cuando Teresa ______________ la respuesta, descansará.

Actividad para la casa Su niño o niña está aprendiendo a escribir palabras con *güe, güi.* Díctele palabras de ortografía y pídale que las escriba.

Nombre ______________________________

Escoge la palabra del recuadro que corresponda con cada pista.
Escribe las letras de las palabras en las casillas.
Lee las letras de las casillas grises para hallar la palabra escondida.

grado	joven	país
llevar	maíz	

1. planta tropical

2. nivel de estudio

3. de poca edad

4. conducir algo de un lugar a otro

5. nación

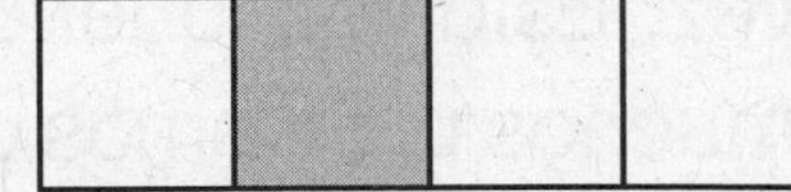

6. Palabra escondida: ______________________________

Actividad para la casa Su niño o niña emparejó las palabras de uso frecuente con las pistas dadas. Escriba oraciones usando las palabras del recuadro, pero deje los espacios en blanco para las palabras. Pida a su niño o niña que escriba la palabra que falta para completar cada oración.

Nombre ______________________________

Lee el cuento.
Responde las preguntas.

Amelia Earhart

¿Alguna vez has oído hablar de Amelia Earhart? Fue una gran piloto. Hizo muchas cosas increíbles.

De niña, a Amelia no le gustaba volar. Más tarde, fue a un espectáculo de aviones. Amelia observó a los aviones y se emocionó mucho con lo que observaba. Después de eso, Amelia quería aprender a pilotar un avión.

Entonces, Amelia tomó clases para aprender a pilotar un avión. Después, compró su propio avión. Era de un color amarillo brillante. Amelia lo llamó *Canary* por los pájaros canarios amarillos.

Pronto, la gente comenzó a escuchar que Amelia era una gran piloto. Un día, recibió una llamada telefónica. Unas personas querían que atravesara en avión el océano Atlántico. Amelia dijo que sí.

Otros dos pilotos acompañaron a Amelia en la travesía, pero Amelia era la única mujer. El avión cruzó sin problemas el océano Atlántico. Los pilotos marcaron un nuevo récord. ¡Eran famosos!

Entonces, Amelia decidió cruzar el Atlántico una segunda vez. Esta vez, quería hacerlo sola. A duras penas lo logró. Tuvo muchos problemas durante el vuelo. Tuvo que aterrizar el avión en un campo.

De todas maneras, Amelia hizo algo increíble. Fue la primera mujer que cruzó el Atlántico sola pilotando un avión. Ahora, era aún más famosa. Amelia recibió muchos premios.

Actividad para la casa Su niño o niña leyó una biografía e identificó el propósito del autor al escribirla. Pídale que le diga por qué cree que el autor le cuenta a los lectores sobre la vida de Amelia Earhart antes de hacerse famosa.

Nombre ______________________

Amelia no terminó de volar aquí. Quería un reto mayor. Entonces, decidió volar alrededor del mundo. Casi lo logra. Cruzó el océano Atlántico hacia Europa. Luego, voló de Europa hasta Asia. Solamente le quedaba un tramo. Tenía que volar a través del océano Pacífico. Supuestamente lo iba a hacer en dos vuelos.

Amelia despegó en su primer vuelo. Se suponía que aterrizaría en una isla del Pacífico, pero nunca aterrizó. Nadie sabe qué sucedió. Su avión nunca fue hallado.

---

1. ¿Cuál crees que fue el propósito del autor al escribir este cuento? Encierra en un círculo la respuesta.

   contar un cuento divertido
   dar información sobre una persona
   explicar algo

2. ¿Por qué crees que el autor les hace saber a los lectores que a Amelia no le gustaba volar en avión cuando era niña?

   ____

   ____

3. ¿Qué aprendiste mientras leías la historia? Nombra tres cosas que aprendiste sobre Amelia Earhart.

   ____

Nombre ______________________________

Sustantivos propios

Encierra en un círculo los sustantivos propios que hay en cada oración.

1. Ayer estudiamos a Abraham Lincoln.

2. El Sr. Lincoln se crió en Indiana.

3. ¿Sabes cuándo terminó la Guerra Civil?

Escribe las oraciones.
Escribe con mayúscula inicial los sustantivos propios.

4. abraham lincoln se casó con mary todd.

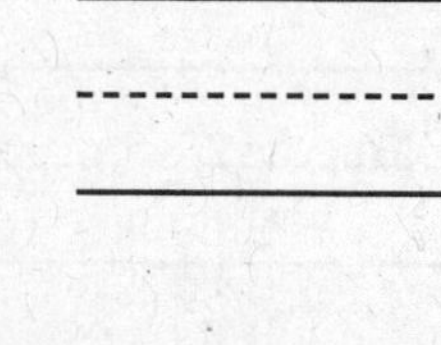

5. El presidente lincoln vivió en la casa blanca.

Nombre ______________________

Lee las palabras. **Halla** la palabra base.
Escribe la palabra base en la línea.

1. flores
____

2. palitos
____

3. pasteles
____

4. veces
____

5. ramas
____

6. bebés
____

7. peces
____

8. árboles
____

Lee la historia.

A Victoria le gusta trabajar en su jardín. Le gustan las flores, en especial las azules. Tiene un estanque con peces pequeños. A veces se sienta bajo la sombra de sus árboles grandes. En las ramas hay nidos de palitos. En la primavera habrá bebés pajaritos. A Victoria le gusta el canto de los pájaros.

Actividad para la casa Su niño o niña está aprendiendo a identificar palabras con plurales terminados en *z*, *c*, *s*. En un periódico, libro o revista, busquen otras palabras con estas terminaciones. Ayude a su niño o niña a escribir la forma singular de las palabras.

Nombre ______________________

Plurales terminados en *–s, –es, –ces*

Escribe la palabra de ortografía que signifique lo mismo que la frase o que la complete.

Palabras de ortografía
flores
palitos
pequeños
pasteles
grandes
ramas
peces
bebés
mujeres
árboles
carteles
veces

1. chicos, diminutos ______________
2. los hacen para cumpleaños y bodas ______________
3. los árboles tienen muchas ______________
4. niños recién nacidos ______________
5. viven en el agua ______________
6. se usan para anunciar algo ______________

Encierra en un círculo la palabra de ortografía escondida. **Escríbela.**

7. s t p a l i t o s p ______________
8. o l f l o r e s o ______________
9. n g r a n d e s s ______________
10. d p e q u e ñ o s k t ______________
11. z p e c e s b ______________
12. c b m u j e r e s p ______________

Actividad para la casa Su niño o niña está escribiendo palabras en plural. Díctele palabras de ortografía y pídale que las escriba.

Nombre ______________________________

Busca la palabra que complete cada oración.
Rellena el espacio de tu respuesta.

1. Perico era el _____ en llegar a la escuela.
   - ⬭ palo
   - ⬭ primero
   - ⬭ ojo

2. El perro Mota capturaba el _____ en el aire.
   - ⬭ momento
   - ⬭ palo
   - ⬭ tanto

3. Marta estaba mirando con el rabito del _____.
   - ⬭ ojo
   - ⬭ tanto
   - ⬭ momento

4. La serpiente estaba atrapada debajo de unas _____.
   - ⬭ tanto
   - ⬭ primero
   - ⬭ piedras

5. Pablo tenía _____ dinero como Rosa.
   - ⬭ primero
   - ⬭ tanto
   - ⬭ piedras

6. Lisa tenía una tortuga _____ de un tanque con agua.
   - ⬭ adentro
   - ⬭ palo
   - ⬭ ojo

Escuela + Hogar

Actividad para la casa Su niño o niña aprendió a leer las palabras *adentro, bajo, momento, ojo, palo, piedras, primero* y *tanto*. Pídale que escriba un cuento con estas palabras. Anímelo a hacer un dibujo para ilustrar el cuento.

Nombre ______________________________

Lee el cuento.
Responde las preguntas.

Los aeróstatos

Imagina que flotas alto en el cielo. Las personas en la tierra abajo parecen hormigas. Ves campos verdes y los techos de las casas.

No, no estás en un avión, sino en un aeróstato.

Cómo funciona un aeróstato

Los aeróstatos son muy diferentes a los aviones. ¿Cómo funciona un aeróstato? El aire caliente pesa menos que el frío. Por lo tanto, se calienta el aire dentro del globo del aeróstato. A medida que se va calentando, el aeróstato sube. A medida que se va enfriando, el aeróstato baja.

Las partes de un aeróstato

¿Qué aspecto tienen los aeróstatos? Tienen varias partes. Primero, está el globo en sí. Luego, está la cesta. La cesta es donde van las personas. Además, tiene un quemador. El quemador se usa para calentar el aire dentro del globo.

Cómo navegar un aeróstato

A diferencia de los aviones, no puedes hacer virar o doblar los aeróstatos. Van donde el viento los lleva. Sólo puedes hacerlos subir o bajar. Puedes calentar el aire dentro del globo para hacerlos subir. Para hacerlos bajar, puedes enfriar el aire.

Los aeróstatas

Los aeróstatas, o pilotos, saben el mejor tiempo para viajar en los aeróstatos. La mayor parte de los viajes ocurren en la mañana

Actividad para la casa Su niño o niña usó los subtítulos para localizar hechos y detalles en un texto sobre los aeróstatos. Vuelva a leer el texto con su niño o niña. Pídale que mencione un hecho o detalle que se da bajo cada subtítulo.

Nombre ______________________

o en la noche. Es cuando el viento está más calmado. Los fuertes vientos no son buenos para los viajes en aeróstato.

¿Te gustaría ser aeróstata? Tal vez tendrás que esperar un poco. Los aeróstatas deben tener al menos 16 años de edad. Deben acumular muchas horas de viaje en los aeróstatos. Deben aprender a hacer todo lo necesario. Por ahora, debes conformarte con la emoción de observar los aeróstatos flotar en el cielo.

---

1. ¿En dónde buscarías para hallar cómo es un aeróstato?

____

2. ¿Cómo funciona un aeróstato?

____

3. ¿Qué es la cesta de un aeróstato?

____

4. Si estuvieras piloteando un aeróstato, ¿qué no podrías lograr que hiciera el aeróstato?

____

5. ¿Qué edad debe tener un aeróstata?

____

Nombre ______________________________

Sustantivos en singular y plural

Subraya los sustantivos que están en singular.
Encierra en un círculo los que están en plural.

1. Necesito arbolitos para mi maceta.

2. Pongo las conchas en un tanque.

3. La rana daba brincos.

Elige el sustantivo plural correcto entre ( ).
Escribe correctamente las oraciones.

4. Buscaron el cobito bajo las (hojas, hojaes).

____

5. ¿Ves los (caracols, caracoles)?

____

6. Había muchos (pezes, peces) en el agua.

____

Nombre ______________________

Di la palabra para cada dibujo.
Escribe las letras del recuadro para completar cada palabra.

pr, gr, br, cr, fr, tr, dr

1. 

la ____________ ido

2. ____________ uta

3. 

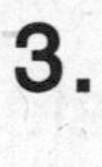

ca ____________ a

4. 

____________ ande

5. 

____________ abajo

6. 

es ____________ ibir

Lee la historia.

Marisa es una cabra muy especial. Sabe escribir y también leer. Puede ladrar cuando hay peligro. Trabaja cuidando a las otras cabras en la colina. Luego, descansa bajo los árboles comiendo fruta. A veces creo que Marisa es una persona. También es muy graciosa. A nosotros nos dan mucha risa sus bromas.

Actividad para la casa Su niño o niña está aprendiendo a identificar palabras con los grupos consonánticos con *r,* como *creo, ladrido, grande* y *nosotros.* Pida a su niño que encierre en un círculo las palabras de la historia que tienen estas combinaciones de consonante con *r.*

Nombre ______________________

Grupos consonánticos con *r*

Escribe la palabra de ortografía que signifique lo mismo que la frase o que la complete.

Palabras de ortografía
creo
ladrido
trabajo
tres
fruta
grande
nosotros
cabra
detrás
tropezó
broma
pronto

1. los gatos, maullido; los perros, ______________
2. semejante a chiste ______________
3. animal con cuernos ______________
4. manzana ______________
5. labor, ocupación ______________
6. yo, tú, ellos, ______________
7. la mitad de seis ______________

Completa las oraciones con una palabra de ortografía.

8. Ted busca ______________ en la nueva escuela.
9. Sólo quedaban ______________ asientos vacíos.
10. Tania ______________ tendrá un hermanito.
11. La casa es muy ______________ para ella.
12. Lola ______________ con el patín.

Actividad para la casa Su niño o niña está aprendiendo a escribir palabras con *pr, gr, br, cr, fr, tr* y *dr.* Díctele palabras de ortografía y pídale que las escriba.

Nombre ______________________________

Escoge una palabra del recuadro para completar cada adivinanza. **Escribe** la palabra en la línea.

ventana	idea	camino
viejo	gallo	triste

1. Canto por la mañana temprano en el campo. ¿Quién soy?

____

2. Salgo cuando una persona se pone a pensar. ¿Quién soy?

____

3. A través de mí puedes mirar hacia afuera cuando estás dentro de la casa. ¿Quién soy?

____

4. Soy lo contrario de feliz. ¿Quién soy?

____

5. Soy lo contrario de nuevo. ¿Quién soy?

____

6. Gracias a mí vas de un lugar a otro por la misma vía siempre. ¿Quién soy?

____

Escuela + Hogar **Actividad para la casa** Su niño o niña contestó las adivinanzas usando las palabras *camino, gallo, idea, triste, ventana* y *viejo*. Anímele a usarlas en un cuento.

Nombre ______________________

Lee el cuento.
Completa las oraciones.

Mejores amigos

El príncipe Thad estaba triste. Estaba muy, muy triste. ¿Por qué estaba tan triste Thad? Thad no tenía amigos. Vivía en un castillo con sus padres, el rey y la reina. No había otras personas en el lugar.

Un día, Thad estaba jugando fuera del castillo. Vio a un conejito. Estaba sentado en el muro del castillo. "Le pediré al conejito que sea mi amigo", pensó el príncipe Thad.

—Conejito —le preguntó el príncipe Thad—, ¿podemos ser amigos?

—No podemos ser amigos —dijo el conejito—. Yo no soy más que un conejito. Pero yo conozco a un niño que puede ser tu amigo. Su nombre es Fred. Vive en el bosque. Pero hay una cosa. Fred debe regresar al bosque cada noche.

—Está bien —dijo Thad. Estaba muy ansioso por conocer a Fred.

Al día siguiente, Fred vino a jugar. Fue divertido. Después vino todos los días. Pero a las cinco de la tarde, Fred siempre se iba. Regresaba al bosque. Eso hacía que Thad se sintiera triste de nuevo.

Después de unos días, Thad decidió seguir a Fred. Esperó a que Fred entrara en el bosque. Luego, lo siguió sigilosamente.

Fred desapareció detrás de unos árboles y arbustos. Thad no tenía miedo. Se sentó en unas hojas y esperó a que saliera su

Actividad para la casa Su niño o niña leyó para determinar lo que sucedió y respondió preguntas sobre la causa de cada suceso. Comente con su niño o niña los sucesos del día, lo que pasó y por qué pasó.

Nombre ______________________

amigo. Pero su amigo no salió. Tras una larga espera, un conejito salió desde atrás de los árboles.

Ahora Thad comprendió. El conejito quería ser su amigo. Por eso se convertía en un niño cada día. Al fin, Thad estaba feliz. Por fin, tenía un amigo de verdad. Sabía que él y Fred el conejito serían mejores amigos para siempre.

1. El príncipe Thad estaba triste porque

____

2. El príncipe hablaba con el conejito porque

____

3. El conejito se convertía en un niño cada día porque

____

4. El príncipe Thad estaba feliz al fin porque

____

Nombre ______________________

Sustantivos masculinos y femeninos

Escribe *M* si el sustantivo es masculino y *F* si es femenino.

1. bosque ____________

2. loba ____________

3. niño ____________

Subraya los sustantivos masculinos.
Encierra en un círculo los sustantivos femeninos.

4. El pájaro hizo un nido en la rama.

5. Los gansos hacían mucho ruido.

6. Los lobos viven en manadas.

Nombre ______________________

Di la palabra para cada dibujo.
Escribe las letras del recuadro para completar cada palabra.

gl bl pl cl fl

1. ________ ase

2. ________ aza

3. ________ usa

4. ________ echa

5. ________ aticar

6. ________ avo

Lee la historia.

Gloria es mi amiga y también está en mi clase. A ella le gusta platicar en inglés y también en español. Si el clima está agradable, vamos a la plaza a jugar. Las dos tenemos blusas blancas con flores rojas. Si la noche es clara, jugamos a contar las estrellas o a que viajamos a otros planetas.

Actividad para la casa Su niño o niña está aprendiendo a identificar palabras con los grupos consonánticos con *l*, como *glotón, blanco, cable, claro* y *platicar.* Pida a su niño o niña que encierre en un círculo las palabras de la historia que tienen estas combinaciones de consonante con *l*.

Nombre ______________________

Grupos consonánticos con *l*

Escribe la palabra de ortografía que signifique lo mismo que la frase o que la complete.

Palabras de ortografía
glotón
clase
blanco
plomo
claro
plaza
clima
inglés
blusa
platicar
flecha
cable

1. rojo, azul ______________
2. en los Estados Unidos se habla ______________
3. alguien que come mucho es un ______________
4. oscuro es lo opuesto de ______________
5. hablar, conversar ______________
6. tiempo, temperatura ______________
7. el soldadito está hecho de ______________
8. transmite electricidad ______________

Ordena cada palabra de ortografía. **Escríbela.**

9. s l u b a ______________
10. e f a c h l ______________
11. e l s c a ______________
12. l p a r i c a t ______________
13. o m l o p ______________
14. a p z l a ______________

Actividad para la casa Su niño o niña está aprendiendo a escribir palabras con *gl, bl, pl, cl, fl.* Pídale que escriba palabras de ortografía y señale las sílabas *gl, bl, pl, cl, fl.*

Nombre ______________________________

Busca la palabra que complete cada oración.
Rellena el espacio de tu respuesta.

1. Al _____ le gusta el queso.
   - ratón
   - patas
   - obra

2. El sol sale por la _____ .
   - preguntar
   - mañana
   - obra

3. Toda buena _____ merece su recompensa.
   - preguntar
   - hambre
   - obra

4. A Magi le gusta _____ mucho en clase.
   - ratón
   - preguntar
   - hambre

5. El armadillo tiene cuatro _____ cortas.
   - mal
   - patas
   - mañana

6. Tita quería comer porque tenía mucha _____ .
   - preguntar
   - patas
   - hambre

Actividad para la casa Su niño o niña aprendió a leer las palabras *hambre, mañana, obra, preguntar* y *ratón*. Pídale que escriba oraciones usando estas palabras. Anímele a usar dos de las palabras en cada oración.

Nombre ______________________________

Lee el cuento. **Responde** las preguntas.

El zorro y la oveja

Un cuento de la India

Dabbu el zorro estaba muy feliz y lleno. Se había comido una cena muy grande. Ahora caminaba cantando hacia su casa en medio de la noche.

De pronto, se cayó en un pozo poco profundo. Trató de sostenerse con sus patas, pero fue demasiado tarde. Dabbu siempre pasaba al lado del pozo, pero nunca se había caído en él. Sin embargo, esta noche estaba muy feliz. Estaba cantando y no prestó atención.

Dabbu palpó las paredes del pozo. No había mucha agua, lo cual era bueno. Pero, ¿cómo iba a salir? Trató de escalar las paredes, pero éstas estaban cubiertas de lodo y muy resbaladizas. Finalmente, se sentó a descansar. Tenía que pensar en un plan.

Un minuto después, oyó una voz: —¿Qué haces dentro del pozo? —preguntó la voz.

Dabbu miró hacia arriba. Parada en la orilla del pozo estaba la oveja Laadla. Dabbu estudió a la oveja y comenzó a pensar en un plan.

—¿No has escuchado? —Dabbu preguntó a Laadla—. Viene una sequía y ningún animal tendrá agua. Por eso salté en el pozo, para asegurarme de tener agua. ¿Por qué no saltas también?

La oveja estaba insegura. —¿Me harás daño?

Actividad para la casa Su niño o niña comparó y contrastó varios cuentos. Lea dos cuentos con su niño o niña y pídale que le diga en qué se parecen y en qué se diferencian.

Nombre ______________________

—¡Oh! Prometo no hacerte daño —dijo el zorro.

—Está bien —dijo Laadla y saltó en el pozo.

Dabbu saltó sobre el lomo de Laadla y logró salir. —Hasta luego —gritó Dabbu.

Ahora, Laadla era la que no podía salir. —Espera —gritó la oveja—. Me prometiste que no me harías daño.

El zorro se sonreía mientras se marchaba. —¡Pero tampoco te prometí ayudarte!

---

1. ¿En qué se parece este cuento a los cuentos *Toda buena obra merece su recompensa* y “El tigre desagradecido”?

____

____

2. ¿En qué se diferencia este cuento de *Toda buena obra merece su recompensa* y “El tigre desagradecido”?

____

____

3. ¿En qué se parece y se diferencia este cuento de “El león y el ratón”?

____

____

Nombre ______________________________

Sustantivos individuales y colectivos

Escribe el sustantivo colectivo correspondiente.

1. jugador ______________________

2. libro ______________________

3. abeja ______________________

Escribe el sustantivo individual correspondiente.

4. orquesta ______________________

5. bandada ______________________

6. pinar ______________________

Escuela + Hogar

Actividad para la casa Su niño o niña aprendió que los sustantivos se refieren a personas, animales o cosas. Túrnense para señalar grupos de personas, animales o cosas en la casa y decir cómo se llaman.

Nombre ______________________________

Tabla de instrucciones

Completa esta tabla de instrucciones para ayudarte a organizar tus ideas. **Escribe** tus ideas en oraciones.

Título ____

1.

↓

2.

↓

3.

↓

4.

Nombre ______________________________

Usar verbos fuertes

Escribe un verbo del banco de palabras que dé una imagen clara de qué hacer.

congelar	pelar	raspar	pegar	decorar

1. ______________________ tu marco para fotos con frijoles, botones y escarcha.

2. ______________________ la limonada en el refrigerador.

3. ______________________ la pintura con un palillo de dientes.

4. ______________________ la manzana con cuidado.

5. ______________________ las puntas de las tiras de papel con pegamento.

Nombre

Añadir palabras, frases y oraciones

Sigue las instrucciones para revisar la oración.

Pon mermelada en el pan.

1. Añade una palabra que describa la mermelada. Escribe la nueva oración.

2. Añade una frase que diga qué usar para poner la mermelada en el pan. Escribe la nueva oración.

3. Añade una oración que diga qué hacer después. Escribe ambas oraciones.

Nombre ______________________________

Corregir 1

Marcas de revisión	
Quitar (Eliminar)	∂
Añadir	^
Ortografía	⬭
Mayúscula	≡
Minúscula	/

Corrige estas oraciones. **Busca** errores de gramática, puntuación, uso de mayúsculas y ortografía. **Usa** marcas de revisión para mostrar las correcciones.

1. Este es un juego dibertido que puedes jugar con tus amigos,

2. primero usa tiza para haser una rayuela en la acera.

3. Una rayuela tene ocho casilas con número.

4. Lanza una piedras para que caigan en la primera casilla.

5. Ahora, salta sobre cada casilla en un pie pero no saltes en la casilla con la piedra

6. En el siguiente turno ccada jugador lanza la piedra a la secunda casilla y vuelve a saltar.

Ahora, corregirás el borrador de tus instrucciones. Luego usarás tu borrador para hacer un texto final de tus instrucciones. Por último, publicarás tu escritura y la compartirás con los demás.

Nombre ______________________

Di la palabra correspondiente para cada dibujo.
Escribe la letra *b* o *v* para completar cada palabra.

b v

1\. 

_____ eso

2\. 

_____ estido

3\. 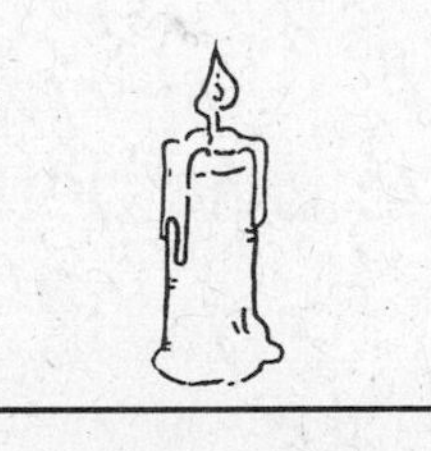

_____ ela

4\. 

nu _____ e

5\. 

_____ entana

6\. 

canta _____ a

7\. 

a _____ eja

8\. 

na _____ e

9\. 

lo _____ o

Escuela + Hogar **Actividad para la casa** Su niño o niña está aprendiendo a identificar y leer palabras con el sonido /b/ escrito con las letras *b* y *v*. Pregúntele sobre qué palabras está escribiendo esta semana. Ayúdele a hacer una lista con otras palabras con *b* y *v*.

Nombre ______________________

Escoge la palabra que complete cada oración.
Escribe la palabra en la línea.

cantar	pueblo	contar
montañas	alegres	palabras

1. René vivía detrás de unas ______________ muy altas.

2. A René le gustaba ______________ cuentos.

3. También le gustaba ______________.

4. René siempre buscaba nuevas ______________ para sus cuentos y canciones.

5. Sus cuentos y canciones siempre eran ______________.

6. En el ______________, todos los niños querían escuchar los cuentos y las canciones de René.

Actividad para la casa Su niño o niña aprendió a leer las palabras *alegres, cantar, contar, montaña, palabras* y *pueblo*. Pídale que vuelva a contar la historia con sus propias palabras mientras señala las palabras del recuadro. También podría hacer un dibujo sobre la historia.

Nombre ______________________________

Lee el cuento.
Sigue las instrucciones.

Roberto el robot
por Jake Simmons

La semana pasada fui a la tienda de robots. Escogí un robot con mucha onda. Lo llamé Roberto. Comprar a Roberto es lo más inteligente que he hecho jamás. ¡Él es fenomenal! Le mostré cómo hacer mi cama. Me recoge las cosas del piso. Lo siguiente que le voy a enseñar es cómo sacar la basura. ¡Roberto es el mejor amigo que puede tener un niño!

1. **Encierra en un círculo** el nombre del autor.
2. **Encierra en un círculo** las palabras que dicen lo que puede hacer Roberto.
   ir a la tienda   hacer mi cama
3. **Encierra** en un círculo las palabras que dicen lo próximo que Roberto aprenderá.
   sacar la basura   recoger cosas
4. **Subraya** la oración que dice de dónde viene Roberto.
5. **Escribe** una oración que diga por qué piensas que el autor escribió este cuento.

____

____

Actividad para la casa Su niño o niña leyó una historia divertida y dijo por qué el autor la escribió. Pídale que identifique quién escribió la historia y diga por qué el escritor pudo haberla escrito.

Nombre ______________________________

Un día lluvioso

Liz, Paco y Bea son amigos. Están sentados en el porche desde que empezó a llover y no pueden jugar en el patio.

—¡Me aburro! —protesta Bea.

—Dibujemos nuestros instrumentos musicales favoritos —dice Paco.

Liz dibuja una corneta y al soplar suena ¡Baaaa! El tambor que dibuja Paco retumba ¡Bum! ¡Bum! cuando él lo toca con los dedos. La guitarra que dibuja Bea canta ¡Blin! ¡Blin! Los amigos tocan sus canciones preferidas mientras llueve.

—¡Qué divertido! —exclama Liz—. Ahora que tenemos nuestra banda, nos gusta la lluvia.

Aspectos principales de un cuento fantástico

- Cuenta sucesos mágicos que no pueden ocurrir en la realidad.
- Cuenta sobre personas, animales o cosas que hacen cosas imposibles.
- Puede estar escrito para parecer casi real.

Nombre ______________________

Palabras con *b, v*

Escribe las palabras de ortografía que faltan.

Palabras de ortografía	
batido	sabía
ventana	vivía
vela	voto
vaso	besos
vestido	cantaba
vamos	bajar

1. Luisa se ____________ la lección de memoria.
2. El ____________ tenía jugo.
3. Me gusta tu ____________ verde.
4. La ____________ está abierta.
5. La ____________ se apagó.
6. Nos ____________ al cine esta noche.

Escribe la palabra de ortografía definida por la frase.

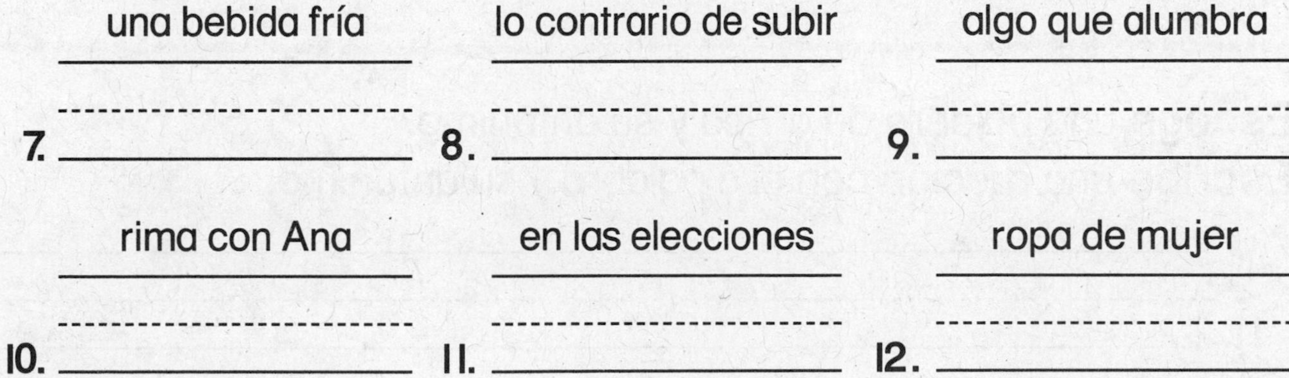

una bebida fría — 7. ____________

lo contrario de subir — 8. ____________

algo que alumbra — 9. ____________

rima con Ana — 10. ____________

en las elecciones — 11. ____________

ropa de mujer — 12. ____________

Actividad para la casa Su niño o niña está escribiendo palabras con *b* y con *v.* Pídale que encierre en un círculo estas combinaciones de letras en las palabras de ortografía.

Nombre ______________________

Escoge el antónimo del recuadro para cada palabra que sigue debajo.
Escribe el antónimo correcto en cada línea.

arriba	lejos	divertido	fuerte	vacío
parar	caliente	cerrar	arreglar	blando

1. seguir ______________
2. cerca ______________
3. frío ______________
4. duro ______________
5. abajo ______________
6. abrir ______________
7. triste ______________
8. lleno ______________
9. romper ______________
10. débil ______________

Escoge una palabra de arriba y su antónimo.
Escribe una oración con esa palabra y su antónimo.

11. ____

Actividad para la casa Su niño o niña identifica y usa antónimos. Mencione tres palabras de esta página. Haga que su niño o niña diga el antónimo de esas palabras sin mirar la página.

Nombre ______________________________

Verbos

Un **verbo** es una palabra que dice lo que hace una persona o una cosa.

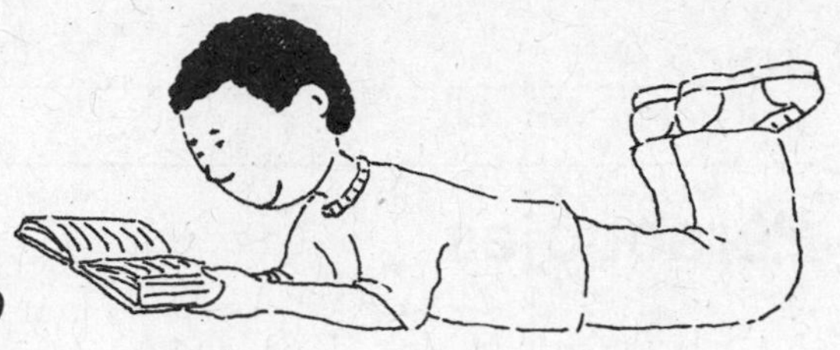

- Pedro **aprende** a leer.

La palabra *aprende* es un verbo. *Pedro* es el sujeto. A veces el sujeto no se ve:

- **Aprendo** a leer. (Yo).

Escribe el verbo de cada oración.

1. Gabriela mira las montañas. ______________________

2. Imagina animales fantásticos. ______________________

3. Las mariposas vuelan en el aire. ______________________

4. Sofía escribe un poema. ______________________

Di otras oraciones con estos verbos.

Actividad para la casa Su niño o niña estudió los verbos. Lean juntos un cuento. Señale varias oraciones sencillas y pídale que busque los verbos que contienen.

Nombre ______________________

Tabla del cuento

Título ______________________

Personajes

Ambiente

Principio

Medio

Final del cuento

Actividad para la casa Su niño o niña está aprendiendo a escribir cuentos, poemas, informes breves, párrafos de no ficción, cartas y otros géneros este año. Pregúntele sobre qué está escribiendo esta semana.

Nombre ______________________________

Mira el pictograma de abajo. **Responde** cada pregunta.

Número de libros leídos	
Sam	
Luz	
Hugh	
Ted	

Cada  significa dos libros.

1. ¿Qué muestra el pictograma? ______________________________

2. ¿Qué número de libros representa cada dibujo? ______________________________

3. ¿Quién leyó más libros? ¿Cuántos? ______________________________

4. ¿Qué dos niños leyeron el mismo número de libros? ¿Cuántos?

____

5. Agrega a **Lynn** en la última línea del pictograma. Lynn leyó 12 libros. ¿Cuántos dibujos debes hacer? Completa el pictograma.

Actividad para la casa Su niño o niña aprendió cómo leer un pictograma. Piensen juntos en un tema para el que pueden hacer un pictograma (como el número de frutas o vegetales que comen en un día o en una semana). Diseñe un pictograma para la familia y pídale que complete la información necesaria.

Nombre ______________________

Palabras con *b, v*

Lee sobre lo que recuerda Ana de Elena. Busca cuatro palabras mal escritas y enciérralas en un círculo. **Escribe** bien las palabras.

Palabras de ortografía	
batido	sabía
ventana	vivía
vela	voto
vaso	besos
vestido	cantaba
vamos	bajar

Palabras de ortografía difícil
bandera
volcán
avión

La casa donde vibía Elena tiene una ventana grande. Ella la adornaba con un vazo lleno de flores. De noche, encendía una bela y se la podía ver con su vestido azul mientras tomaba un batido. Del techo colgaba una banderra. Cuando se mudó, la despedimos con muchos besos.

1. ______________________ 2. ______________________

3. ______________________ 4. ______________________

Encierra en un círculo la palabra que está bien escrita. **Escríbela.**

5. volkán volcán ______________________

6. savía sabía ______________________

7. cantaba kantaba ______________________

8. boto voto ______________________

Actividad para la casa Su niño o niña está aprendiendo a identificar y corregir palabras mal escritas con *b* y *v*. Escriba palabras de ortografía con errores y pídale que los corrija.

Nombre ______________________

Escoge la palabra del recuadro que corresponda con cada pista.
Escribe la palabra en la línea.

alegres	boca	Europa
cantar	palabras	montaña

1. hacer sonidos melodiosos con la voz ______________

2. elevación muy alta del terreno ______________

3. es donde están los dientes y se usa para comer y para hablar

____

4. expresan lo que sentimos y pensamos ______________

5. llenos de alegría ______________

6. continente ______________

Actividad para la casa Su niño o niña hizo corresponder las pistas con las palabras aprendidas esta semana. Escriba las pistas en diferentes tarjetas de fichero. Mézclelas y pida a su niño o niña que adivine las palabras y que las escriba al otro lado de las tarjetas.

Nombre ______________________

Verbos

Marca el verbo adecuado para cada oración.

1 Este cuento __________ muchas ilustraciones.

- dibujos
- tiene
- historia

2 Esas palabras __________ como un poema.

- suenan
- sonido
- lindas

3 Yo __________ poemas alegres.

- escribo
- páginas
- lindo

4 La maestra nos __________ a leer.

- letra
- libro
- enseña

5 Mi mamá __________ un libro.

- palabras
- lee
- papá

Actividad para la casa Su niño o niña se preparó para tomar un examen de identificar verbos. Mientras pasean juntos por el vecindario, pídale a su niño o niña que le indique los verbos de los letreros y anuncios que ven.

Nombre ______________________

Mira los dibujos. **Lee** las dos palabras en cada hilera.
Escribe la palabra correcta para cada oración.

1. **caro carro**

Este camión no es muy ______________________.

2.  **coral corral**

La vaca está en el ______________________.

3. **corro coro**

Ramón canta en el ______________________.

4. **perro pero**

Mi ______________________ hace trucos.

5. **caretas carretas**

Antes la gente viajaba en ______________________.

6. 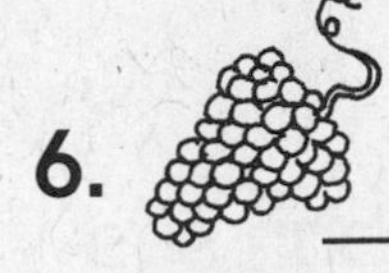 **para parra**

Esta ______________________ tiene muchas uvas.

Actividad para la casa Su niño o niña está aprendiendo a identificar y leer palabras con las letras *r* y *rr*. Pregúntele sobre qué palabras está escribiendo esta semana. Ayúdele a identificar otras palabras con *r* y *rr*.

Nombre ______________________________

Escoge la palabra del recuadro que complete cada oración.
Escribe la palabra en la línea.

globos	fresco	carta	
hacia	lejos	jardín	abuela

1. Rita recibió una ____________________.

2. Cuando reconoció la letra de su ____________________ en el sobre, se puso muy contenta.

3. Rita se fue al ____________________ a leer la carta junto a las flores y el ____________________ de la tarde.

4. Su abuela vivía muy ____________________.

5. En la carta, la abuela le decía que venía pronto para celebrar el cumpleaños de su nieta preferida. Enseguida, Rita pensó en una fiesta con muchos ____________________.

6. Rita se sonrió y corrió ____________________ donde estaban sus padres para darles la noticia.

Actividad para la casa Su niño o niña aprendió a leer las palabras *abuela, carta, fresco, globos, hacia, jardín* y *lejos*. Anímele a usar algunas de estas palabras para escribir sobre una foto familiar.

Nombre ______________________

Lee las oraciones.
Escribe tus respuestas en las líneas.

1. —Verás a tu abuela en pocas semanas —dijo la madre de Jason—. Viajará en avión para estar en la cena del Día de Acción de Gracias. *¿Qué sabes sobre el lugar donde vive la abuela de Jason?*

2. Jason se sentó a la mesa con un lápiz en la mano. Mamá estaba cocinando. Sobre la mesa había una hoja de papel, un sobre y un sello. *¿Dónde estaba? ¿Qué estaba haciendo?*

3. Jason caminó por la calle con el sobre en su mano. *¿Adónde iba?*

4. La abuela de Jason miró su correo. Había una carta. La abuela ya sabía que la carta la había enviado Jason. *¿Cómo sabía la abuela que la carta era de Jason antes de abrirla?*

5. La abuela tenía una gran sonrisa en su cara. *¿Por qué estaba sonriendo?*

Actividad para la casa Su niño o niña usó el texto dado para sacar conclusiones y hacer inferencias sobre la historia. Mientras lea una historia, haga pausas para que su niño o niña piense sobre lo que está sucediendo en la historia y por qué los personajes obran de la manera narrada.

Nombre ______________________________

La carta de Carrie

16 de noviembre de 2011

Querido Roberto:

Hoy aprendí en la escuela acerca del lenguaje de señas. Es una manera en que se comunican las personas sordas. Las personas que viven en lugares diferentes pueden hacer señas unas a otras. Ellas usan cámaras Web. Aprender el lenguaje de señas es interesante. Yo aprendí a decir por señas "Te quiero", "Por favor" y "Gracias".

¡Ojalá te vea pronto para podértelo enseñar!

Tu amiga,
Carrie

Aspectos principales de una carta amistosa

- incluye fecha, saludo, cuerpo, despedida y firma
- el cuerpo de la carta contiene el mensaje
- expresa las ideas y sentimientos del escritor o escritora

Nombre ___________________________

Palabras con *rr, r*

Palabras de ortografía					
pero	perro	cara	carro	roja	arriba
rosa	burro	loro	ratón	risa	pareja

Completa cada oración con una palabra de ortografía.

1. La ____ es roja. ____________
2. Mi ____ ladra mucho. ____________
3. ¡Manos ____! ____________
4. Me gusta la fresa, ____ más el chocolate. ____________
5. No pongas esa ____, todo va a estar bien. ____________
6. Qué ____ me dio la película. ____________

Pistas de palabras Encuentra dos palabras de ortografía que respondan las pistas. **Escríbelas.**

Comienzan con *p* y terminan con *o*.

7. ____________ 8. ____________

Comienzan con *r* y contienen *s*.

9. ____________ 10. ____________

Actividad para la casa Su niño o niña está escribiendo palabras con *rr* y con *r*. Pídale que escriba una palabra y la use en una oración.

Nombre ______________________________

Encierra en un círculo el prefijo de cada palabra. **Subraya** el significado correcto. **Escribe** en la línea una oración con la palabra.

1. copiloto

a. persona que arregla un avión
b. persona que ayuda al piloto
c. persona que limpia un avión

2. extrafino

a. muy áspero
b. muy delicado
c. muy fuerte

3. colaborar

a. ayudar a otros
b. trabajar por sí solo
c. no trabajar

4. extraescolar

a. dentro de la escuela
b. fuera de la escuela
c. en la escuela

5. extraordinario

a. dentro de lo normal
b. lo normal
c. fuera de lo normal

Actividad para la casa Su niño o niña está aprendiendo sobre palabras con prefijos y sus significados. Pídale que nombre otras palabras que comiencen con los prefijos encerrados en círculo en esta página y después pregúntele qué significan esas palabras.

Nombre ______________________________

Verbos con sustantivos en singular y plural

El verbo cambia si el sustantivo del sujeto está en **singular** (uno) o en **plural** (más de uno).

Singular
Juno **escribe** una carta. (uno)

Plural
Tomás y Delia **escriben** una carta. (más de uno)

Encierra en un círculo el verbo entre ( ) que va en cada oración.

1. Juno y su abuela se (manda, mandan) cartas.

2. Juno (hace, hacen) dibujos en sus cartas.

3. La abuela de Juno (mira, miran) los dibujos.

4. Los dibujos (cuenta, cuentan) muchas cosas.

5. Juno (lee, leen) una carta de su abuela.

Di otras oraciones con sujetos en singular y en plural.

Actividad para la casa Su niño o niña estudió los verbos con sustantivos en singular y en plural. Busque oraciones sencillas en un periódico o una revista. Pídale a su niño o niña que señale los verbos con sujetos en singular y los verbos con sujetos en plural.

Nombre ______________________________

Tabla de la idea principal

Mi carta es para ______________________________

____

Idea principal

Detalles

Actividad para la casa Su niño o niña está aprendiendo a escribir cuentos, poemas, informes breves, párrafos de no ficción, cartas y otros géneros este año. Pregúntele sobre qué está escribiendo esta semana.

Nombre ______________________________

Mira la siguiente página de periódico. **Sigue** las instrucciones.

El Diario
15 de julio

DEPORTES

Puntuación del béisbol 22

Fútbol 23

Los Lobos anotaron una gran victoria

Pueblo Torino — Hoy los aficionados del equipo de béisbol de los Lobos vencieron a los Tiburones 10-9. El entrenador Bob Stone dijo que fue un juego parejo de principio a fin y que ganarlo requirió mucho trabajo y esfuerzo.

Jim Dole anotó la carrera ganadora para los Lobos.

1. ¿Qué tipo de noticias hay en esta sección del periódico?

____

2. ¿Cuál es el titular?

____

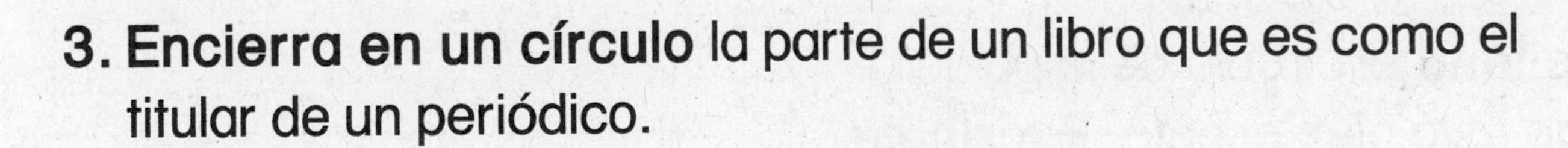

3. **Encierra en un círculo** la parte de un libro que es como el titular de un periódico.

títulos de los capítulos   palabras guía

4. ¿Qué expresa la leyenda de la foto?

____

5. **Encierra en un círculo** otro medio de leer noticias diarias.

enciclopedia   revista

Actividad para la casa Su niño o niña aprendió a usar un periódico. Miren juntos la página deportiva de un periódico o de una revista. Pida a su niño o niña que lea los titulares para determinar sobre qué tratan las noticias. Miren las fotos y lean sus leyendas. Escojan una noticia y léanla en voz alta.

Nombre ____________________

Palabras con *rr, r*

Lee la nota. Busca cuatro palabras mal escritas y enciérralas en un círculo. **Escribe** bien las palabras.

Palabras de ortografía	
pero	perro
cara	carro
roja	arriba
rosa	burro
loro	ratón
risa	pareja

Todos piensan que un pero, un gato y un lorro no pueden ser amigos, pero están equivocados. Soy el feliz dueño de tres mascotas que se tienen mucho carrino. En las tardes los llevo a pasear y en cuanto sienten el tintinar de mi llavero todos salen disparados hacia la puerta. A mis vecinos les da mucha rrisa vernos pasar. Mi gato siempre a la delantera, seguido por mi perro y mi loro que descansa posado en su lomo.

Palabras de ortografía difícil
arroja
ropero
cariño

1. ____________ 2. ____________

3. ____________ 4. ____________

Rellena el círculo de la palabra que está bien escrita. **Escríbela.**

5. ○ ariva ○ arriba ____________

6. ○ pareja ○ parega ____________

7. ○ roza ○ rosa ____________

8. ○ vurro ○ burro ____________

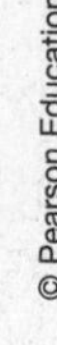

Actividad para la casa Su niño o niña está escribiendo palabras con *rr* y *r*. Pídale que subraye estas consonantes en estas palabras de ortografía.

Nombre ______________________

Escoge la palabra del recuadro que corresponda con cada pista.
Escribe la palabra en la línea.

lejos	abuela	globos
foto	jardín	carta

1. imagen recogida por una cámara fotográfica ______________

2. la madre de mi padre o mi madre ______________

3. terreno sembrado con muchas plantas y flores

____

4. papel escrito que se envía para comunicarse con otra persona ______________

5. un lugar a gran distancia, distante ______________

6. sirven para decorar las fiestas ______________

Actividad para la casa Su niño o niña identificó las palabras de uso frecuente y de la lectura de acuerdo con las pistas dadas. Anímele a escribir una historia sobre una familia mudándose a un lugar nuevo, usando algunas de las palabras del recuadro.

Nombre ______________________________

Verbos con sustantivos en singular y plural

Marca el verbo que va en cada oración.

1 Mis primos __________ cartas.
- ⬭ escriben
- ⬭ escribo
- ⬭ escribe

2 Mi abuela __________ postales.
- ⬭ enviar
- ⬭ envía
- ⬭ enviamos

3 Mi hermana __________ por teléfono.
- ⬭ hablan
- ⬭ habla
- ⬭ hablamos

4 Mi mamá __________ a los vecinos.
- ⬭ visitan
- ⬭ visitamos
- ⬭ visita

5 Mi hermano y mi papá __________.
- ⬭ conversan
- ⬭ conversa
- ⬭ conversas

Actividad para la casa Su niño o niña se preparó para examinarse sobre verbos con sustantivos en singular y en plural. Diga este principio de oración: *Papá* ____. Pídale que la complete con un verbo adecuado: *Papá lee*. Luego proponga otro, como *El abuelo y la abuela* ____. *(El abuelo y la abuela pasean).*

Nombre ______________________________

Di la palabra para cada dibujo.
Usa *y* o *ll* para formar la palabra.
Escribe una oración con la palabra.

1. ______ ate

____

2. ______ ave

____

3. be ______ ota

____

4. pa ______ aso

____

5. ra ______ o

____

Escuela + Hogar **Actividad para la casa** Su niño o niña está aprendiendo a identificar y leer palabras con las letras *y* y *ll*. Trabajen juntos para identificar otras palabras con *y* y con *ll*, como *llover, yema, raya, olla, semilla*.

Nombre ______________________

Escoge la palabra del recuadro que complete cada oración.
Escribe la palabra en la línea.

claro	encontrar	trabajo	playa
durante	esperar	verdad	

1. —¿Es ______________ que las abejas son muy trabajadoras? —preguntó Juanito a su maestra.

2. —Sí, Juanito. Tienen un ______________ muy específico en el proceso de hacer la miel.

3. El gato Misu se fue a pescar a la ______________.

4. ______________ largo tiempo estuvo pescando, pero ningún pez mordió la carnada.

5. Misu estaba decidido a ______________ todo el tiempo necesario. Estaba ______________ que quería comer.

6. La iguana tiene hambre. Quiere ______________ un ratón gordo para su cena.

Actividad para la casa Su niño o niña aprendió a leer las palabras *claro, durante, encontrar, esperar, playa, trabajo* y *verdad*. Busquen una copia del cuento folklórico *Anansi se va de pesca* en la biblioteca. Mientras leen juntos, pida a su niño o niña que busque estas palabras.

Nombre ______________________________

Lee el cuento folklórico. **Encierra en un círculo** la palabra o palabras correctas para terminar cada oración. Responde la pregunta en papel.

Qué ocurrió cuando el cielo se cayó

Durante miles de años, las personas en China se habían contado unas a otras un cuento folklórico acerca del día en que el cielo se cayó. En el cuento, los niños veían el cielo caer y corrían a decírselo a la Mujer Sabia. La Mujer Sabia les pide a los niños que recojan los pedazos del cielo y se los traigan. Los niños lo hacen, pero están preocupados porque algunos pedazos se han perdido. El cielo nocturno en China siempre ha sido negro, pero a la noche siguiente, ¡estaba salpicado con pequeñas luces brillantes! La Mujer Sabia había cosido los pedazos de cielo y puso parches de luces titilantes en lugar de los pedazos perdidos.

1. Un cuento folklórico es _____. ficción no ficción
2. Los acontecimientos en "Una mañana en Villa Dragón" y los acontecimientos en este cuento folklórico se parecen porque _____. siempre ocurren nunca ocurren
3. El cielo nocturno en China siempre ha sido negro, pero entonces las luces lo hicieron _____. brillante azul
4. El rasgo del carácter que describe a la Mujer Sabia y a Manchas el dragón es _____. amable malo
5. Di cómo el problema de Manchas en "Una mañana en Villa Dragón" es diferente del de la Mujer Sabia en este cuento folklórico.

Actividad para la casa Su niño o niña hizo inferencias acerca de los acontecimientos en un cuento folklórico. Comenten por qué este cuento es ficción, al pedirle que mencione los sucesos del cuento que no pueden ocurrir en la vida real. Vuelvan a leer el cuento de hadas en la página 135 y ayude a su niño o niña a comparar y contrastar los personajes y los acontecimientos.

Nombre ______________________________

El viaje de Serpiente Dorada

A visitar a un amigo fue la Serpiente Dorada.
Algo la hizo detenerse a mitad de la jornada.
"¡Qué veo!", dijo Serpiente. "¡Un lago de agua que brilla!
Tendré que nadar si quiero llegar a la otra orilla".
Un palo con una bolsa mordió a manera de vela
Y en la cola se amarró un globo grande de tela.
Así Serpiente nadó para cruzar el gran lago.
Con su amigo se reunió, alegre, del otro lado.

Aspectos principales de un poema narrativo

- tiene palabras bien escogidas dispuestas en versos
- narra un cuento breve
- puede tener palabras que rimen

Nombre ______________________

Palabras con *y, ll*

Palabras de ortografía					
yate	llamada	llegó	ella	llave	yoyo
llover	yuca	llorar	payaso	rayo	apoyo

Completa cada oración con una palabra de ortografía.

1. Nos fuimos de paseo en ___. ______________
2. Esperé tu ___ hasta bien tarde. ______________
3. El cuento me hizo ___. ______________
4. Parece que va a ___. ______________
5. El ___ trabaja en el circo. ______________
6. Luisa, ___ el libro que estabas esperando. ______________

Pistas de palabras Encuentra dos palabras de ortografía que respondan las pistas. **Escríbelas.**

Comienzan con *ll* y contienen una *v*

7. ______________ 8. ______________

Contienen la sílaba *ya*

9. ______________ 10. ______________

Actividad para la casa Su niño o niña está escribiendo palabras con *y* y *ll*. Pídale que escriba una palabra y diga una oración con esa palabra.

Nombre ______________________________

Traza líneas para unir las palabras con sus antónimos.

PALABRA	ANTÓNIMO	PALABRA	ANTÓNIMO
1. jugar	sol	2. tomar	pregunta
3. caminar	nada	4. oscuro	encima
5. lluvia	tirar	6. debajo	dar
7. todo	trabajar	8. respuesta	abajo
9. recoger	correr	10. arriba	luz

Escoge una palabra de arriba y su antónimo. **Escribe** una oración para esa palabra y su antónimo.

11. ______________________________

12. ______________________________

Actividad para la casa Su niño o niña identifica y usa antónimos. Señale con el dedo diferentes direcciones y diga la palabra apropiada como: *arriba, abajo, izquierda, derecha*. Pida a su niño o niña que diga y señale la dirección opuesta.

Nombre ______________________________

Verbos en pasado, presente y futuro

Los verbos cambian para decir **cuándo** pasan las cosas. Dicen lo que pasa ahora, lo que pasó antes y lo que pasará después.

Ahora	Hoy la tortuga **descansa.**
Pasado	Ayer la tortuga **descansó.**
Futuro	Mañana la tortuga **descansará.**

Subraya el verbo en cada oración. **Escribe** *A* si el verbo dice qué pasa ahora, en el presente. **Escribe** *P* si el verbo dice qué pasó, en el pasado. **Escribe** *F* si el verbo dice qué va a pasar, en el futuro.

1. Hoy la araña hace una pregunta. ______

2. Mañana la tortuga contestará. ______

3. Ahora la tortuga se duerme. ______

4. Ayer la araña atrapó un pez. ______

Di una oración en presente, otra en pasado y otra en futuro.

Actividad para la casa Su niño o niña estudió los verbos en presente, pasado y futuro. Lean juntos un libro. Pídale que señale los verbos en oraciones sencillas. Dígale que le indique si los verbos dicen lo que pasa en el presente, en el pasado o en el futuro.

Nombre ________________________________

Tabla del poema narrativo

Principio

Problema

Solución

Final

Actividad para la casa Su niño o niña está aprendiendo a escribir cuentos, poemas, informes breves, párrafos de no ficción, cartas y otros géneros este año. Pregúntele sobre qué está escribiendo esta semana.

Nombre ________________________________

Kai hace un informe acerca de bodas. **Mira** las ilustraciones. **Responde** cada una de las preguntas de abajo.

abuelo de Kai **bibliotecaria** **florero**

1. ¿A quién podría entrevistar Kai si ella quiere averiguar qué flores son populares en las bodas?

____

2. Kai quiere saber sobre las bodas en diferentes países. ¿Quién podría ayudarla a encontrar los libros correctos?

____

3. Kai desea saber en qué eran distintas las bodas de hace muchos años atrás. ¿A quién podría entrevistar?

____

4. ¿Qué otra pregunta podría hacerle Kai a la bibliotecaria?

____

5. ¿Qué otra pregunta podría hacerle Kai al florero?

____

Actividad para la casa Su niño o niña aprendió cómo entrevistar a personas como un recurso para obtener información. Hablen acerca de las personas a quienes se dirigen cuando necesitan información o respuestas. Pida a su niño o niña que escriba dos preguntas para hacerlas a alguien de su familia o comunidad.

Nombre ______________________________

Palabras con *y, ll*

Lee la nota del diario. **Busca** tres palabras mal escritas y enciérralas en un círculo. **Escribe** bien las palabras, así como la última oración.

Palabras de ortografía	
yate	llamada
llegó	ella
llave	yoyo
llover	yuca
llorar	payaso
rayo	apoyo

El domingo pasado salimos de paseo en el llate de mi tío Raúl. Aunque el cielo estaba nublado, él no creía que iba a yober. ¡Qué equivocado estaba! El viento comenzó a soplar con fuerza y comenzó a caer un chaparrón. Los niños estábamos asustados, así que mi tío tuvo que pedir auxilio. La guardia costera llegó rápido y nos llevaron a la horilla. ¡Qué malo lo pasamos!

Palabras de ortografía difícil
canalla
yoga
orilla

1. ____________ 2. ____________ 3. ____________

4. ______________________________

Rellena el círculo de la palabra que está bien escrita. **Escríbela.**

5. ○ lorar ○ llorar ○ yorar ____________

6. ○ pallaso ○ payazo ○ payaso ____________

7. ○ ella ○ eya ○ hella ____________

8. ○ yuca ○ yuka ○ lluca ____________

Actividad para la casa Su niño o niña está aprendiendo a identificar palabras mal escritas con *y, ll*. Pídale que piense y escriba otras palabras con *y, ll*.

Nombre ______________________

Escoge la palabra que corresponda a cada una de las pistas.
Escribe la palabra en la línea.

encontrar esperar trabajo playa verdad floja

1. cierto, que sucedió

2. esfuerzo o actividad

3. hallar algo

4. orilla del mar con arena a su alrededor

5. sin fortaleza, débil

6. creer que algo va a suceder

Encierra en un círculo la palabra que complete cada oración.
Escribe la palabra en la línea.

tomo claro

7. —¡ ______________ que puedo atrapar insectos! —le dijo la araña a la tortuga.

durante ventana

8. Los murciélagos salen de sus refugios ______________ el atardecer y la noche.

Actividad para la casa Su niño o niña completó oraciones y emparejó las pistas dadas con las palabras de uso frecuente de esta semana. Ayúdele a añadir estas palabras a un archivo de vocabulario, proporcionándole papel o tarjetas de fichero para que escriba las palabras y sus definiciones. Anímelo a ilustrar alguna de las palabras.

Nombre ______________________________

Verbos en pasado, presente y futuro

Marca el tiempo correcto del verbo.

1 La tortuga engañó a la araña.
- presente
- pasado
- futuro

2 Mañana la araña trabajará.
- presente
- pasado
- futuro

3 La tortuga descansa al sol.
- presente
- pasado
- futuro

4 La araña teje una telaraña.
- presente
- pasado
- futuro

5 La tortuga comerá el pescado luego.
- presente
- pasado
- futuro

Actividad para la casa Su niño o niña se preparó para tomar un examen de los verbos en presente, pasado y futuro. Escriba los verbos siguientes: *caminar, hablar, saltar, trepar*. Pídale que los use para formar oraciones que hablen del presente, del pasado y del futuro.

Nombre ______________________________

Escoge el diptongo que complete cada palabra.
Escribe el diptongo en la línea.

ia ie io iu ua ue eu au

1. 

t______nda

2. 

______to

3. 

c______dad

4. 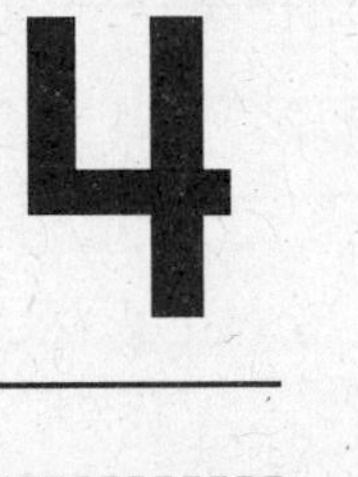

c______tro

5. 

med______día

6. 

anc______na

Divide en sílabas las palabras. **Escríbelas.**

7. 

8. 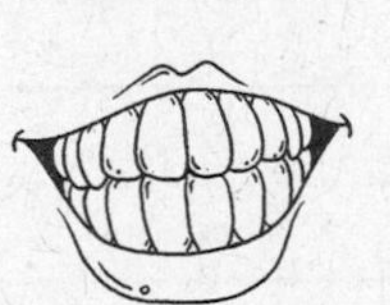

9. 

Escuela + Hogar **Actividad para la casa** Su niño o niña completó palabras con los diptongos *ia, ie, io* e *iu*. Pídale que lea una parte de uno de sus cuentos favoritos, prestando atención a las palabras que contengan los diptongos *ia, ie, io* o *iu*. Luego, pídale que escriba estas palabras en tarjetas de fichero y que las divida en sílabas.

Nombre ______________________

Escoge la palabra del recuadro que corresponda con cada pista. **Escribe** la palabra en la línea.

comprar	ciudad	puerta
nadie	siguiente	alimentar

1. lugar con muchos edificios

____

2. dar de comer a una persona o animal

____

3. obtener algo con dinero

____

4. ninguna persona

____

Escribe oraciones en las líneas de abajo con cada una de las palabras del recuadro que no usaste anteriormente.

5. ____

6. ____

Actividad para la casa Su niño o niña aprendió a leer las palabras *alimentar, ciudad, comprar, nadie, puerta* y *siguiente*. Pídale que haga un cartel con cada una de las palabras de uso frecuente. Luego, anímelo a practicar cada una de las palabras leyéndolas en voz alta.

Nombre ______________________________

Lee el cuento.
Sigue las instrucciones.

Pobre Sadie

Juan se preguntó por qué su perra Sadie ladraba. Él buscó a Sadie en el patio. ¡Oh no, Sadie le ladraba a un zorrillo! El zorrillo se asustó y roció a Sadie. ¡Al principio Sadie aulló! Luego rodó por la hierba y trató de quitarse la rociada. Juan tuvo que bañar a Sadie porque olía horrible. Luego de su baño, Sadie estaba feliz y movía la cola.

1. ¿Qué le ocurrió a la perra en el cuento que puede ocurrir en la vida real?

____

2. Escribe los números **1, 2, 3** para mostrar el orden correcto de los sucesos del cuento.

_______ Sadie rodó por la hierba.

_______ Sadie aulló.

_______ Sadie movió la cola.

Actividad para la casa Su niño o niña leyó un cuento que es una ficción realista. Vuelvan a leer juntos el cuento e identifiquen el orden de los acontecimientos (secuencia). Comenten las cosas que hizo Sadie que hacen la mayoría de los perros en la vida real.

Nombre ________________________________

Sorpresa con semillas

Instrucciones para la escritura: Escribe un cuento de ficción realista sobre alguien que recibe una sorpresa linda.

Abuela fue a pie a casa de Anna. Ella dio a Anna unas semillas achatadas.

—¿Qué planta es ésta? —dijo Anna.

Abuela sonrió. —Puedes sembrarla y ya verás.

Y eso fue lo que hizo Anna. Pronto estaba regando unas plantas pequeñitas. Las plantas se volvieron primero unos tallos largos como enredaderas con hojas vellosas. Luego Anna vio unas bolas verdes que crecían en los tallos.

Ahora Anna recibió su sorpresa. ¡Está recogiendo unas calabazas enormes!

Nombre ____________________

Diptongos con *ia, ie, io, iu, ua, ue, eu, au*

Palabras de ortografía					
tienda	suave	viernes	tuvieron	haciendo	adiós
anciana	ciudad	bueno	auto	cuento	cuatro

Completa cada oración con una palabra de ortografía.

1. La ____ es muy grande. ____________________
2. Vamos de compras a mi ____ preferida. ____________________
3. Mis padres compraron un ____. ____________________
4. El pelaje de mi gato es muy ____. ____________________
5. Tengo ____ años. ____________________
6. Estoy ____ la tarea. ____________________

Divide en sílabas estas palabras. **Escríbelas.**

7. suave ____________________
8. tuvieron ____________________
9. anciana ____________________

Actividad para la casa Su niño o niña está escribiendo palabras con diptongos: *ia, ie, io, iu, ua, ue, eu, au.* Dele palabras que tengan diptongos y pídale que las divida en sílabas y las escriba.

Nombre ______________________

Mira las palabras en inglés y sus significados en el recuadro.
Escoge la palabra correcta y completa cada oración.

Palabra	Significado
hot peppers	chiles
wow!	¡vaya!
friends	amigos
thanks	gracias
please	por favor
here	aquí

1. No camines sobre el pasto, ______________.

2. Yo fui al parque con mis ______________.

3. Estos ______________ son muy picantes para comer.

4. ______________ Es maravilloso verte de nuevo.

5. ______________ por dejarme montar tu nueva bicicleta.

6. Ven ______________ un minuto.

Actividad para la casa Su niño o niña está aprendiendo palabras de otro idioma. Pídale que haga sus propias oraciones usando algunas palabras en inglés en lugar de palabras en español.

Nombre ______________________________

Más sobre los verbos

No te olvides de usar bien el verbo para mostrar si algo pasa ahora, si ya pasó o si va a pasar.

Hoy Blanca **llena** una canasta. (ahora)
Ayer Blanca **llenó** una canasta. (en el pasado)
Mañana Blanca **llenará** una canasta. (en el futuro)

Elige el verbo entre ( ) correcto. **Escríbelo** en la raya.

1. La semana pasada, Carmen (planta, plantó) un huerto.

____

2. Ayer los pájaros se (comen, comieron) las semillas.

____

3. Ahora mismo Carmen (va, fue) a la tienda.

____

4. Pronto (compra, comprará) un espantapájaros.

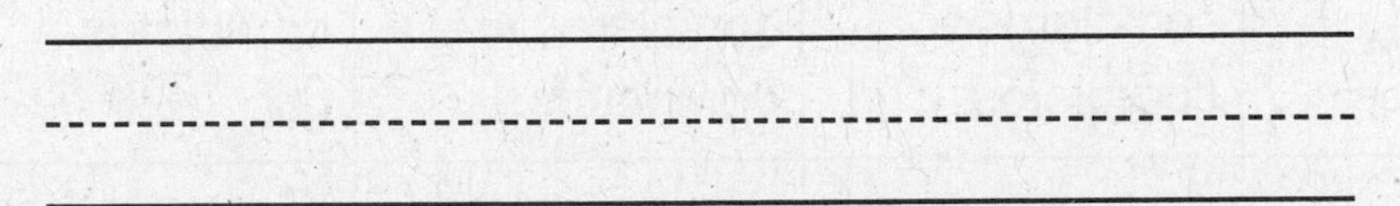

Di otras oraciones con los verbos que escribiste.

Escuela + Hogar **Actividad para la casa** Su niño o niña estudió los verbos en presente, pasado y futuro. Lean juntos un cuento. Pídale que se fije en algunos de los verbos y le diga si se refieren al presente, al pasado o al futuro.

Nombre ______________________________

Guía para calificar: Ficción realista

	4	3	2	1
Enfoque/ Ideas	Muchos detalles de los personajes, el ambiente y los sucesos los hacen parecer reales.	Algunos detalles de los personajes, el ambiente y los sucesos los hacen parecer reales.	Algunos detalles de los personajes, el ambiente o los sucesos los hacen parecer reales.	Los personajes y los sucesos no parecen reales.
Organización	El cuento tiene un principio, medio y final bien definidos.	El cuento tiene un principio, medio y final más o menos definidos.	Algunos de los sucesos del cuento están fuera de orden.	Los sucesos no tienen ningún orden.
Voz	El escritor o escritora muestra interés en contar todo el cuento a los lectores.	El escritor o escritora muestra interés en contar la mayor parte del cuento a los lectores.	El escritor o escritora muestra interés en contar una parte del cuento a los lectores.	El escritor no muestra ningún interés en narrar el cuento.
Lenguaje	En el cuento hay muchas palabras precisas y descriptivas.	En el cuento hay algunas palabras precisas y descriptivas.	En el cuento hay algunas palabras precisas o descriptivas.	Las palabras son opacas.
Oraciones	Las oraciones son claras y completas.	La mayoría de las oraciones son claras y completas.	Algunas oraciones son claras y completas.	Pocas oraciones son claras y completas.
Normas	Todos los verbos corresponden al tiempo en que suceden las acciones.	La mayoría de los verbos corresponden al tiempo en que suceden las acciones.	Varios verbos corresponden al tiempo en que suceden las acciones.	Pocos verbos corresponden al tiempo en que suceden las acciones.

Escuela + Hogar

Actividad para la casa Su niño o niña está aprendiendo a escribir un cuento de ficción realista. Pídale que describa los personajes, el ambiente y los sucesos del cuento que está escribiendo. La escritura de su niño o niña se evaluará a partir de esta guía para calificar de cuatro puntos.

Nombre ______________________

Mira el índice de un libro.
Sigue las instrucciones.

Índice

1. **Encierra en un círculo** las palabras que expresen cómo están ordenados los temas de este índice.

   orden alfabético   orden numérico

2. ¿En qué página aparece información sobre el maíz? ________

3. ¿De qué tipos de chiles habla el libro?

____

4. ¿En qué páginas puedes encontrar información sobre frijoles?

____

5. ¿Puedes encontrar información sobre frutas en este libro? Explica tu respuesta.

____

____

Actividad para la casa Su niño o niña aprendió cómo usar el índice de la parte de atrás de un libro. Miren juntos un libro informativo con índice. Pida a su niño o niña que identifique el título y el autor en la cubierta del libro. Por turnos, usen el índice para identificar algunos temas específicos del libro.

Nombre ____________________

Diptongos *ia, ie, io, iu, ua, ue, eu, au*

Escribe la palabra que completa la oración.
Combina las sílabas para formar la palabra.

Palabras de ortografía	
tienda	suave
viernes	tuvieron
haciendo	adiós
anciana	ciudad
bueno	auto
cuento	cuatro

Palabras de ortografía difícil
mensual
siguiente
medianoche

1. Vivimos en una ____________________ grande. (ciu-dad)
2. Después del jueves viene el ____________________. (vier-nes)
3. La seda es muy ____________________. (sua-ve)

Divide las siguientes palabras en sílabas. **Cuenta** las sílabas.

4. cuento ____________________
5. anciana ____________________
6. mensual ____________________
7. tuvieron ____________________

Actividad para la casa Su niño o niña está aprendiendo a identificar palabras con diptongos: *ia, ie, io, iu, ua, ue, eu, au.* Pídale que encuentre y escriba otras palabras con estos diptongos.

Nombre ______________________

Escoge la palabra del recuadro que complete cada oración.

ciudad	nadie	alimentar	afortunada
puerta	comprar	siguiente	

1. La abuela Tita es muy ______________________.

2. ______________________ es tan trabajador como su nieto.

3. El martes, la abuela llamó a su nieto porque la cerradura de una ______________________ estaba rota.

4. Al día ______________________, su nieto la había arreglado.

5. Cuando la abuela sale a ______________________, su nieto viene de la ______________________ y va con ella.

6. Tita siempre quiere ______________________ a su nieto, por eso todos los domingos prepara tortillas con chiles asados.

Actividad para la casa Su niño o niña completó oraciones usando palabras de uso frecuente y palabras de la lectura que aprendió esta semana. Escriban juntos una carta a un miembro de la familia e invítenlo a cenar el fin de semana. Anime a su niño o niña a usar las palabras de uso frecuente y las palabras de vocabulario.

Nombre ___________________________

Más sobre los verbos

Marca el verbo que va en cada oración.

1 Ayer Rosa __________ tomates.
- ⬭ recoge
- ⬭ recogió
- ⬭ recogerá

2 Ahora Blanca __________ una canasta.
- ⬭ llena
- ⬭ llenará
- ⬭ llenó

3 Mañana Rosa __________ su jardín.
- ⬭ mira
- ⬭ miró
- ⬭ mirará

4 Ahora Blanca __________ a su casa.
- ⬭ regresó
- ⬭ regresa
- ⬭ regresará

5 Anoche Rosa __________ a la puerta.
- ⬭ llama
- ⬭ llamará
- ⬭ llamó

Actividad para la casa Su niño o niña se preparó para examinarse sobre el presente, el pasado y el futuro de los verbos. Pídale que le describa cosas que hizo en el pasado, que hace cada día, y que hará en el futuro, usando verbos para el presente, el pasado y el futuro.

Nombre ______________________________

Escoge uno de los prefijos del recuadro para completar cada palabra.
Escribe el prefijo en la línea.

coautor   **com**partir   **extra**terrestre

extra-	*com-*	*co-*

1. ____________ laboración
2. ____________ oficial
3. ____________ ordinario
4. ____________ partir
5. ____________ patriota
6. ____________ heredero
7. ____________ habitar
8. ____________ terrestre

Escuela + Hogar **Actividad para la casa** Su niño o niña aprendió a escribir palabras con los prefijos *co-*, *com-* y *extra-*. Pídale que use el diccionario para encontrar otras palabras con estos prefijos. Anímelo a leer en voz alta las palabras que encuentre y a usarlas en oraciones.

Nombre ______________________________

Escoge la palabra del recuadro que complete cada oración.
Escribe la palabra en la línea.

vida	ropa	estudiar
plantas	tierra	lluvia

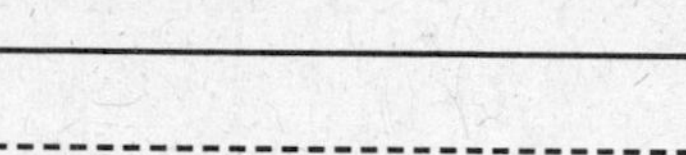

1. Me gustan mucho las ________________ y los jardines.

2. Cuando llegue de la escuela, me cambiaré de ________________ para trabajar en mi jardín.

3. Sembraré margaritas y claveles en la ________________ del patio de mi casa.

4. Si llueve, estaré contenta. La ________________ y el sol ayudan a que mis plantas crezcan.

5. Siempre estoy leyendo sobre la ________________ de las plantas.

6. Cuando sea grande, voy a ________________ agricultura.

Actividad para la casa Su niño o niña aprendió a leer las palabras *estudiar, lluvia, plantas, ropa, tierra* y *vida*. Ayúdelo a escribir un cuento sobre su vecindario usando estas palabras.

Nombre ______________________________

Lee el cuento.
Encierra en un círculo o **escribe** la respuesta a cada pregunta.

Mary Anderson

Mary Anderson fue la inventora de los primeros limpiaparabrisas para carros. En los años 1880 Mary visitó la ciudad de Nueva York y dio un paseo en un tranvía durante un tiempo tormentoso. Mary se dio cuenta que el conductor tenía que salir del tranvía para limpiar su ventana. Eso debe haber enojado al conductor. A Mary le dio la idea para su invento. Diseñó unos limpiaparabrisas que el conductor pudiera controlar desde dentro de un carro. Mary Anderson obtuvo los derechos de su invento en 1905.

1. ¿Cómo sabes que este cuento es de no ficción?

   El cuento es acerca de una persona real.

   El cuento es acerca de un tema interesante.

2. ¿Qué hecho te dice que Mary Anderson realmente inventó los limpiaparabrisas para carros?

____

3. ¿Qué oración en el cuento es una opinión?

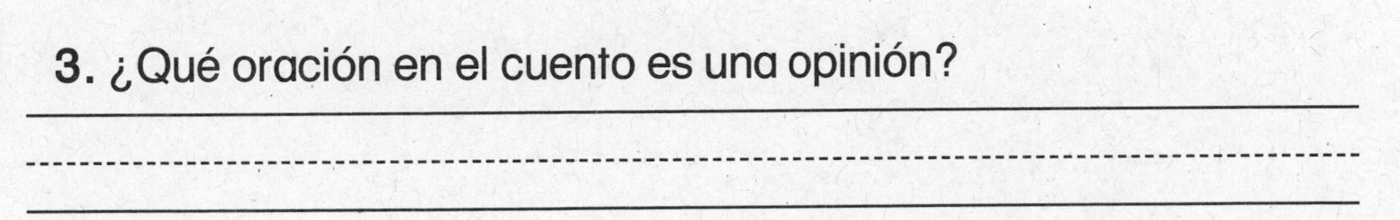

Actividad para la casa Su niño o niña leyó una biografía y respondió preguntas acerca de ella. Vuelvan a leer juntos la historia y haga a su niño o niña que encierre en un círculo las fechas y los lugares reales que hablan de la vida de Mary Anderson. Pídale que dé su opinión acerca de Mary Anderson.

Nombre ______________________________

Reseña de *Anansi se va de pesca*

Yo pienso que la tortuga era el personaje más interesante en este cuento tan bueno. La tortuga sabía que Anansi iba a tratar de engañarla. Ella se mantuvo simpática en lugar de ponerse de mal humor. La tortuga era muy inteligente. Ella hizo que Anansi pensara que trabajar era una buena idea. Luego, la tortuga fue graciosa cuando se puso a descansar. Estoy seguro de que a muchas personas les gustarán la tortuga y el cuento tanto como a mí.

Aspectos principales de una reseña

- explica lo que te gustó o no te gustó de una selección
- expresa tu opinión sobre lo que leíste

Nombre ______________________

Prefijos *co-*, *com-*, *extra-*

Palabras de ortografía					
colaborar	cooperar	compatriota	coautor	compartir	comunión
copiloto	extrafino	extraordinario	extraviar	extraplano	extraescolares

Completa cada oración con una palabra de ortografía.

1. El ____ aterrizó el avión. ______________
2. Manuel es un pianista ____. ______________
3. Vamos a ____ el almuerzo. ______________
4. Participo en actividades ____. ______________
5. Marcos es ____ de la novela. ______________
6. Si traigo el libro, se va a ____. ______________

Pistas de palabras Encuentra dos palabras de ortografía que respondan las pistas. **Escríbelas.**

Comienzan con el prefijo *co-* y terminan en *r*.

7. ______________ 8. ______________

Comienzan con el prefijo *extra-* y terminan en *r*.

9. ______________ 10. ______________

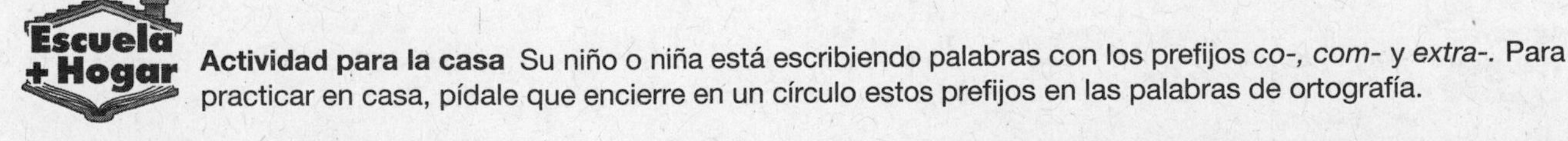

Actividad para la casa Su niño o niña está escribiendo palabras con los prefijos *co-*, *com-* y *extra-*. Para practicar en casa, pídale que encierre en un círculo estos prefijos en las palabras de ortografía.

Nombre ______________________

Vuelve a escribir cada oración. **Cambia** cada palabra subrayada por un sinónimo del recuadro.

grande	llena	inteligente
necio	parecidas	rompió

1. El cartero dejó en la puerta de la casa una caja inmensa.

____

2. Las gemelas son similares.

____

3. El payaso se cayó del trapecio. Es un payaso muy tonto.

____

4. Mi tío hace interesantes muchos cuentos infantiles. Es muy ingenioso.

____

5. La taza estaba repleta de café.

____

6. El búcaro cayó al suelo y se quebró.

____

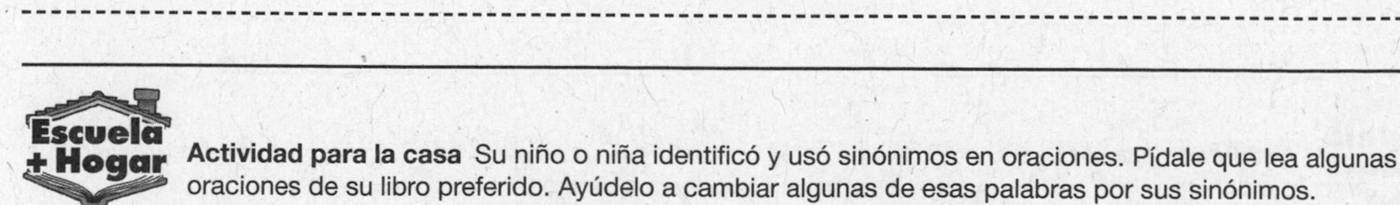

Escuela + Hogar **Actividad para la casa** Su niño o niña identificó y usó sinónimos en oraciones. Pídale que lea algunas oraciones de su libro preferido. Ayúdelo a cambiar algunas de esas palabras por sus sinónimos.

Nombre ______________________________

Los verbos copulativos *ser* y *estar*

Hay verbos que no son de acción. Se llaman **verbos copulativos**.
El verbo *ser* dice cómo son las personas, los animales y las cosas.
El verbo *estar* dice dónde están o cómo se sienten.

Ser
Juan **es** maestro.
Es alto.

Estar
Juan **está** frente al pizarrón.
Juan **está** contento.

Subraya los verbos copulativos.

1. El Dr. Carver es un verdadero héroe.

2. George fue un bebé pequeño y débil.

3. A los diez años dejó la granja.

4. Las puertas están abiertas.

Di otras oraciones con los verbos *ser* y *estar*.

Actividad para la casa Su niño o niña estudió los verbos copulativos. Lean juntos un cuento. Pídale que busque verbos copulativos y que lea en voz alta las oraciones en las que aparecen.

Nombre ______________________________

Reseña de Una mala hierba es una flor

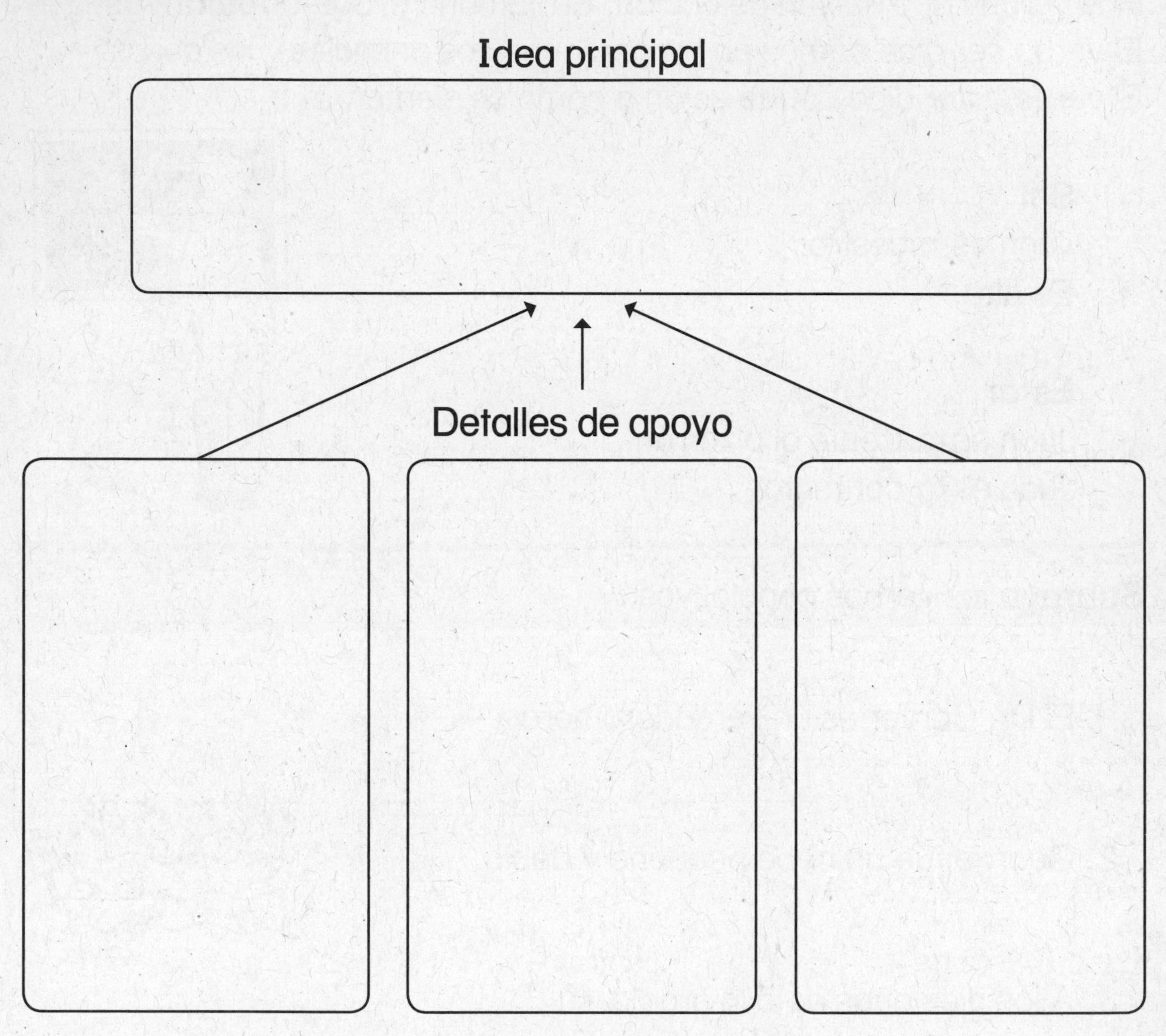

Escuela + Hogar **Actividad para la casa** Su niño o niña está aprendiendo a escribir cuentos, poemas, informes breves, párrafos de no ficción, cartas y otros géneros este año. Pídale que subraye el tema sobre el cual está escribiendo esta semana.

Nombre ______________________

Vas a presentar una interpretación dramática en que se responde a la Pregunta de la semana, *¿Cuál es el origen de las ideas creativas?* Sigue los siguientes pasos para ayudar a tu plan de interpretación dramática.

Paso 1 ¿Qué aprendiste que te interesó más acerca del origen de las ideas creativas? Escribe la información que más te gustaría compartir con la clase. Crea un grupo con otros 3 ó 4 ninõs a quienes les gustaría compartir la misma información.

Quiero que la clase sepa ______________________

Paso 2 Como grupo, creen una situación para mostrar qué piensan que es lo más importante acerca del origen de las ideas creativas. ¿Dónde ocurre la situación? ¿Qué personas o personajes participan? ¿Cuál es el problema? ¿Qué hacen los personajes?

El ambiente es ______________________

Los personajes son ______________________

El problema es ______________________

Las acciones de los personajes son ______________________

Paso 3 Escoge un personaje. Piensa acerca de lo que él o ella pueden decir en la situación que creó tu grupo.

Mi personaje es ______________________

Mi personaje dice, "______________________"

Paso 4 Presenta la situación a la clase.

Actividad para la casa Su niño o niña aprendió a planear una interpretación dramática. Juntos escojan una pregunta y preparen una interpretación dramática que la responda.

Nombre ______________________________

Prefijos: *co-, com-, extra-*

Lee el aviso. **Busca** tres palabras mal escritas y enciérralas en un círculo. **Escribe** las palabras correctamente.

Palabras de ortografía

colaborar	cooperar
coautor	compatriota
compartir	comunión
copiloto	extraplano
extrafino	extraordinario
extraviar	extraescolares

Palabras con ortografía difícil

- extraterrestre
- extraoficial
- coexistir

Estudiante de segundo grado:
¿Quieres hacer una actividad estraescolar diferente?
Ayúdanos a montar la obra de teatro *¡Un paseo estraordinario*!
que presentará el Club de Padres de la escuela, en el hogar
de ancianos. Tu claboración es importante.
Atentamente,
Sra. Ruiz
Codirectora de la obra de teatro

1. ____________________ 2. ____________________

3. ____________________

Rellena el círculo de la palabra que está bien escrita. **Escríbela.**

4. ○ estraterrestre ○ extraterrestre 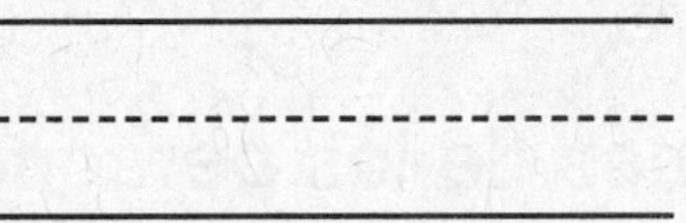

5. ○ extrafino ○ estrafino 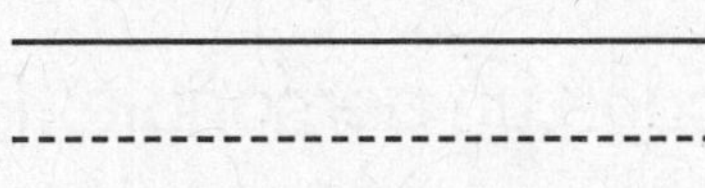

6. ○ co-piloto ○ copiloto 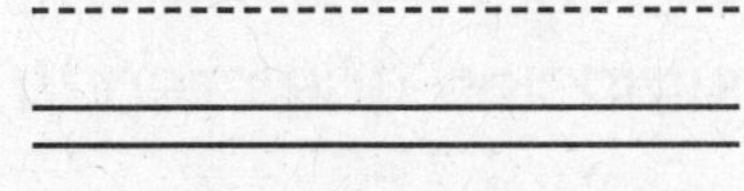

7. ○ compatriota ○ conpatriota 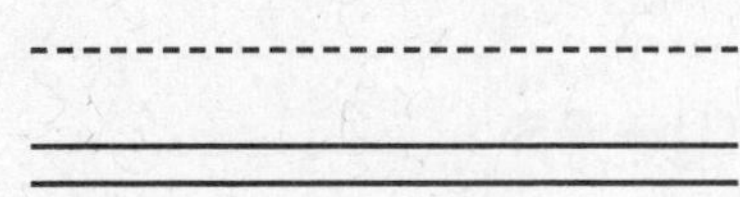

Actividad para la casa Su niño o niña está escribiendo palabras con los prefijos *co-, com-* y *extra-*. Pídale que escriba un aviso usando algunas de estas palabras.

Nombre ______________________________

Escoge la palabra del recuadro que corresponda con cada pista.
Escribe la palabra en la línea.

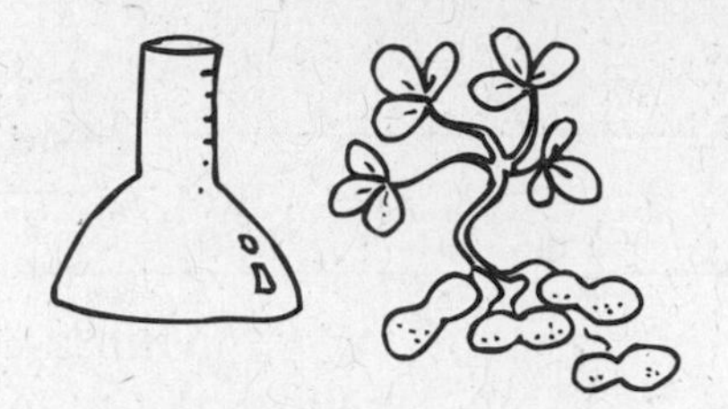

tierra agricultura ropa esconder estudiar lluvia

1. ocultar
2. terreno donde sembramos
3. agua que cae de las nubes
4. pantalones y camisas
5. ir a la escuela a aprender
6. cultivar la tierra

Escribe una oración con las siguientes palabras.

7. vida

8. plantas

Actividad para la casa Su niño o niña hizo corresponder las palabras de uso frecuente y las palabras de la lectura con las pistas dadas. Ayúdelo a agregar estas palabras al archivo de vocabulario. Pídale que escriba las palabras en papelitos o en tarjetas de fichero para incluir la palabra, su definición y una ilustración si es apropiado.

Nombre ______________________________

Los verbos copulativos *ser* y *estar*

Marca el verbo que va en cada oración.

1 Carver __________ un gran hombre.

- ⬭ estuvo
- ⬭ fue
- ⬭ está

2 Los cacahuates __________ muy valiosos.

- ⬭ son
- ⬭ están
- ⬭ es

3 Los inventores __________ muy ocupados.

- ⬭ son
- ⬭ está
- ⬭ están

4 Yo __________ un inventor.

- ⬭ estoy
- ⬭ soy
- ⬭ somos

5 Este invento __________ bien hecho.

- ⬭ es
- ⬭ somos
- ⬭ está

Actividad para la casa Su niño o niña se preparó para examinarse sobre los verbos copulativos. Escriba algunas formas de *ser* y *estar* en un papel, como *soy*, *estamos* o *son*. Lean un artículo de una revista o de un periódico y pídale que busque esas formas verbales.

Nombre ______________________________

ventana **vela** **batido** **vaso** **besos**

Escoge una palabra que vaya con cada clave.
Encierra en un círculo la palabra.

1. Es un recipiente para servir líquidos.
   plato vaso

2. Se usa para alumbrar.
   vela voto

3. Muestra de cariño por los demás.
   beso bajar

4. Abertura en la pared por donde entra luz y aire.
   vacuna ventana

5. Bebida de frutas o leche.
   batido bodega

Lee la historia.

Betty se despidió de su mamá con un beso. Betty iba de visita a la casa de Valentina. Su amiga vivía en la casa de al lado. Desde la ventana podía ver el patio. ¡Sólo tenía que bajar tres escalones y ahí estaba! Para merendar tomaron galletas con un enorme vaso de batido de chocolate. La próxima vez Valentina será la invitada de Betty.

Actividad para la casa Su niño o niña está aprendiendo palabras con *b* y *v* como en *besos, vaso* y *ventana*. Juntos busquen objetos en la casa que tengan las letras *b* y *v*. Luego, ayude a su niño o niña a escribir las palabras en dos listas según su ortografía.

Nombre ______________________________

Palabras con *b, v*

Escribe la palabra de ortografía que signifique lo mismo que la frase o que la complete.

Palabras de ortografía
batido
sabía
ventana
vivía
vela
voto
vaso
besos
vestido
cantaba
vamos
bajar

1. ropa, prenda ______________
2. te mando muchos ______________
3. lo hacía muy bonito ______________
4. si no nos quedamos, nos ______________
5. tipo de bebida ______________
6. lo opuesto de *subir* ______________
7. es un tipo de vasija ______________

Completa las oraciones con una palabra de ortografía.

8. Sabrina cerró la ______________.
9. Tenemos que ______________ las escaleras.
10. ¡______________ a bailar!
11. El ______________ se rompió.
12. La ______________ se apagó.

Actividad para la casa Su niño o niña está aprendiendo a escribir palabras con *b* y *v*. Pídale que mire una palabra de ortografía y luego la escriba.

Nombre ______________________________

Escoge la palabra del recuadro que corresponda con cada pista.
Escribe las letras de las palabras en las casillas.
Lee las letras de las casillas grises para hallar la palabra escondida.

montaña alegres pueblo contar
cantar boca fueron

1. villa, región pequeña donde vive la gente

2. elevación muy alta del terreno

3. llenos de alegría

4. hacer sonidos melodiosos con la voz

5. es donde están los dientes y se usa para comer y para hablar

6. ir de un lugar a otro

7. narrar, relatar

Palabra escondida:

____

Actividad para la casa Su niño o niña resolvió un rompecabezas emparejando las pistas con las palabras estudiadas en esta unidad. Escriba cada palabra en tarjetas de fichero. Luego, pida a su niño o niña que escoja una tarjeta, que lea la palabra en voz alta y por último que la use en una oración.

Nombre ______________________________

Lee el cuento.
Responde las preguntas.

Janet Stevens

Janet Stevens es una ilustradora y autora de varios libros y cuentos para niños, incluyendo versiones nuevas de cuentos clásicos como *Los músicos de Bremen.* También ilustró el personaje de la araña Anansi en *Anansi se va de pesca.*

Janet Stevens nació en Dallas, Texas, pero de niña vivió en muchos lugares tales como Virginia y Hawai. Su padre era oficial en la Marina de Estados Unidos. Janet no tenía un talento específico y no leía muy rápido; sus hermanos sacaban mejores calificaciones que ella en la escuela. No tenía amigos íntimos porque la familia se mudaba con mucha frecuencia. Janet se sentía como si no perteneciera a ningún lugar.

Sin embargo, a Janet le gustaba dibujar. Era algo que podía hacer sola. De joven, empezó a hacer retratos de mascotas, dibujándolas vestidas de ropa graciosa. Después, en Nueva York, le dieron la oportunidad de ser ilustradora de libros infantiles. En poco tiempo comenzó a añadir diálogos a sus dibujos. De allí empezó a escribir más que dibujar. Ha colaborado con su hermana para producir varios libros ilustrados sobre animales. Le encanta crear personajes animales que son graciosos y amables.

Su creatividad surgió de la oportunidad que le dieron las personas para dibujar y pintar. Janet anima a los niños diciéndoles que dibujen o escriban sobre sus cosas favoritas. Dice también que si tienen dificultades para leer, que hagan lo que hacía ella de niña: para entender mejor los libros que leía, le ayudaba el formar

Actividad para la casa Su niño o niña comentó el propósito que tenía el autor para escribir biografías. Pídale que lea otro cuento en voz alta y hágale las mismas preguntas sobre ese cuento.

Nombre ______________________________

imágenes en la mente, o representar a los personajes como en una obra de teatro; o crear un final diferente para un cuento.

Janet dice que para volver a apreciar un libro preferido, los niños pueden leer ese libro a un hermanito o hermanita, o a un vecino más joven; ¡es divertido compartir las cosas que a uno le gusten!

1. ¿Cómo sabes que este relato es una biografía?

____

____

2. ¿Cuál fue el propósito principal del autor?

____

____

3. ¿Qué pregunta te hiciste cuando leíste que Janet no tenía un talento específico?

____

____

Nombre ______________________

Verbos

Subraya el verbo de cada oración.

1. Los niños salen al patio.
2. Algunos juegan con la pelota.
3. Otros inventan historias.

Escribe el verbo de cada oración.

4. Pedro lee un libro. ______________________
5. Alicia nos cuenta aventuras. ______________________
6. Nosotros la escuchamos. ______________________
7. Yo escribo poemas. ______________________

Nombre ______________________

Día 1 Unidad 3 Semana 1 **Me llamo Gabriela**

Copia las oraciones. Asegúrate que usas el espacio correcto entre una letra y otra.

Zulema vió un osezno en el zoológico.

Xavier va a la excursión.

Día 2 Unidad 3 Semana 2 **Querido Juno**

Copia los números y luego la oración. Asegúrate que escribes los números correctamente.

1 2 3 4 5 6 7 8 9 10

El número de Antonio es el 890-1743.

Actividad para la casa Su niño o niña está practicando cómo escribir las letras *Zz*, *Xx* y *Cc*, así como los números 1, 2, 3, 4, 5, 6, 7, 8, 9, 10. Pídale que complete la siguiente oración: Mi número de teléfono es ______________.

Nombre ____________________________

Día 3 Unidad 3 Semana 3 — Anansi va de pesca

Copia las letras. Asegúrate de formar las letras de manera correcta.

l ll h k t u e

Día 4 Unidad 3 Semana 4 — Rosa y Blanca

Copia las letras. Asegúrate de formar las letras de manera correcta.

a d c ch n ñ m x

Día 5 Unidad 3 Semana 5 — Una mala hierba

Copia las letras. Asegúrate de formar las letras de manera correcta.

o w b v z s r rr f

Escuela + Hogar

Actividad para la casa Su niño o niña está practicando cómo escribir las letras *l, ll, h, k, t, u, e, a, d, c, ch, n, ñ, m, x, o, w, b, v, z, s, r, rr, f.* Pídale que encierre en un círculo cualquiera de estas letras que encuentre.

Nombre ______________________

Di la palabra para cada dibujo. **Escribe** la letra o letras del recuadro para completar cada palabra.

r rr

1. 

lo ______ o

2. 

pe ______ o

3. 

______ osa

4. 

bu ______ o

5. 

ca ______ o

6. 

______ atón

Lee la historia.

A Ramón le gustan mucho los animales. Tiene un ratón blanco que le regaló su padrino. Tiene un perro sabueso que le dio su tío David. Tiene un loro hablantín que le dio su hermana. En el rancho, tiene un burro que le dio su abuelo. Lo malo es que sólo puede ver a su burrito cuando alguien lo lleva en carro hasta el rancho. Ramón quiere ser veterinario cuando crezca.

Actividad para la casa Su niño o niña está aprendiendo a identificar palabras con *r* y *rr*. Escriban otras palabras con estas letras y ayude a su niño o niña a escribirlas en dos listas según su ortografía. Luego, pídale que use tres de las palabras para escribir una oración.

Nombre ______________________

Palabras con *r, rr*

Escribe la palabra de ortografía que signifique lo mismo que la frase o que la complete.

Palabras de ortografía
pero
perro
cara
carro
roja
arriba
rosa
burro
loro
ratón
risa
pareja

1. dos, par ______________
2. ladra mucho ______________
3. lo opuesto de abajo ______________
4. es un ave ______________
5. auto, coche ______________
6. una fresa es ______________
7. mano, nariz ______________

Completa las oraciones con una palabra de ortografía.

8. Abajo es lo contrario de ______________.

9. El ______________ es más lento que el caballo.

10. La ______________ tiene espinas.

Actividad para la casa Su niño o niña está escribiendo palabras con *r* y *rr.* Dele pistas de una palabra de ortografía. Pídale que la adivine y la escriba.

Nombre ______________________

Escoge la palabra del recuadro que responda cada pregunta.
Escribe la palabra en la línea.

lejos	abuela	carta
jardín	fresco	globos

1. ¿Dónde está la luna? ______________________

2. ¿Quién es la madre de tu padre? ______________________

3. ¿Qué envías por correo? ______________________

4. ¿Dónde siembras flores? ______________________

5. ¿Cómo se siente el aire frío en la cara? ______________________

6. ¿Con qué decoras una fiesta de cumpleaños? ______________________

Escuela + Hogar

Actividad para la casa Su niño o niña usó palabras de uso frecuente estudiadas en esta unidad para responder preguntas. Anímele a escribir una carta a un miembro de la familia usando tantas de esas palabras como le sea posible.

Nombre ______________________________

Lee el cuento. **Responde** las preguntas.

Detrás de cada dibujo hay una historia

Hoy es el primer día de escuela de María en Estados Unidos. María y sus padres son de México. María habla muy poco inglés, por eso tiene miedo de hablar y de que nadie la entienda.

—Quiero que todos le den la bienvenida a María a nuestra clase —dijo la maestra.

—Bienvenida —dijo la clase.

La maestra comenzó la lección sobre la suma de números. Fue fácil para María seguir la lección y entender lo que la maestra estaba diciendo. En su escuela anterior, sabía mucho de matemáticas. Ahora, sabe decir los números en inglés, pero tiene problemas con las oraciones.

Más tarde, la maestra escribió algunas palabras en el pizarrón que María no conocía.

—Repite estas palabras conmigo —dijo la maestra.

—*Chair, table, plate, cup, fork, knife* —dijo lentamente.

María siguió lo que la clase estaba diciendo. La maestra le pidió a un niño que hiciera un dibujo en el pizarrón, junto a la palabra. Cuando María vio el dibujo, supo el significado.

—Escribe una oración con la primera palabra —dijo la maestra.

María no sabía qué hacer. Entonces, se le ocurrió una idea.

—Cathy, lee tu oración en voz alta, por favor —pidió la maestra.

—*The girl sat in the chair* —leyó Cathy.

—Muy bien —dijo la maestra.

Nombre ______________________________

María no sabía cómo responderle a la maestra. Entonces, alzó su papel: había hecho un dibujo de una silla muy bonita. En la silla, una niña estaba sentada leyendo.

—¡Qué hermoso dibujo! —dijo la maestra. Y añadió—: Vamos a escribir oraciones sobre este dibujo.

—Esta silla es preciosa —dijo la maestra, mientras la señalaba.

Luego, escribió una oración en el pizarrón. María escribió en su cuaderno cada oración que la maestra escribió.

Dibujar es la actividad favorita de María. Al día siguiente, María llevó sus dibujos a la escuela. La maestra estaba emocionada.

—Escriban un cuento sobre cada dibujo —dijo la maestra.

La clase se divirtió escribiendo sus cuentos. María estaba contenta, y aprendió inglés muy rápido con la ayuda de su maestra y de la clase.

1. ¿Por qué fue fácil para María entender la suma de números?

____

2. ¿Por qué la maestra les pidió a los niños que hicieran un dibujo para representar cada palabra?

____

3. ¿Cómo aprendió María inglés con los dibujos?

____

____

Actividad para la casa Su niño o niña sacó conclusiones para contestar las preguntas sobre un cuento. Miren juntos un libro de cuentos con ilustraciones. Pida a su niño o niña que le explique sobre qué trata el cuento, mirando solamente las ilustraciones.

Nombre ______________________________

Verbos con sustantivos en singular y en plural

Encierra en un círculo el verbo entre ( ) que va en cada oración.

1. Juno (mira, miran) los aviones.
2. Su abuela (vive, viven) cerca de Seúl.
3. Sus padres le (lee, leen) la carta.
4. Los dos (huele, huelen) la flor.

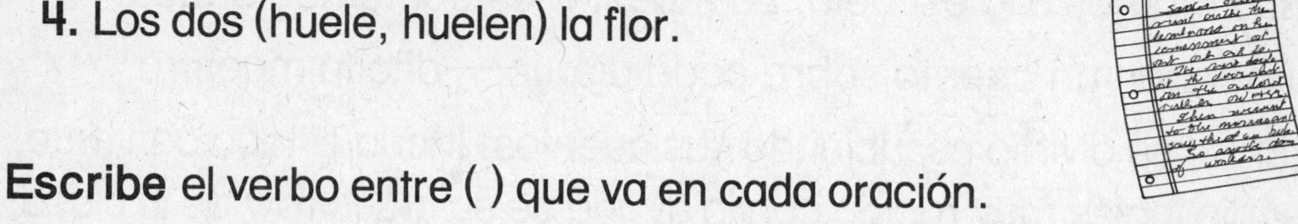

Escribe el verbo entre ( ) que va en cada oración.

5. Mi abuela (piensa, piensan) en nosotros. ____________________
6. Mis dibujos (cuenta, cuentan) cosas. ____________________
7. Nosotros (envío, enviamos) la carta. ____________________
8. Mi abuela (sonríe, sonríen) al leerla. ____________________

Nombre ______________________

Escribe *y* o *ll* para completar cada palabra.

1\.

______ ave

2\.

______ ate

3\.

______ amada

4\.

pa ______ aso

Lee la historia.

Yolis recibió una llamada. Era una invitación de su tía Silvia para viajar en yate. ¡Qué emoción! Yolis sólo conocía los barcos. Yolis preparó sus cosas y también llevó a su payaso de peluche. El día estuvo bonito hasta que empezó a llover. A lo lejos podían ver que la tormenta se acercaba. Su tía Silvia dijo que era mejor regresar al muelle.

Actividad para la casa Su niño o niña está aprendiendo a identificar palabras con *y* y *ll*, como *llave*, *yate* y *payaso*. Pida a su niño o niña que encierre en un círculo las palabras de la historia que tienen *y* o *ll* y que escriba un poema o historia usando algunas de esas palabras. Pídale que lea en voz alta su composición.

Nombre ______________________

Palabras con *y, ll*

Escribe la palabra de ortografía que signifique lo mismo que la frase o que la complete.

Palabras de ortografía
yate
llamada
llegó
ella
apoyo
llave
yoyo
llover
yuca
llorar
payaso
rayo

1. tipo de barco ______________
2. se oye el trueno, se ve el ______________
3. contrario de reír ______________
4. para abrir puertas ______________
5. juguete ______________
6. en el circo ______________
7. planta ______________

Completa las oraciones con una palabra de ortografía.

8. Es una ______________ de emergencia.
9. Alicia está bailando el ______________.
10. Está nublado y va a ______________.
11. La película nos puso a ______________.
12. El ______________ monta el elefante.

Actividad para la casa Su niño o niña está aprendiendo a escribir palabras con *y, ll.* Díctele palabras de ortografía y pídale que las escriba.

Nombre ______________________

Escoge la palabra del recuadro que complete cada oración.
Escribe la palabra en la línea.

playa	claro	verdad
trabajo	esperar	durante

—Madre, ¿es ______________ que vamos a ir a la playa? —preguntó Emma.

—Sí, pero debemos ______________ a tu padre para ir todos juntos —respondió la madre.

—¿A qué hora llega papá del ______________? —preguntó Emma.

—Llega a las dos y media, pero ______________ el tiempo que esperamos, podemos preparar una merienda para comer por la tarde —dijo la madre.

—¿La abuela también va con nosotros a la ______________? —preguntó Emma, emocionada por el viaje.

—¡______________ que sí! A tu abuela le encanta la playa.

Actividad para la casa Su niño o niña aprendió a leer las palabras de uso frecuente *claro, durante, esperar, playa, trabajo* y *verdad*. Pídale que lea estas palabras en voz alta. Luego, pídale que escriba un cuento sobre un paseo a la playa. Anímelo a usar tantas de estas palabras como le sea posible.

Nombre ______________________________

Lee el cuento. **Responde** las preguntas.

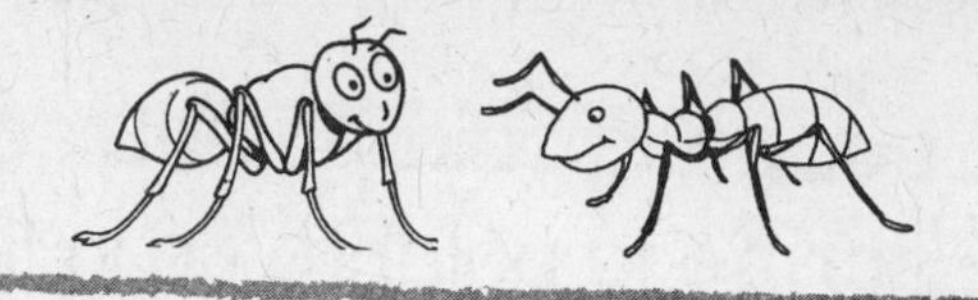

La historia de las hormigas

Érase una vez dos hormigas jóvenes. Sus nombres eran Andy y Annie. Como todas las hormigas, Andy y Annie siempre estaban ocupados. Hoy estaban ocupados cavando hoyos.

—¿Por qué tenemos que cavar tan hondo? —se quejó Andy.

—Mamá dijo que los hoyos hondos harán seguro nuestro hogar —explicó Annie.

—Esto es una pérdida de tiempo —dijo Andy.

—Es nuestro trabajo y tenemos que hacerlo —respondió Annie.

—¿Por qué somos los únicos que trabajan? —preguntó Andy.

—Todos tienen un trabajo —dijo Annie.

Al día siguiente, a Andy y Annie le dijeron que tenían que cargar comida por el hoyo.

—¿Por qué tenemos que cargar comida por el hoyo? —preguntó Andy.

—Es el trabajo que nos tocó hoy —respondió Annie.

—Podemos comer afuera del hoyo —dijo Andy.

—No es difícil cargar la comida —dijo Annie.

—Esto es una pérdida de tiempo —dijo Andy—. Debemos estar construyendo nuestro hogar.

—Es lo que estamos haciendo —dijo Annie.

—No comprendo cómo estamos ayudando —dijo Andy.

Nombre ______________________

Al día siguiente, las hormigas se reunieron en su nuevo hogar. Andy se sorprendió al ver un salón grande y hermoso.

—¿Quién lo construyó? —preguntó Andy.

—Todos nosotros —le respondió su mamá.

—No me acuerdo haber ayudado —dijo Andy.

—Cada hormiga tiene su trabajo —explicó su mamá—. Tu trabajo era cavar un hoyo que nos llevara a este salón.

Entonces la Gran Hormiga entró en el salón. Fue al frente del salón y saludó a todas las hormigas.

—Hoy es un gran día para nosotros —exclamó la Gran Hormiga.

—Trabajamos muy duro para construir este hogar. Cada hormiga debe estar orgullosa —dijo—. Ahora disfrutemos juntos esta cena maravillosa.

Había mesas llenas de distintos tipos de comida. —¡Ésta es la mejor cena de mi vida! —exclamó Andy.

Andy estaba orgulloso de que había ayudado a construir el hogar. Ahora se daba cuenta de lo importante que era cada trabajo.

1. ¿En qué se parecen Andy y Annie?

____

____

2. ¿En qué se diferencian Andy y Annie?

____

____

Actividad para la casa Su niño o niña hizo inferencias sobre dos personajes de un cuento para determinar en qué se parecían y en qué se diferenciaban. Pídale que hable sobre sí mismo, comparándose y contrastándose con los animales del cuento.

Nombre ______________________

Verbos en pasado, presente y futuro

Subraya el verbo en cada oración. **Escribe** *A* si el verbo dice qué pasa ahora. **Escribe** *P* si el verbo dice qué pasó antes, en el pasado. **Escribe** *F* si el verbo dice qué pasará después, en el futuro.

1. Mañana vendrá Anansi. ______

2. Anoche pescó. ______

3. Ahora Anansi come. ______

4. Pronto se dormirá. ______

Encierra en un círculo el verbo entre ( ) que va en cada oración.

5. Ayer Anansi (trabaja, trabajó) mucho.

6. Ayer la tortuga (descansará, descansó) junto al río.

7. Ahora la araña (discute, discutió) con la tortuga.

8. Mañana el jabalí (habla, hablará) con Anansi.

Nombre ______________________

Di la palabra para cada dibujo. **Escribe** las letras del recuadro para completar cada palabra.

ia ie io iu ua ue eu au

1. t ________ nda
2. ad ________ s
3. anc ________ no
4. c ________ dad
5. ________ to
6. c ________ nto

Lee la historia.

Mi familia y yo fuimos de viaje a otra ciudad por cuatro días. Nos fuimos el viernes en nuestro auto. Para no aburrirnos, mi mamá nos contó cuentos durante el camino. Mi hermana Diana tocó la flauta y yo leí siete libros del mismo autor. Fuimos al zoológico. Luego fuimos a un concierto de piano. Me gustó mucho el paseo. Le dije adiós a la ciudad pero papá dijo que volveremos otra vez.

Actividad para la casa Su niño o niña está aprendiendo a identificar palabras con los grupos de vocales: *ia, ie, io, iu, ua, ue, eu, au.* Pida a su niño o niña que encierre en un círculo las palabras de la historia que tienen estos patrones de vocales. Luego, juntos escriban una historia diferente usando algunas de esas palabras.

Nombre ______________________

Diptongos con *ia, ie, io, iu, ua, ue, eu, au*

Palabras de ortografía
tienda
suave
viernes
tuvieron
haciendo
adiós
anciana
ciudad
bueno
auto
cuento
cuatro

Escribe la palabra de ortografía que signifique lo mismo que la frase o que la complete.

1. un día de la semana ______________________
2. opuesto a hola ______________________
3. Houston ______________________
4. una señora muy mayor ______________________
5. opuesto a malo ______________________
6. se puede manejar ______________________
7. lados de un cuadrado ______________________

Ordena la palabra. **Escríbela.**

8. ha do cien ______________________
9. to cu en ______________________
10. ron tu vie ______________________
11. na an cia ______________________

Actividad para la casa Su niño o niña está aprendiendo a identificar palabras mal escritas con diptongos: *ia, ie, io, iu; ua, ue, eu, au*. Pídale que escriba otras palabras con estos diptongos.

Nombre ______________________

Escoge la palabra del recuadro que complete cada oración.
Escribe la palabra en la línea.

comprar	siguiente	nadie
puerta	ciudad	alimentar

1. Mi hermano me regaló un perro. Lo voy a ______________ bien.
2. Lucía necesita una mochila nueva. Su abuela se la va a ______________.
3. Donde vivimos, oímos el ruido de los carros que circulan por las avenidas. Vivimos en la ______________.
4. Mi hermana es la mejor jugadora del equipo de tenis. ______________ del equipo juega tan bien como mi hermana.
5. Daniel no pudo llamar a su amigo el día del examen. Lo llamó al día ______________.
6. Pablo no encontró sus llaves. No pudo abrir la ______________ de la casa.

Actividad para la casa Su niño o niña repasó las palabras de uso frecuente *alimentar, ciudad, comprar, nadie, puerta* y *siguiente*. Hágale preguntas a su niño o niña que contengan estas palabras. Pídale que señale la palabra y que la use en la respuesta.

Nombre ______________________________

Lee el cuento. Luego, **sigue** las instrucciones y **responde** las preguntas.

El concurso de pasteles

Tanya miró los pasteles que se enfriaban en la mesa. —¡Mi pastel de melocotón ganará el primer premio en la feria estatal! —declaró.

—¿Ah, sí? —dijo Wanda—. ¡Yo pienso que el mío ganará!

Eran mejores amigas, pero no cuando se trataba de concursos de pasteles. Cada una quería ganar.

Wanda y Tanya esperaban que empezara el concurso de los pasteles de melocotón. Había tres jueces y nueve pasteles en el concurso. Cada juez probaría todos los pasteles y decidiría.

Tanya y Wanda observaron detenidamente a medida que los jueces comían. El primer juez no parecía estar contento con los pasteles. Entonces llegó al pastel de Tanya. Empezó a sonreír. —¡Este pastel está delicioso! —dijo.

A la segunda jueza le gustó el pastel de Wanda. Se lo comió todo. Entonces colocó ese plato a un lado, alejado de los demás.

La tercera jueza estaba indecisa. Comió un bocado del pastel de Tanya. Luego comió un bocado del pastel de Wanda. Después, comió otro bocado del de Tanya. Siguió así hasta terminarlos.

Tanya y Wanda se miraron. ¿Quién iba a ganar?

Escuela + Hogar **Actividad para la casa** Su niño leyó un cuento de ficción realista. Pídale que diga lo que ocurrió al comienzo, en el medio y al final del cuento.

Nombre ______________________________

Los jueces empezaron a susurrar entre sí por largo rato.

Al fin, los jueces tomaron una decisión. El primer juez colocó una cinta blanca en el pastel de Minnie. Ella ganó el tercer lugar. La segunda jueza colocó una cinta roja en el pastel de Raymond. Él ganó el segundo lugar. Ahora Tanya y Wanda tenían el corazón en un puño. ¿Quién ganaría el primer lugar?

La tercera jueza comenzó a hablar. —Este año, tenemos un empate para el primer lugar —dijo. Entonces colocó cintas azules en los pasteles de Tanya y de Wanda. Tanya y Wanda no podían creerlo. ¡Ambas habían ganado!

---

1. ¿Qué evento ocurre en este cuento que podría ocurrir en la vida real?

____

2. Escribe los sucesos más importantes del cuento en el orden en que ocurrieron.

Primero

____

Luego

____

Por último

____

Nombre ______________________

Más sobre los verbos

Encierra en un círculo el verbo entre ( ) correcto.

1. Ahora mismo Blanca (necesita, necesitará) harina.
2. Más tarde, Rosa (va, irá) a la tienda.
3. Ayer Rosa (barre, barrió) la casa.
4. Ahora Blanca (ayuda, ayudó) a Rosa.

Pon el verbo entre ( ) en el tiempo correcto. **Escríbelo.**

5. Anoche Rosa (recoger) al niño.

____

6. Ahora Rosa (acunar) al niño.

____

7. Mañana las hermanas se (abrazar).

____

8. Ahora su mamá les (sonreír).

____

Nombre ______________________

Escribe el prefijo del recuadro para completar cada palabra.

co- com- extra-

1. ______________ plano
2. ______________ piloto
3. ______________ patriota
4. ______________ laborar
5. ______________ terrestre
6. ______________ partir

Lee la historia.

A Julio le gusta escribir cuentos sobre extraterrestres. En uno de sus cuentos, el copiloto de la nave espacial llega a un planeta extraplano. No hay mucho espacio y las personas tienen que compartir las cosas. También todos colaboran para hacer las cosas. A mí me gusta escribir sobre el mar. Julio me pidió que fuéramos coautores. Vamos a escribir un cuento, pero esta vez será sobre extraterrestres que vienen del mar.

Escuela + Hogar

Actividad para la casa Su niño o niña está aprendiendo a identificar palabras con los prefijos *co-*, *com-* y *extra-*. Pídale que encierre en un círculo las palabras de la historia que tienen esos prefijos. Luego, pídale que diga cada palabra una por una y que las escriba en una lista.

Nombre ______________________

Prefijos: *co-, com-, extra-*

Escribe la palabra de ortografía que signifique lo mismo que la frase o que la complete.

Palabras de ortografía
colaborar
cooperar
compatriota
coautor
compartir
comunión
copiloto
extrafino
extraordinario
extraviar
extraplano
extraescolar

1. del mismo país ______________
2. a trabajar juntos ______________
3. trabaja con el piloto ______________
4. ayudar, auxiliar ______________
5. poco común ______________
6. si no eres egoísta, te gusta ______________
7. perder, olvidar ______________

Ordena cada palabra. **Escríbela.**

8. es co extra lar ______________
9. mu co nión ______________
10. tor co au ______________
11. fi no extra ______________
12. pla extra no ______________

Escuela + Hogar **Actividad para la casa** Su niño o niña está escribiendo palabras con los prefijos *co-, com-, extra-*. Ayúdele a pensar en y escribir otras palabras con estos prefijos.

Nombre ______________________________

Escoge la palabra del recuadro que corresponda con cada pista.
Escribe las palabras en las casillas del crucigrama.

vida ropa lluvia esconder
plantas tierra estudiar

1. 7. 6. 2. 3. 4. 5.

Horizontal

1. ocultar
2. agua que cae de las nubes
3. duración de los seres vivientes
4. terreno donde sembramos
5. pantalones y camisas

Vertical

6. lo que siembras en tu jardín
7. ir a la escuela a aprender

Actividad para la casa Su niño o niña completó un crucigrama usando las palabras de uso frecuente estudiadas en esta unidad. Ayúdelo a escribir un cuento usando tantas de estas palabras como le sea posible.

Nombre ______________________

Lee el cuento. Luego, **sigue** las instrucciones y **responde** las preguntas.

Maya Angelou

Maya Angelou es una escritora y poetisa famosa. En la actualidad, muchas personas conocen su nombre. Pero no siempre fue así. Ella tuvo una niñez muy dura.

Maya nació en St. Louis, Missouri. Cuando tenía tres años, sus padres se divorciaron. Debido al divorcio, Maya y su hermano fueron a vivir con su abuelita.

La abuelita de Maya vivía en un pequeño pueblo de Arkansas. Algunos vecinos no eran buenos con la familia de Maya. No trataban a los afroamericanos como Maya de una manera justa. La vida no fue fácil para Maya.

Más tarde, Maya regresó a St. Louis a vivir con su mamá. Pero la vida en St. Louis era aún más dura. Pasaron cosas malas. Por lo tanto, Maya dejó de hablar. No habló durante casi cinco años.

Aunque Maya no hablaba, sí iba a la escuela. En poco tiempo, terminó sus estudios y comenzó a trabajar. Hizo muchos trabajos. Todos esos trabajos le enseñaron mucho sobre la vida.

Después, ella comenzó a escribir. Escribió un libro sobre su difícil niñez. Lo llamó *Yo sé por qué canta el pájaro enjaulado.* El libro tuvo mucho éxito cuando se publicó. Maya estaba muy contenta.

Nombre ______________________

Eso pasó hace 30 años. Hoy en día, el libro de Maya sigue siendo muy popular. Le ha traído gran fama. Por su fama, Maya recibió un gran honor. Le pidieron que recitara un poema para el Presidente de Estados Unidos. Sólo unos pocos poetas han podido hacer algo tan especial.

En la actualidad, Maya sigue escribiendo libros y poemas. Sigue expresando su opinión sobre su vida como afroamericana.

---

1. ¿Cómo sabes que este relato es no ficción?

____

2. ¿Qué hecho te dice cómo Maya Angelou se gana la vida?

____

3. Mira el segundo párrafo. Escribe un hecho sobre Maya Angelou.

____

4. Escribe una oración del relato que es una opinión.

____

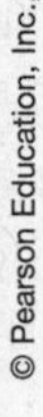

Actividad para la casa Su niño o niña leyó una biografía sobre la que respondió preguntas. Pídale que identifique un hecho y una opinión sobre Maya Angelou.

Nombre ______________________

Los verbos copulativos *ser* y *estar*

Encierra en un círculo el verbo entre ( ) correcto.

1. George Washington Carver (era, estaba) un inventor.
2. Carver (es, estaba) satisfecho de su trabajo.
3. Las computadoras (son, fue) un invento moderno.
4. Yo (soy, estoy) delante de mi computadora.

Elige el verbo entre ( ) que va en cada oración.
Escribe las oraciones.

5. (Soy, Estoy) emocionado.

____

6. Mi idea (es, estuvieron) muy buena.

____

7. Este juguete (es, están) mi invento.

____

8. El juguete (fue, está) en el estante.

____

Nombre ______________________

Tabla de T de comparar y contrastar

Completa esta tabla para ayudarte a organizar tus ideas.
Escribe tus ideas en oraciones.

Introducción ______________________

Parecido	Diferente

Conclusión ______________________

Nombre ______________________

Usa palabras que comparan y contrastan

Lee cada grupo de oraciones.
Escribe una palabra del recuadro para completar la última oración.
Usa cada palabra una vez.

y como también pero a diferencia de

1. Me gusta la clase de arte. A mi hermana no.

   Me gusta la clase de arte, ______________ a mi hermana no.

2. La clase de ballet de mi hermana es al mediodía. Mi clase es a la 1:00. La clase de ballet de mi hermana es al mediodía,

   _____ mi clase es a la 1:00.

3. Dibujé flores moradas. María dibujó flores moradas.

   ____________ María, yo dibujé flores moradas.

4. Daniel hizo una olla de arcilla. Yo hice un plato de arcilla.

   ______________________________ Daniel, yo hice un plato de arcilla.

5. Perla tiene un robot. Luis tiene un robot.

   Perla tiene un robot, y Luis ________________ tiene uno.

Nombre ______________________

Eliminar palabras, frases y oraciones

Cuando revisas, eliminas palabras y frases para hacer tu escritura más clara. Elimina oraciones que no hablen de tu tema.

Sigue las instrucciones.

1. Mira las oraciones. ¿Qué palabra eliminó el escritor? Escribe la palabra en las líneas.

   El artista trabaja en una gran pintura muy grande.
   El artista trabaja en una pintura muy grande.

2. Mira las oraciones. ¿Qué frase eliminó el escritor? Escribe la frase en las líneas.

   Los colores de la pintura son un poco como diferentes.
   Los colores de la pintura son diferentes.

3. Mira las oraciones. ¿Qué oración eliminó el escritor? Escribe la oración en las líneas.

   A los jurados les gustó la pintura. Ganó un premio. A mí también me gusta su cerámica.
   A los jurados les gustó la pintura. Ganó un premio.

Nombre ____________________________

Corregir 2

Marcas de revisión	
Quitar (Eliminar)	ↄ
Añadir	^
Ortografía	⬭
Mayúscula	≡
Minúscula	/

Corrige estas oraciones. **Busca** errores de gramática, puntuación, uso de mayúsculas y ortografía. **Usa** marcas de revisión para mostrar las correcciones.

1. Hace más de cien años dos hombres inventaban el avión.

2. Sus nombres era Wilbur y orville Wright.

3. Los dos ermanos trabajaron muchos años en desarollar sus ideas

4. Algunas de sus ideas no funcionaron pero siguió intentándolo.

5. quiero leer más sobre el trabajo los hermanos Wright.

6. Manana iré a la bibloteca a buscar más información.

Ahora, corrige tu ensayo de comparación y contraste, según las instrucciones de tu maestro. Luego usa tu borrador para escribir la versión final de tu ensayo. Por último, publica lo que escribiste y compártelo con los demás.

Nombre ______________________________

Añade los sufijos *-ado, -ada, -ido* o *-ida* a la raíz de cada palabra según corresponda.
Escribe la nueva palabra en la línea.

sent<u>ar</u>

(sent + -ado) sentado

(sent + -ada) sentada

Palabra	(+ -ado/-ido)	(+ -ada/-ida)
1. enlatar	______________	______________
2. desaparecer	______________	______________
3. enroscar	______________	______________
4. vestir	______________	______________
5. pesar	______________	______________

Actividad para la casa Su niño o niña formó nuevas palabras añadiendo las terminaciones *-ado, -ada, -ido* o *-ida* a las raíces de algunas palabras. Escriba cada una de estas terminaciones y algunas de las raíces dadas en tarjetas de ficheros. Pida a su niño o niña que empareje las tarjetas que correspondan para formar las palabras.

Nombre ______________________________

Escoge la palabra del recuadro que corresponda con cada pista.
Escribe las letras de la palabra en cada casilla.

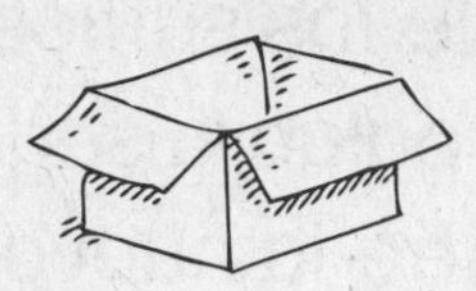

enroscado	abarrotes	empacar	despedirse
tintineante	mudanza	permanecieron	comal

1. bastimentos, víveres

1.								

2. movimiento que se hace de una casa a otra

2.						

3. empaquetar, hacer el equipaje

3.						

4. se mantuvieron en un mismo lugar o estado

4.												

5. puesto en forma de rosca

5.								

6. que suena

6.										

7. las tortillas se hacen en esto

7.				

8. decir adiós

8.									

Actividad para la casa Su niño o niña usó pistas para escribir las palabras de vocabulario de esta semana. Ayúdelo(a) a escribir un cuento con algunas de las palabras de vocabulario sobre cómo empacar y mudarse de un lugar a otro.

Nombre ______________________________

Lee el cuento. **Termina** las oraciones.

Mi hermanita Lidia

Mamá y papá llegaron del hospital con Lidia en su moisés. Mamá estaba muy cansada, pero papá la ayudaba todo el rato.

Lidia era muy pequeñita y lloraba mucho, y yo no sabía cómo ayudar. Mamá le dio leche con la mamadera y Lidia se calmó.

Mamá y papá me explicaron que, al principio, es difícil cuidar a un bebé. Pero pronto, cuando Lidia crezca un poco, podremos jugar juntas a muchos juegos. ¡Qué bueno es tener una hermanita!

1. Los personajes de esta ficción realista son ______________________________.

2. Mamá y papá vienen del hospital porque ______________________________.

3. Lidia llora porque ______________________________.

4. Cuando Lidia lloraba, su hermana se sentía ______________________________.

5. ¿Por qué se alegra la protagonista de tener una hermanita?
____

Actividad para la casa Su niño o niña leyó una ficción realista y sacó conclusiones a partir de la información del cuento. Vuelva a leer el cuento con su niño o niña. Pregúntele cómo sabe que el cuento es una ficción realista.

Nombre ______________________________

La carta de Pepita

5 de marzo de 2010

Querida Sonya:

¿Te gustaría conocer mi nueva casa? Creo que deberías pasar las vacaciones aquí. Nos divertiremos mucho en mi nuevo vecindario.

Hay un gran parque en la esquina en el que podemos jugar.. Tiene flores con un aroma delicioso. Los días de calor, podemos ir a la piscina del club, que está a pocas cuadras. Todos los vecinos tienen perros a los que les gusta jugar conmigo. ¡Es genial! Te divertirás mucho en mi nueva casa.

Tu amiga,
Pepita

Aspectos principales de una carta amistosa

- incluye la fecha, un saludo, un cuerpo, una despedida y la firma
- el mensaje se expresa en el cuerpo de la carta

Nombre ______________________

Sufijos *-ado, -ada, -ido, -ida*

Palabras de ortografía						
pesados	cansada	vestido	sentada	invitados	salado	entrada
aburrido	casado	perdido	molida	salida	delicado	aguado

Completa las frases con las palabras del recuadro.

1. Sarah lleva un ______________ rojo.
2. Si hubieras prestado atención, no te habrías ______________.
3. ______________ de emergencia
4. Estaba ______________ de la situación.

Escribe una palabra del recuadro para resolver cada adivinanza.

5. Rima con guarida. Empieza como molde. ______________
6. Rima con pesada. Empieza como senador. ______________

Escribe la palabra que falta.

7. Este juego es muy ______________ .
8. Ella no está en la lista de ______________ .
9. El cristal es muy ______________ .

Actividad para la casa Su niño o niña escribió palabras que terminan con los sufijos *-ado, -ada, -ido, -ida*. Pídale que le explique el significado de las palabras.

Nombre ______________________________

Lee la oración. **Encierra en un círculo** el significado correcto de la palabra subrayada. **Escribe** tu propia oración con esa palabra.

1. Le gustaba que la tienda de abarrotes de la esquina estuviera al final de la cuadra.

   a. ropa **b.** almacén **c.** carpa

2. De regreso, entrégale esta nota a tía Rosa.

   a. observa algo **b.** mensaje escrito **c.** calificación

3. Estoy aquí para oler el rico aroma de las tortillas.

   a. agradable **b.** adinerado **c.** lujoso

4. Es normal que los chicos lloren cuando se despiden.

   a. esparcen **b.** visten **c.** dicen adiós

5. Tal vez no nos tengamos que marchar.

   a. desfilar **b.** partir **c.** funcionar

Actividad para la casa Su niño o niña usó claves de contexto para averiguar el significado correcto de palabras con más de un significado. Pídale que le diga las pistas que usó para elegir el significado correcto.

Nombre ______________________________

Los adjetivos y nuestros sentidos

Los **adjetivos** describen a las personas, los lugares, los animales y las cosas. Los **adjetivos** dicen cómo es el aspecto, el sonido, el sabor, el olor o cómo se siente algo.

Pepita vio un camión **amarillo** con ruedas **viejas.**

Amarillo describe el camión. **Viejas** describe las ruedas.

Busca los adjetivos que dicen cómo es el aspecto, el sonido, el sabor, el olor o cómo se siente algo. **Enciérralos** en un círculo.

1. Pepita habló con una vocecita suave.
2. Las tortillas tienen un aroma rico.
3. Pepita se puso unos calcetines calentitos.

Elige el adjetivo del recuadro que describe en cada oración el aspecto, el sonido, el sabor, el olor o cómo se siente algo. **Escribe** el adjetivo.

tranquila	ruidosa

4. Se oyó la bocina ______________________ de un carro.

5. Pepita vivía en una calle ______________________.

Di otras oraciones con estos adjetivos.

Actividad para la casa Su niño o niña estudió los adjetivos y los sentidos. Miren por la habitación y, por turnos, digan adjetivos que describen el aspecto, el sonido, el sabor, el olor de las cosas que ven o cómo se sienten al tacto.

Nombre ______________________________

Idea principal

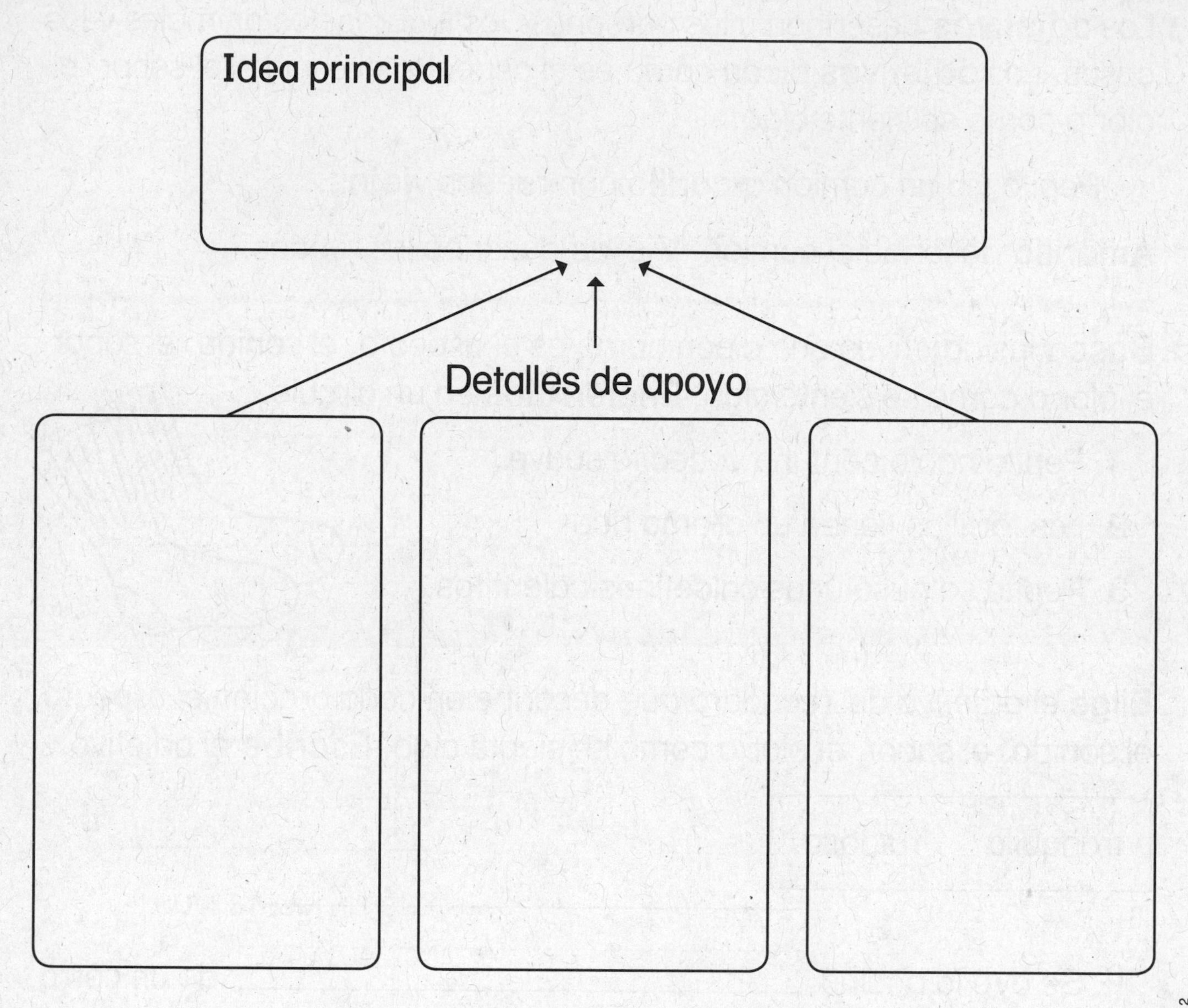

Actividad para la casa Su niño o niña está aprendiendo a escribir cuentos, poemas, informes breves, párrafos de no ficción, cartas y otros textos este año. Pregúntele qué está escribiendo esta semana.

Nombre ______________________________

Revisa el cuento y reemplaza las palabras subrayadas con un sinónimo del tesauro. **Escribe** las palabras.

Tesauro

atemorizado – temeroso, asustado

penetró – entró, ingresó

desconocido – nuevo, diferente

cálido – amistoso, accesible

Ben estaba asustado (1). Era el primer día en una escuela nueva (2). Entró (3) en el salón de clases. Miró alrededor para ver si veía algo conocido. Entonces, Ben vio la sonrisa amistosa (4) de su maestra.

____

1. ______________________________

____

2. ______________________________

____

3. ______________________________

____

4. ______________________________

5. ¿Por qué sería útil revisar el tema basándote en las nuevas palabras que encontraste?

____

____

____

____

Actividad para la casa Su niño o niña aprendió a usar un tesauro y a revisar un tema para hallar sinónimos, o palabras con significado similar. Comenten por qué es importante revisar un tema como resultado de nueva información.

Nombre ______________________________

Sufijos *-ado, -ada, -ido, -ida*

Lee las instrucciones. **Encierra en un círculo** dos errores de ortografía. **Escribe** las palabras correctamente. **Vuelve a escribir** el paso 4 como dos oraciones.

Palabras de ortografía	
pesado	molida
aburrido	invitados
cansada	salida
vestido	entrada
perdido	salado
sentada	delicado
aguado	casado

Palabras de ortografía difícil
agradecido
precavido

¿Puedes hacer un libro?

1. Apila seis hojas de papel. Usa menos si no quieres que sea muy pezado.
2. Coloca una hoja de papel de color encima de la pila.
3. Dobla las hojas a lo largo del lado izquierdo. Grapa las hojas en el extremo izquierdo.
4. Escribe un título en la portada, escribe un cuento en las páginas en blanco. Puedes contar sobre los inbitados que llegan a una fiesta.

1. ______________ 2. ______________

3. ____

____

Rellena el círculo para mostrar la palabra escrita correctamente.

4. ○ kasado ○ casao ○ casado
5. ○ salado ○ salao ○ zalado
6. ○ aguao ○ aguado ○ agado
7. ○ intrada ○ entrata ○ entrada
8. ○ precabido ○ precavio ○ precavido

Actividad para la casa Su niño o niña identificó palabras con los sufijos *-ado, -ada, -ido* e *-ida* escritas incorrectamente. Es posible que su niño o niña disfrute siguiendo las instrucciones del comienzo de la página para hacer y escribir un libro.

Nombre ______________________________

Lee el cuento. **Escribe** las respuestas a las preguntas.

El gatito abandonado

Tommy era el encargado de sacar la basura en su casa. Todos los días, después de cenar, cerraba la bolsa y la sacaba a la calle. Desde hacía unos cuantos días, cada vez que sacaba la basura, escuchaba un suave "miau". Aquella noche, Tommy decidió examinar todo el jardín. De repente, vio un precioso gatito anaranjado entre los arbustos. Estaba temblando y parecía abandonado. Tommy lo tomó entre sus brazos y lo llevó adentro.

Con un poquito de leche y comida, el gatito pronto dejó de temblar. ¡Se acababa de convertir en la mascota de la familia!

1. ¿Por qué examinó Tommy el jardín?

____

2. ¿Cómo era el gato que encontró?

____

3. ¿Cómo describirías a Tommy?

____

4. ¿Crees que el gato estará contento de que Tommy lo haya encontrado?

____

Actividad para la casa Su niño o niña leyó una ficción realista y sacó conclusiones a partir de la información del cuento. Vuelva a leer el cuento con su niño o niña. Pregúntele cómo sabe que el cuento es una ficción realista.

Nombre ____________________

Los adjetivos y nuestros sentidos

Marca el adjetivo que va en cada oración.

1 Mi papá preparó espaguetis ____________.

- comida
- deliciosos
- hambre

2 Hizo una salsa ____________.

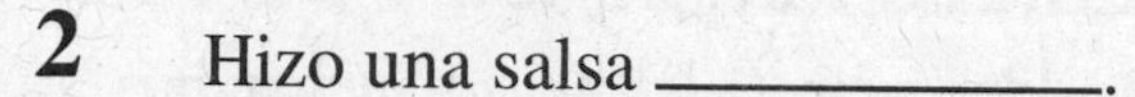

- roja
- tenedor
- sal

3 La salsa olía a chile ____________.

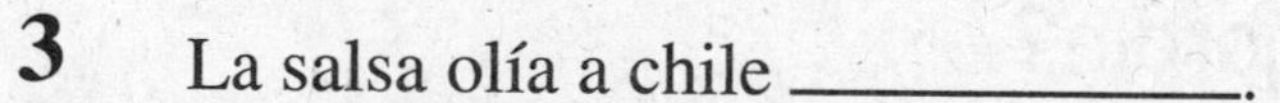

- entonces
- comer
- picante

4 Le agregó unas albóndigas ____________.

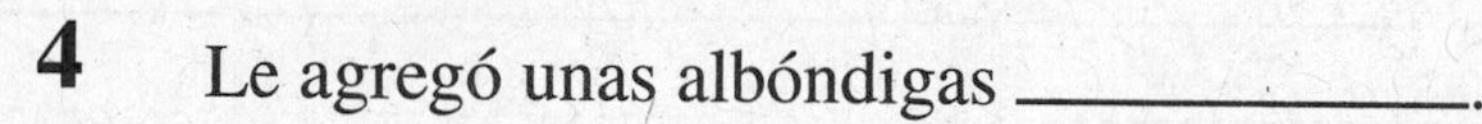

- poco
- masticar
- tiernas

5 Papá sirvió los espaguetis ____________ en los platos.

- cocina
- bebida
- calientes

Actividad para la casa Su niño o niña se preparó para los exámenes sobre los adjetivos y nuestros sentidos. Por turnos, digan nombres de comidas y describan con adjetivos cómo es su aspecto, sonido, sabor, olor o cómo se siente.

Nombre ______________________________

Encierra en un círculo la palabra que contenga el sufijo ***-oso, -osa, -dor*** o ***-dora***.
Escribe en la línea la palabra que complete cada oración.

deliciosa enredadera

1. La comida de hoy está ________________.

dura lluvioso

2. Ayer fue un día muy ________________.

trepadora profundas

3. Mi mamá sembró una planta ________________ en el balcón de la casa.

lisa volador

4. El pez ________________ vive en el mar.

redondas nadador

5. El ________________ estaba cansado.

calabaza cariñosa

6. Mi perra Lana es muy ________________.

Actividad para la casa Su niño o niña identificó palabras con los sufijos *-osa, -oso, -dor* y *-dora*. Pídale que lea en voz alta las palabras del ejercicio anterior. Luego, anímele a deletrear esas palabras y a nombrar otras que contengan los mismos sufijos.

Nombre ______________________

Lee el cuento. **Escoge** las palabras del recuadro que completen las oraciones.
Escribe las palabras en las líneas.

enredadera	raíz	lisas	suelo	rugosas	cosecha	fruto

La vida de una calabaza

Las calabazas pueden tener diferentes formas y tamaños. Pueden ser grandes o pequeñas, ______________ o ______________. La vida de una calabaza comienza cuando las semillas se siembran en la tierra. Después, brotan y echan raíces en el ______________. A través de la ______________, la planta se alimenta y absorbe el agua. Luego, empieza a dar ______________. Comienzan a salir las calabazas en una ______________ larga. Por último, se recoge la ______________.

Actividad para la casa Su niño o niña completó oraciones en un cuento usando las palabras de vocabulario que aprendió esta semana. Visiten juntos una huerta de calabazas. Pida a su niño o niña que use las palabras de vocabulario para describir las calabazas que vea en las enredaderas.

Nombre ______________________________

Lee el cuento. **Sigue** las instrucciones y **responde** a las preguntas.

Huellas fósiles

Los fósiles son restos o huellas de plantas o animales que vivieron hace miles o millones de años. ¿Cómo se convierten las huellas en fósiles? Primero, un animal camina por un área cubierta de barro y deja huellas. Después, el agua con minerales cubre cada huella. Luego, el agua se filtra a través de la huella, pero los minerales quedan en ella. Por último, los minerales convierten el barro en roca y forman los fósiles.

1. Encierra en un círculo las palabras del cuento que dan pistas sobre el orden de los sucesos.

2. Escribe los números **1, 2, 3** y **4** para mostrar el orden correcto de los sucesos.

_______ El agua con minerales cubre cada huella.

_______ Los minerales convierten el barro en roca.

_______ Un animal camina por un área cubierta de barro.

_______ El agua se filtra a través de las huellas.

3. ¿Qué son los fósiles?

____

____

Actividad para la casa Su niño o niña identificó palabras que indican secuencia y ordenó los sucesos correctamente. Pídale que le ayude a hacer la cama. Hablen de lo que se hace primero, después, luego y por último.

Nombre ______________________________

Arvejas en una vaina

Instrucciones para la escritura: Escribe un párrafo en el que expliques cómo crece y cambia una planta.

Una planta de arvejas nace a partir de una semilla redonda. Después de que la semilla brota, comienzan a crecer tallos verdes. A menudo, las finas enredaderas suelen trepar por una cerca de alambre o hilo que el jardinero coloca al lado de las plantas. Las enredaderas pueden crecer hasta 6 pies de longitud. La cerca mantiene las enredaderas hacia arriba. Se abren pequeñas flores, y luego la vaina de arvejas crece de la flor. La vaina de arvejas crece hasta 4 pulgadas de longitud. Dentro de las vainas, hay pequeñas semillas redondas. Estas semillas, o arvejas, se comen. Las arvejas, guisantes y tirabeques son diferentes clases de arvejas con vainas tiernas que se pueden comer.

Escuela + Hogar **Actividad para la casa** Su niño o niña está aprendiendo a escribir en respuesta a una instrucción de examen. Pídale que le diga por qué éste es un buen ejemplo de no ficción expositiva.

Nombre ______________________

Sufijos *-oso, -osa, -dor, -dora*

Palabras de ortografía					
rugosas	comedor	valioso	jugador	goloso	gracioso
volador	nadadora	sabrosa	cariñosa	secadora	pescador

Responde a cada pregunta con una palabra de la lista.

1. ¿Dónde almuerza Clara? ______________
2. ¿Cómo describirías un collar de oro? ______________
3. ¿Cómo se llama alguien que juega fútbol? ______________
4. ¿Qué te parece ese sándwich? ______________

Lee la palabra. **Escribe** una palabra relacionada de la lista.

5. nadar: ______________
6. pescar: ______________
7. cariño: ______________
8. divertido: ______________
9. calabazas: ______________
10. vuela: ______________
11. seca: ______________
12. dulce: ______________

Actividad para la casa Su niño o niña escribió palabras con los sufijos *-oso, -osa, -dor* y *-dora.* Repita las palabras de la lista y pídale a su niño o niña que también lo haga.

Nombre ______________________

Escribe un antónimo del recuadro para completar correctamente cada oración. Usa las palabras de la oración como ayuda.

limpios	llenos	noche	siguiente	claro
verdad	comprar	alegre	encontrar	impar

1. Decir la ______________ está bien, pero decir mentiras está mal.

2. Es una noche oscura, pero será un día ______________.

3. Los platos están sucios, aún no están ______________.

4. Leí el cuento anterior, pero no leí el cuento ______________.

5. Nueve es un número ______________, y ocho es un número par.

6. Luis es un niño ______________, pero su hermano es un niño triste.

7. Algunos envases están ______________, y otros están vacíos.

8. De ______________ dormimos, y de día vamos a la escuela.

9. Vas a perder tus juguetes y no los vas a ______________.

Actividad para la casa Su niño o niña aprendió sobre los antónimos. Pídale que encierre en un círculo la palabra de cada oración que es el antónimo de la palabra que escribió en la línea.

Nombre ___________________________

Adjetivos para cantidad, tamaño y forma

Los adjetivos también describen la cantidad, el tamaño y la forma de las cosas.

Esta calabaza **alargada** tiene **muchas** semillas **grandes.**

Muchas nos dice cuántas semillas hay. Describe la cantidad.
Grandes describe el tamaño de las semillas.
Alargada describe la forma de la calabaza.

Encierra en un círculo los adjetivos que describen la cantidad, el tamaño o la forma de algo. **Escríbelos** en la tabla.

1. La sandía tiene las semillas ovaladas.
2. El peral dio peras chicas.
3. Me comí doce uvas.
4. En la vaina hay arvejas redondas.
5. El aguacate tiene una semilla enorme.

Cantidad	Tamaño	Forma

Di otras oraciones con estos adjetivos.

Actividad para la casa Su niño o niña estudió los adjetivos de cantidad, tamaño y forma. Miren juntos distintos tipos de alimentos y pídale que describa la cantidad *(dos tomates)*, el tamaño *(papas grandes)* o la forma *(cerezas redondas)*.

Nombre ______________________________

Guía para calificar: No ficción expositiva

	4	3	2	1
Enfoque/ Ideas	La escritura incluye hechos y detalles excelentes.	La escritura incluye algunos hechos y detalles.	La escritura incluye hechos, pero no detalles.	La escritura no incluye hechos.
Organización	Los hechos son claros y están en un orden lógico.	Los hechos están en un orden lógico.	No todos los hechos están en un orden lógico.	Los hechos no están en un orden lógico.
Voz	El escritor comprende el tema completamente.	El escritor comprende el tema en general.	El escritor comprende un poco el tema.	El escritor no comprende el tema.
Lenguaje	El escritor usa palabras emocionantes para describir.	El escritor usa algunas palabras emocionantes para describir.	El escritor usa pocas palabras emocionantes para describir.	Las palabras del escritor son aburridas.
Oraciones	Las oraciones están completas y se leen con fluidez.	La mayoría de las oraciones están completas y se leen con fluidez.	Algunas oraciones son poco claras y simples.	Las oraciones son confusas o están incompletas.
Normas	No hay errores de ortografía, de uso de mayúsculas o de signos de puntuación.	Hay pocos errores de ortografía, de uso de mayúsculas o de signos de puntuación.	Hay varios errores de ortografía, de uso de mayúsculas o de signos de puntuación.	Hay muchos errores y es difícil comprender la escritura.

Actividad para la casa Su niño o niña está aprendiendo a escribir textos de no ficción expositiva. Pídale que describa su escritura sobre algún elemento de la naturaleza. La escritura de su niño o niña se evaluará según esta guía para calificar de cuatro puntos.

Nombre ______________________________

Encierra en un círculo el dibujo o los dibujos que mejor responden a las preguntas.

1. ¿Qué fuente usarías para averiguar el significado de **cosecha**?

2. ¿Dónde es más probable que crezcan las calabazas?

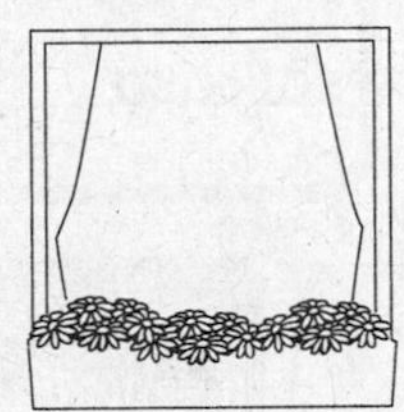

3. ¿Qué fuentes usarías para buscar información sobre las plantas?

4. ¿Qué fuente usarías para averiguar sobre una cosecha de calabazas de tu ciudad?

5. ¿De dónde viene esta ?

Actividad para la casa Su niño o niña aprendió a reunir evidencia de fuentes personales. Hagan juntos una lista de los alimentos que tienen en su hogar. Pregunte a su niño o niña qué fuentes podría usar para reunir información sobre esos productos.

Nombre ______________________________

Sufijos *-oso, -osa, -dor, -dora*

Encierra en un círculo dos palabras con errores de ortografía. **Encierra en un círculo** una palabra con un error en el uso de mayúsculas. **Escribe** las palabras correctamente.

Palabras de ortografía

rugosas	jugador
volador	cariñosa
comedor	goloso
nadadora	secadora
valioso	gracioso
sabrosa	pescador

Palabras de ortografía difícil

abridor
lluvioso

> Se busca compañero de aventuras. ¿Te gusta pasear por las montañas? ¿Compartir momentos baliosos? ¿Descubrir animalitos? ¿Eres grasioso y buen compañero? Salimos de paseo el sábado, 6 de julio. te esperamos.

1. ____________________
2. ____________________
3. ____________________

Rellena el círculo de la palabra escrita correctamente. **Escribe** la palabra.

4. ○ rugozas ○ ruguezas ○ rugosas ____________________

5. ○ golozo ○ goloso ○ golosso ____________________

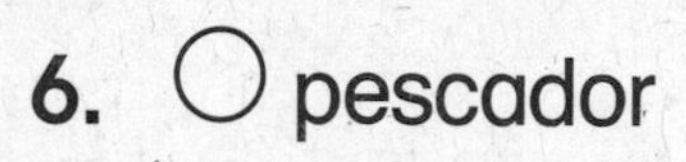

6. ○ pescador ○ peskador ○ pezcador ____________________
7. ○ savrosa ○ sabroza ○ sabrosa ____________________
8. ○ cariniosa ○ cariñosa ○ cariñoza ____________________
9. ○ jugador ○ gugador ○ jujador ____________________
10. ○ zecadora ○ cecadora ○ secadora ____________________

Escuela + Hogar

Actividad para la casa Su niño o niña identificó palabras mal escritas. Pídale que subraye los sufijos *-oso, -osa, -dor* y *-dora* en la lista de palabras de ortografía.

Nombre ______________________

Lee el cuento. **Sigue** las instrucciones y **responde** a las preguntas.

Pasas

Las pasas oscuras, blandas y dulces son un tentempié popular. ¿Sabías que todas las pasas comienzan siendo uvas? Primero, se cortan los racimos de uvas de las parras. Después, las uvas se ponen a secar al sol en bandejas de papel. Por lo general, se secan durante dos o tres semanas. Luego, las pasas pasan por una máquina que las sacude para eliminar tierra y piedritas. Por último, las pasas se lavan y se ponen en cajas o bolsas.

1. Encierra en un círculo las palabras del cuento que dan pistas sobre el orden de los sucesos.

2. Escribe los números **1, 2, 3** y **4** para mostrar el orden correcto.

_____ Las pasas pasan por una máquina que las sacude para eliminar tierra y piedritas.

_____ Se cortan los racimos de uvas de las parras.

_____ Las pasas se lavan y se ponen en cajas o bolsas.

_____ Las uvas se ponen a secar al sol en bandejas de papel.

3. ¿Qué son las pasas?

____

Actividad para la casa Su niño o niña identificó palabras que indican secuencia y ordenó los sucesos correctamente. Pídale que le ayude a preparar la cena o a poner la mesa. Hablen de lo que se hace primero, después, luego y por último.

Nombre ____________________

Adjetivos: Cantidad, tamaño y forma

Marca el adjetivo de cantidad, tamaño o forma que va en cada oración.

1 Plantamos semillas ovaladas de frijoles.

- ⬭ semillas
- ⬭ ovaladas
- ⬭ frijoles

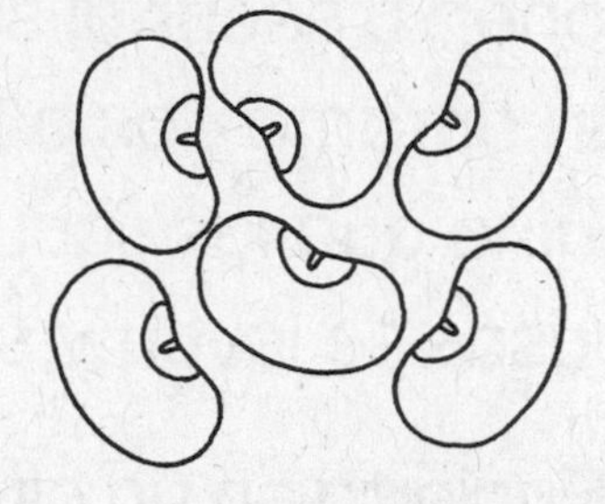

2 Seis semillas crecieron lentamente.

- ⬭ semillas
- ⬭ lentamente
- ⬭ Seis

3 Sólo salieron cinco plantas.

- ⬭ salieron
- ⬭ cinco
- ⬭ plantas

4 Pronto brotaron unas hojas pequeñas.

- ⬭ Pronto
- ⬭ hojas
- ⬭ pequeñas

5 Después aparecieron unas vainas largas.

- ⬭ largas
- ⬭ Después
- ⬭ vainas

Actividad para la casa Su niño o niña se preparó para tomar un examen de los adjetivos de cantidad, tamaño y forma. Lean un cuento juntos. Luego, pídale que señale adjetivos de cantidad, tamaño y forma.

Nombre ______________________________

altibajo	saltamontes	paraguas	telaraña	puntiaguda
sacapuntas	lavaplatos	girasol	rompecabezas	

Combina las palabras para formar una palabra del recuadro.
Escribe la palabra en la línea.

1. alto + bajo ______________________________

2. lava + platos ______________________________

3. gira + sol ______________________________

4. para + aguas ______________________________

5. tela + araña ______________________________

6. rompe + cabezas ______________________________

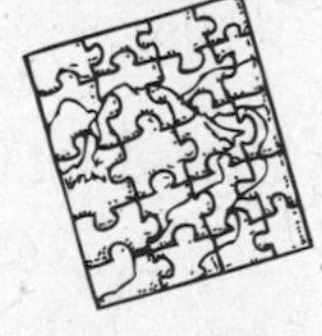

7. punta + aguda ______________________________

8. salta + montes ______________________________

Escuela + Hogar

Actividad para la casa Su niño o niña formó palabras compuestas, que son palabras que se forman uniendo dos palabras más pequeñas. Escriba en tarjetas de fichero las siguientes palabras: *boca, calle, guarda, espaldas, media, luna, agrio, dulce, video* y *juego*. Luego, pida a su niño o niña que empareje las tarjetas y escriba las palabras compuestas que se pueden formar con estas palabras.

Nombre ______________________

Escoge la palabra del recuadro que corresponde con cada pista.

bacterias	limo	puñado	humus
túneles	partículas	minerales	arcilla

1. Un ______________ de suelo contiene piedras, plantas, trocitos de hojas y animales pequeños.

2. Los ______________ le añaden nutrientes al suelo.

3. El ______________ es otro de los materiales del suelo.

4. Las ______________ fabrican el humus.

5. Entre las ______________ del suelo se encuentra la ______________, una partícula plana.

6. Otra partícula muy suave del suelo es el ______________.

7. Las lombrices de tierra cavan ______________ en el suelo.

Actividad para la casa Su niño o niña usó las pistas para escribir las palabras de vocabulario que aprendió esta semana. Trabaje con su niño o niña para usar algunas de las palabras de vocabulario de esta semana para describir el suelo y cómo se forma.

Nombre ______________________________

Lee el cuento. **Escribe** las respuestas a las preguntas.

Un deporte bajo techo

James Naismith inventó el básquetbol. Era un maestro de Educación Física de Canadá que, en 1890, fue a Springfield, Massachusetts, para enseñar en una universidad. Naismith quería que sus estudiantes tuvieran un deporte para jugar bajo techo en el invierno. Para 1891, había inventado el básquetbol. Al principio, los jugadores hacían rebotar una pelota de fútbol y la arrojaban dentro de una canasta de duraznos. A diferencia de las canastas de hoy en día, la canasta de duraznos no tenía abertura en el fondo. El básquetbol se jugó por primera vez en los Juegos Olímpicos en 1936. Y James Naismith se sintió emocionado al poder estar ahí para ver el deporte que él había inventado.

1. ¿Dónde enseñaba James Naismith?

____

2. ¿Por qué Naismith inventó un deporte?

____

3. ¿Qué hizo el inventor en 1936?

____

4. ¿Qué opinión se enuncia en este cuento?

____

Actividad para la casa Su niño o niña leyó un cuento que contiene hechos. Ayúdelo(a) a escribir oraciones con hechos sobre sí mismo, por ejemplo: su edad, el nombre de la ciudad donde vive, el nombre de la escuela a la que asiste, etc.

Nombre ______________________________

El suelo de mi vecindario

Vivo cerca de un río. El suelo junto a mi casa es de color café. Cuando agrego un poco de agua al suelo, el agua no corre demasiado rápido. El suelo debe de contener algo de arcilla, pero también debe de contener algo de arena. Cerca del río, el suelo es más oscuro y uniforme que el suelo junto a mi casa. Contiene limo. El suelo debajo de los árboles que están junto al río tiene muchas hojas secas. Es el suelo más oscuro de la zona.

Aspectos principales de un informe expositivo

- cuenta lo que has aprendido acerca de un tema
- incluye hechos e ideas acerca de ese tema
- a veces incluye características gráficas, como ilustraciones

Nombre ______________________

Palabras compuestas

Palabras de ortografía					
telaraña	sacapuntas	altibajo	parasol	paraguas	girasol
pasatiempo	abrelatas	salvavidas	saltamontes	rompecabezas	lavaplatos

Escribe una palabra de la lista para completar cada frase.

1. Tejer una ______________
2. Sombrilla o ______________
3. Armar un ______________
4. Un ______________ para mi lápiz
5. Un ______________ para la lluvia
6. Abrir con un ______________

Lee las pistas. **Escribe** palabras de la lista.

7. insecto que da grandes saltos ______________
8. entretenimiento ______________
9. flotador ______________
10. máquina para lavar la vajilla ______________
11. planta con tallo largo y flores amarillas ______________
12. cambio de estado ______________

Actividad para la casa Su niño o niña escribió palabras compuestas. Pídale que encierre en un círculo las palabras base que forman cada palabra compuesta de la lista.

Nombre ________________________________

Encierra en un círculo el sufijo en cada palabra. **Subraya** el significado correcto. **Escribe** una oración usando la palabra.

1. rápidamente

a. con lentitud b. de modo rápido c. probablemente

____

2. cariñosamente

a. sin paciencia b. con enojo c. de modo afectuoso

3. ramita

a. rama pequeña b. rama grande c. rama seca

4. fácilmente

a. con dificultad b. sin dificultad c. de modo improbable

5. granito

a. grano pequeño b. grano de gran tamaño c. grano redondo

6. piedrita

a. piedra enorme b. piedra pequeña c. piedra lisa

7. cuidadosamente

a. de modo rápido b. con precaución c. sin precaución

8. agujerito

a. abertura profunda b. abertura grande c. abertura pequeña

Actividad para la casa Su niño o niña aprendió palabras con sufijos. Anímelo(a) para que mencione otras palabras que terminen con los sufijos que encerró en un círculo en esta página y que luego diga el significado de las palabras.

Nombre ___________________________

Adjetivos comparativos y superlativos

Los **adjetivos comparativos** usan las palabras **más, mejor, menos** o **peor** para comparar dos cosas:

El flamenco tiene el cuello **más largo** que la rana.

Los **adjetivos superlativos usan** las expresiones **el/la más, el/la mejor, el/la menos** o **el/la peor** para comparar tres o más cosas:

El cuello de la jirafa es **el más largo** de los tres.

Este suelo es **el mejor.**

Subraya los adjetivos que comparan dos cosas. Subraya también las palabras *más, mejor, menos, peor* que los acompañan.

1. La arcilla es más fina que la arena.
2. El suelo es menos duro que la roca.

Subraya los adjetivos que comparan más de dos cosas. Subraya también las palabras *el/la más, el/la mejor, el/la menos, el/la peor* que los acompañan.

3. La tierra negra es el mejor de los suelos.
4. El desierto tiene la peor tierra de todas.

Di oraciones con adjetivos para comparar cosas.

Actividad para la casa Su niño o niña estudió los adjetivos comparativos y superlativos. Pídale que compare cosas o personas.

Nombre ______________________________

Red

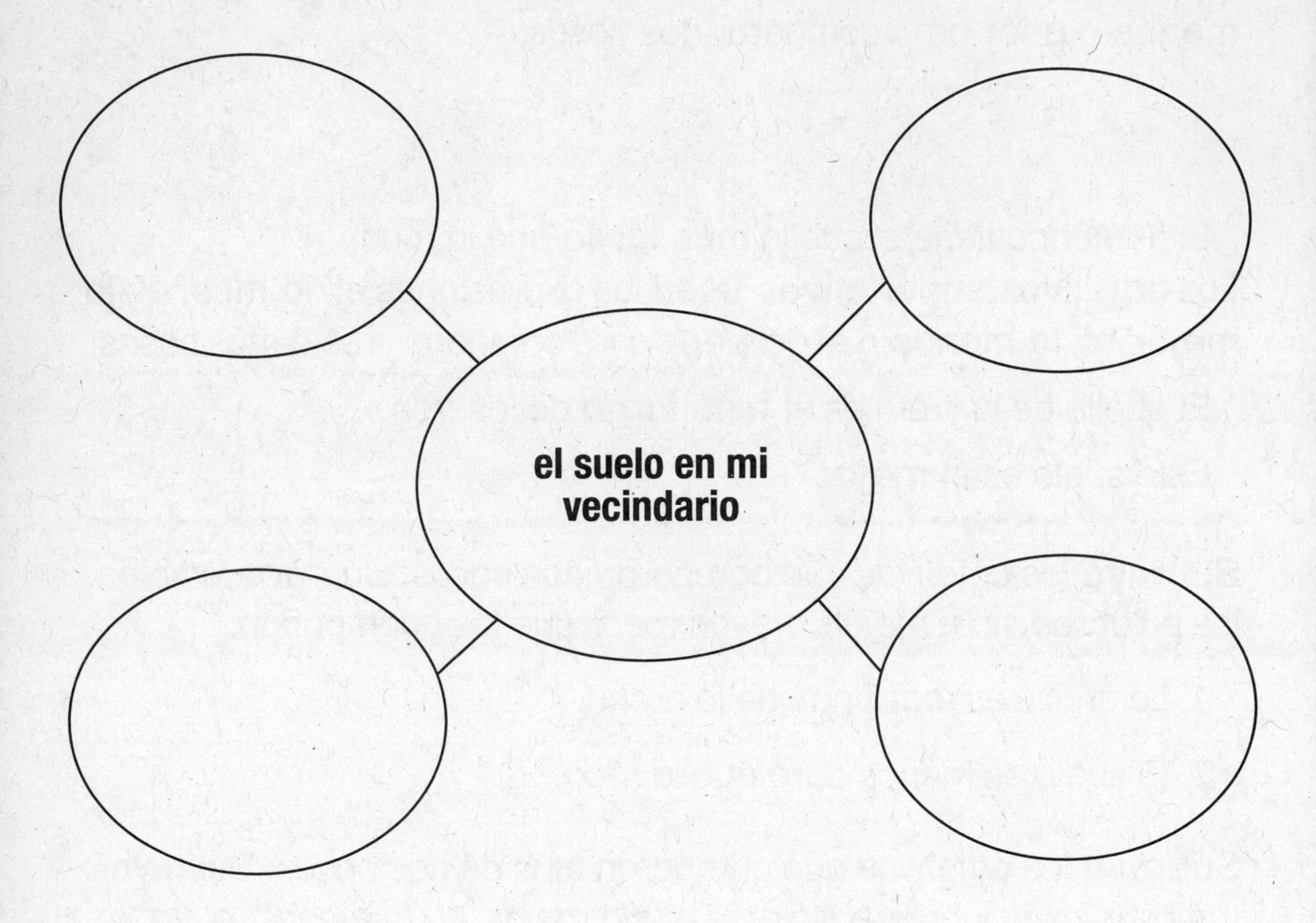

Actividad para la casa Su niño o niña está aprendiendo a escribir cuentos, poemas, informes breves, párrafos de no ficción, cartas y otros textos este año. Pregúntele qué está escribiendo esta semana.

Nombre ______________________________

Usa el diagrama para contestar las siguientes preguntas.

Pez dorado

1. ¿Qué muestra el diagrama?

2. ¿Para qué usa el pez dorado las agallas?

3. ¿Para qué sirven las aletas?

4. ¿Para qué sirven las escamas?

5. ¿Por qué los ojos del pez dorado siempre están abiertos?

Actividad para la casa Su niño o niña aprendió a leer un diagrama. Busque un diagrama simple en un periódico, en una revista o en un libro de narración informativa. Comente lo que muestra el diagrama. Ayude a su niño o niña a leer los rótulos. Pídale que le explique cómo el diagrama le ayudó a entender mejor el contenido.

Nombre ______________________________

Palabras compuestas

Lee el cuento. **Encierra en un círculo** tres errores de ortografía. Luego, encierra en un círculo una palabra con un error en el uso de las mayúsculas. **Escribe** las palabras correctamente.

Palabras de ortografía	
telaraña	pasatiempo
sacapuntas	abrelatas
altibajo	salvavidas
parasol	saltamontes
paraguas	rompecabezas
girasol	lavaplatos

Palabras de ortografía difícil
vaivén
agridulce
ciempiés
pararrayos

Trini

Había una vez una araña llamada Trini. A Trini le gustaba tejer telarañas. Vivía en méxico y era amiga de un cienpiés buscapleitos. A Trini también le gustaba conversar con Pedro, el saltamotes. Era su pasatienpo favorito.

1. ____________ 2. ____________

3. ____________ 4. ____________

Lee la oración. **Encierra** en un círculo la palabra escrita correctamente.

5. Como llueve, traje un _____. **paraguas** **paragüas**
6. Me gustan las semillas de _____. **girasol** **jirasol**
7. ¿Me prestas tu _____? **sakapuntas** **sacapuntas**
8. ¿Tienes un _____? **avrelatas** **abrelatas**
9. En mi bote tengo un _____. **salvavidas** **salvabidas**
10. Armemos el _____. **rompecabesas** **rompecabezas**

Actividad para la casa Su niño o niña identificó palabras compuestas mal escritas. Pídale que use palabras de la lista para contar más cuentos sobre la araña Trini.

Nombre ________________________________

Lee el cuento. **Sigue** las instrucciones.

Un lugar hermoso

El parque nacional más bonito del país es el Parque Nacional Zion. Zion se convirtió en parque nacional hace casi cien años, en 1919. Hoy en día, abarca un área de 229 millas cuadradas. Adentro, hay hermosos acantilados y se encuentra el imponente cañón Zion. En la zona se pueden ver coyotes, pumas, venados y borregos cimarrones. El parque también tiene el arco de piedra más grande del mundo: el Arco Kolob. ¡Caminar entre los acantilados de Zion es una excursión increíble! Los acantilados cambian de color crema a rosado y de rosado a rojo. Es como estar en un paisaje de un cuento de hadas.

1. Escribe tres hechos de este cuento.

____

2. Escribe **H** si la oración es un hecho. Escribe **O** si es una opinión.

______ **A.** El Parque Nacional Zion es el más bonito del país.

______ **B.** Tiene el arco de piedra más grande del mundo.

______ **C.** Es como estar en un paisaje de un cuento de hadas.

Actividad para la casa Su niño o niña leyó un cuento que contiene hechos y opiniones. Ayúdelo(a) a escribir un párrafo con hechos y opiniones; por ejemplo, un párrafo donde describa su comida favorita o su lugar favorito.

Nombre ______________________________

Adjetivos comparativos y superlativos

Marca la oración que tiene adjetivos que comparan dos cosas o más.

1
- ⬭ La lluvia forma charcos.
- ⬭ El suelo tiene piedras.
- ⬭ Este suelo es más rico que el otro.

2
- ⬭ El suelo lleva humus.
- ⬭ La tierra arcillosa es peor que la negra.
- ⬭ ¿Te gusta mi jardín?

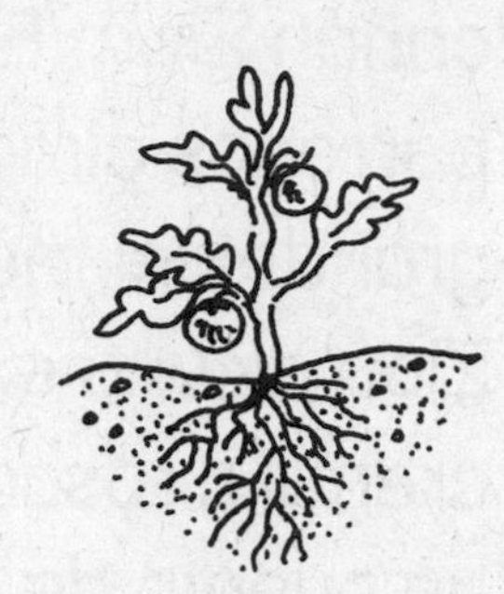

3
- ⬭ La tierra negra es la más rica de todas.
- ⬭ Las lombrices hacen galerías.
- ⬭ El agua es muy importante.

4
- ⬭ El humus se forma poco a poco.
- ⬭ El suelo es más importante que el agua.
- ⬭ El hielo rompe la roca.

5
- ⬭ La roca es peor que la tierra.
- ⬭ El humus lleva restos de plantas.
- ⬭ La lluvia es buena.

Escuela + Hogar

Actividad para la casa Su niño o niña se preparó para exámenes sobre adjetivos comparativos y superlativos. Pídale que diga oraciones usando adjetivos comparativos.

Nombre ______________________

Escoge una palabra del recuadro que se relacione con cada pista.
Escribe la palabra en la línea.

hijo	**chorizo**	**ahora**	**hacha**	**almohada**
cohete	**hora**	**chocolate**	**leche**	**chanclas**

1. Lo debes hacer en este momento.	**2.** Hay 60 minutos en una de éstas.	**3.** Los niños la toman en la merienda.	**4.** Mi tía y su marido tuvieron un…
5. Juan es muy goloso, le gustan las galletas de…	**6.** Se usan para caminar dentro de la casa.	**7.** Es un vehículo para viajar al espacio.	**8.** Se usa para apoyar la cabeza en la cama.

Escoge una palabra del recuadro para completar cada oración.
Escribe la palabra en la línea.

9. Mi abuelito corta la leña con un ____________.

10. Me gusta comer ____________ en el desayuno.

Actividad para la casa Su niño o niña está aprendiendo a escribir palabras con *h* y con *ch*. Pídale que señale las palabras de ortografía que le parecen más difíciles y que las escriba.

Nombre ______________________________

Escoge una palabra del recuadro para completar cada oración.
Escribe la palabra en la línea.

cañones	coral	equilibrio
mecerse	sacudió	

1. Cuando no hay clases, mi amigo y yo hacemos caminatas por los profundos ____________________ que están cerca de casa.

2. Ayer vimos un pajarito que intentaba mantener el ____________________ sobre una ramita.

3. El pájaro estaba quieto en el árbol, porque el viento no lo dejaba ____________________ .

4. De repente, el pájaro ____________________ sus alas y se marchó volando.

5. Mañana caminaremos hacia una playa que tiene un bonito arrecife de ____________________ en el agua.

Actividad para la casa Su niño o niña completó oraciones con el vocabulario de la lección. Trabaje con su niño o niña para que use estas palabras en su propio cuento.

Nombre ____________________________

Lee el cuento.
Contesta las preguntas.

La familia de Julia se estaba mudando. Primero, Julia empacó su ropa. Luego, ayudó a su mamá a empacar toallas. Por último, Julia empacó sus juguetes.

1. **Subraya** la oración que indique lo primero que Julia hizo.

2. **Escribe** la oración que indique lo último que Julia hizo.

____

Julia tenía miedo de mudarse. ¿Con quién jugaría? ¿Habría otros niños en el nuevo vecindario? Julia ayudó a su mamá a terminar de empacar. Luego, los hombres de la mudanza pusieron todo dentro del camión. La mamá de Julia le dijo que no se preocupara.

3. **Encierra en un círculo** el tema principal del cuento.

   Julia ayudó a su mamá a mudarse.

   Julia tenía miedo de mudarse.

4. **Subraya** una oración que identifique el tema del cuento.

5. **Subraya** otra oración del cuento que te haya ayudado a identificar el tema del cuento.

Actividad para la casa Su niño o niña identificó el orden de los sucesos y el tema del cuento. Seleccionen juntos varios libros de cuentos de la casa o de la biblioteca. Mientras lee los cuentos, pida a su niño o niña que identifique el orden de los sucesos y el tema de cada cuento.

Nombre ______________________________

Es hora de mudarse

Nos mudaremos lejos.
Todo el mundo lo sabe.
Nos mudaremos lejos.
No se nos puede hacer tarde.

Intento estar feliz,
Pero realmente estoy triste.
Intento estar feliz,
Sólo porque tú me lo pediste.

Hoy me despediré de mis amigos.
Siento gran consternación.
Hoy me despediré de mis amigos,
Y no mostraré mi preocupación.

Las cosas nuevas son buenas,
Ya me lo dijo mi abuela.
Las cosas nuevas son buenas:
¡Nuevos amigos y nueva escuela!

Aspectos principales de un poema narrativo

- cuenta un cuento
- puede tener palabras que riman
- puede describir algo o puede expresar sentimientos

Nombre ____________________

Palabras con *h* y con *ch*

Escribe una palabra de la lista para completar cada oración.

1. Me gusta almorzar sándwiches de __________ .

2. Por mi cumpleaños me regalaron un __________ de juguete.

3. Un zapatito es un zapato __________ .

4. Necesito una __________ de papel para escribir.

5. Todas las noches veo volar una __________ .

6. ¿Qué vas a hacer __________ ?

7. El día antes de mañana es __________ .

Palabras de ortografía
hoja
hora
hoy
ahora
hacha
lechuza
cohete
chorizo
leche
ocho
chile
chico

Escribe una palabra que complete las definiciones.

8. es picante __________

9. la tomamos en la merienda __________

10. es una herramienta __________

11. medida de tiempo __________

12. seis, siete, ... __________

Actividad para la casa Su niño o niña está escribiendo palabras con *h* y con *ch*. Pídale que busque palabras con *h* y con *ch* en un periódico y que las escriba.

Nombre ______________________________

Lee la oración. **Encierra en un círculo** el significado correcto de la palabra subrayada. **Escribe** tu propia oración usando esa palabra.

1. Ten cuidado de no resbalar en el hielo.

   a. equivocarse b. patinar y caer c. no importar

2. Dean puede patinar y hacer figuras extrañas.

   a. que no es correcto b. raro c. echar de menos algo

3. Nos gusta patinar bajo la luz de la luna.

   a. lámpara b. corriente eléctrica c. brillo

4. Al llegar al destino, tendremos que acomodar nuestras cosas.

   a. ajustar b. ordenar c. poner en un lugar cómodo

5. En las cajas, ponemos tiras de papel para proteger las cosas.

   a. historieta b. descartar algo c. pedazos largos

Actividad para la casa Su niño o niña utilizó pistas del contexto para deducir el significado de las palabras que tienen más de un significado. Pídale que le explique cómo escogió el significado correcto de cada palabra subrayada.

Nombre ______________________________

Adverbios que indican cuándo y dónde

Los **adverbios** dan información sobre el verbo. Si quieres decir **cuándo** o **dónde** pasa algo con una sola palabra, usa un adverbio.

Ahora la Luna está en el cielo.
La Luna se cayó **allí.**

Ahora dice cuándo.
Allí dice dónde.

Subraya el adverbio que dice cuándo o dónde pasa algo en cada oración. **Copia** los adverbios en la tabla.

1. Antes vi la Luna llena.
2. Estaba arriba, en el cielo.
3. Salí afuera para verla.
4. Después volví a entrar.

Adverbios que indican dónde	Adverbios que indican cuándo

Di otras oraciones con estos adverbios.

Actividad para la casa Su niño o niña estudió los adverbios de tiempo y de lugar. Por turnos, vayan diciendo adverbios que indican cuándo o dónde.

Nombre ______________________________

Secuencia del cuento

Título ______________________________

Personajes	Ambiente

Sucesos

Primero

↓

Después

↓

Luego

↓

Por último

Actividad para la casa Su niño o niña está aprendiendo a escribir cuentos, poemas, informes breves, párrafos informativos, cartas y otros tipos de textos este año. Pregunte a su niño o niña qué está escribiendo esta semana.

Nombre ____________________

Mira el correo electrónico. **Escribe** la respuesta a cada pregunta.

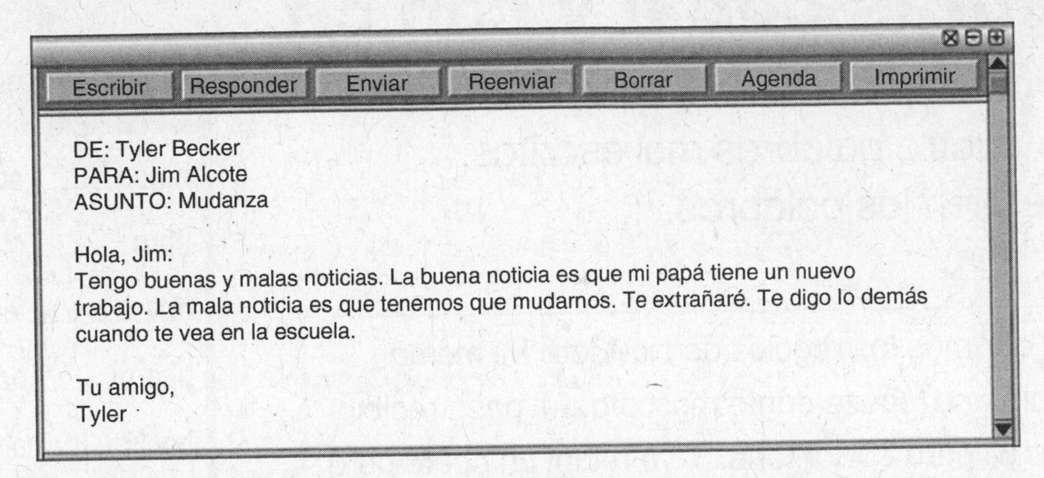
Escribir | Responder | Enviar | Reenviar | Borrar | Agenda | Imprimir

DE: Tyler Becker
PARA: Jim Alcote
ASUNTO: Mudanza

Hola, Jim:
Tengo buenas y malas noticias. La buena noticia es que mi papá tiene un nuevo trabajo. La mala noticia es que tenemos que mudarnos. Te extrañaré. Te digo lo demás cuando te vea en la escuela.

Tu amigo,
Tyler

1. ¿Quién es Tyler Becker?

2. ¿Sobre qué está escribiendo? ¿Cómo lo sabes?

3. ¿Quién es Jim Alcote? ¿Cómo lo sabes?

4. ¿En qué se diferencia un correo electrónico de una carta?

Actividad para la casa Su niño o niña aprendió a usar el correo electrónico. Comente algunas de las maneras en que podrían usar el correo electrónico. Escriban juntos un correo electrónico. Comparen las ventajas y las desventajas del correo electrónico y el correo regular.

Nombre ____________________

Palabras con *h* y con *ch*

Lee el informe de Juan. **Encierra en un círculo** cuatro palabras mal escritas. **Escribe** bien las palabras.

Palabras de ortografía	
hoja	cohete
hora	chorizo
hoy	leche
ahora	ocho
hacha	chile
lechuza	chico

Ohy abrimos los regalos de Navidad. Mi mamá recibió una lehuza como mascota. Mi papá recibió un acha para cortar leña. Y yo recibí un coete para jugar a los astronautas.

1. ____________ 2. ____________

3. ____________ 4. ____________

Palabras de ortografía difícil
hombre
chancla
alhaja

Encierra en un círculo la palabra que está bien escrita.

5. ◯ chico ◯ chicho
6. ◯ leche ◯ lechhe
7. ◯ choriso ◯ chorizo
8. ◯ hora ◯ ora
9. ◯ chhile ◯ chile
10. ◯ ocho ◯ hocho
11. ◯ hoja ◯ oja
12. ◯ alaja ◯ alhaja

Actividad para la casa Su niño o niña está aprendiendo a identificar palabras con *h* y con *ch*. Pídale que piense y escriba otras palabras con *h* y con *ch*.

Nombre ______________________

Lee el mito. **Sigue** las instrucciones.

Coyote y las estrellas

Hace mucho tiempo, las personas inventaban cuentos o mitos para explicar por qué sucedían algunas cosas. Los indios hopi contaban muchos mitos. Uno era sobre Coyote y las estrellas. Una noche, Coyote le robó un frasco de piedra muy pesado al creador del mundo. El frasco era tan pesado que enseguida se cansó de cargarlo y decidió dejarlo. Lo puso en el piso y comenzó a caminar. Pero Coyote era demasiado curioso. Volvió hacia el frasco y le quitó la tapa. El frasco se rompió. Trozos brillantes de fuego volaron hacia el cielo de la noche. A medida que pasaban junto a Coyote, los trozos de fuego quemaron el pelaje de su cara. Y por eso es que la cara de Coyote es negra y hay estrellas en el cielo.

1. Escribe el nombre del personaje principal del cuento.

____

2. Subraya la oración que indica la idea principal del cuento.

Los indios hopi contaban muchos mitos.

Hace mucho tiempo, las personas inventaban cuentos o mitos para explicar por qué sucedían algunas cosas.

Por eso es que la cara de Coyote es negra y hay estrellas en el cielo.

Actividad para la casa Su niño o niña leyó un mito e identificó su tema. Vuelvan a leer el mito y comenten qué otras cosas de la naturaleza se pueden explicar a través de un mito.

Nombre ______________________

Adverbios que indican cuándo y dónde

Marca el adverbio que indica cuándo o dónde.

1 Luna estaba __________.

- subir
- entre
- arriba

2 __________ Luna se cayó.

- Vuela
- Agua
- Entonces

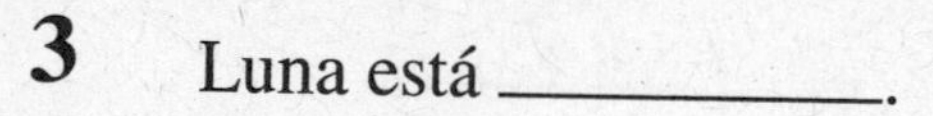

3 Luna está __________.

- bajar
- entre
- abajo

4 __________ los peces la encontrarán.

- Pronto
- océano
- nadan

5 __________ tratarán de ayudarla.

- Después
- Tan
- Esto

Actividad para la casa Su niño o niña se preparó para examinarse sobre adverbios de lugar y de tiempo. Pídale que mire un artículo de una revista o un periódico y que subraye los adverbios que dicen cuándo y dónde pasa o está algo.

Nombre ______________________________

Escoge el diptongo del recuadro que complete cada palabra.
Escribe el diptongo en la línea.

ai (ay)   *ei (ey)*   *oi (oy)*   *ui (uy)*

b<u>ai</u>larín

r<u>ey</u>

d<u>oy</u>

b<u>ui</u>tre

1. b _______ le

2. h _______

3. p _______ ne

4. l _______

5. s _______

6. _______ ga

7. f _______ mos

8. m _______

9. v _______ nte

10. r _______ do

Escuela + Hogar

Actividad para la casa Su niño o niña completó palabras con los diptongos *ai (ay), ei (ey), oi (oy), ui (uy)*. Ayúdelo a hacer una lista de otras palabras con los mismos diptongos. Anímelo a buscarlas en un periódico, en una revista o en un libro de cuentos.

Nombre ______________________________

Escoge una palabra del recuadro para completar las oraciones.
Escribe la palabra en la línea.

peñascos	despertado	volcán
sufriría	destapó	arco iris

1. Esa mañana, Juana se había ____________________ con las buenas noticias que le dio su mamá.

2. ¡Había ganado un premio por una foto que había sacado! Y su mamá, como regalo, ____________________ una olla con ricas tortillas.

3. La foto muestra un colorido ____________________ en el cielo.

4. También se pueden ver las cenizas y el humo que salen de un ____________________.

5. En la distancia hay unos ____________________ altos y rocosos.

6. Juana recordaba que se había mojado mucho ese día, pero ____________________ lo mismo de nuevo porque una foto como ésa valía la pena.

Actividad para la casa Su niño o niña usó el vocabulario de la lección para completar las oraciones. Diga una palabra del recuadro. Pida a su niño o niña que encuentre la oración en la que se usa esa palabra y que la lea en voz alta.

Nombre ______________________________

Lee la leyenda. **Sigue** las instrucciones.

Una leyenda sobre una inundación

Según una leyenda sobre una gran inundación, unas personas vivían al pie de una cadena de montañas. Estas personas comenzaron a hacer cosas malvadas. A los dioses no les gustaba cómo se comportaban. Otras personas vivían en lo alto de las montañas. Estas personas no hacían cosas malvadas. Eran pastores que cuidaban llamas. Un día, dos hermanos se dieron cuenta de que las llamas se comportaban de manera extraña. Preguntaron a las llamas qué ocurría y ellas dijeron que las estrellas les habían advertido que una gran inundación pronto cubriría la Tierra. Rápidamente los hermanos llevaron a sus familias y a las llamas a una cueva. ¡Llovió durante cuatro meses! La inundación nunca alcanzó la cueva. Estas personas y animales se salvaron, pero la inundación había destruido todo el resto de la vida en la Tierra.

1. **Subraya** la oración que menciona la idea principal del cuento.
   Las llamas son animales inteligentes.
   Las personas malvadas serán castigadas.
2. ¿Qué sucedió antes de que los hermanos hablaran con las llamas?

____

____

3. ¿Qué sucedió después de que las personas y los animales entraron en la cueva?

____

____

Actividad para la casa Su niño o niña leyó una leyenda e identificó el argumento y el tema. Vuelva a leer el cuento con su niño o niña. Pídale que subraye las oraciones que narran los sucesos del cuento.

Nombre ________________________________

7 de marzo de 2011

Querido tío Roberto:

Quería agradecerte por preparar mi sopa favorita ayer en el almuerzo. Me di cuenta de que habías hecho sopa tan pronto como entré en la cocina. En el aire se sentía el maravilloso aroma de las verduras que hervían. Las zanahorias estaban tan dulces y el caldo tenía el sabor intenso de las cebollas y las especies.

Debes de haber dedicado mucho tiempo a preparar el almuerzo. Primero, escogiste cuidadosamente las verduras frescas. Luego, cortaste las verduras en trozos pequeños e iguales. Después, cocinaste la sopa lentamente durante horas. Estaba tan deliciosa que la tomamos demasiado rápido. ¡Qué buen cocinero eres!

Con cariño,
Miguel

Aspectos principales de una nota para dar las gracias

- un mensaje corto para dar las gracias a alguien
- tiene un saludo y una despedida, como una carta

Nombre ______________________________

Diptongos *ai* (*ay*), *ei* (*ey*), *oi* (*oy*), *ui* (*uy*)

Palabras de ortografía					
soy	baile	aire	rey	oiga	ley
peine	fuimos	reino	ruido	juicio	cuidado

Escribe una palabra de ortografía que sea sinónimo de la palabra subrayada.

1. Quiero que escuche esta canción. ______________
2. La regla dice que no podemos gritar aquí. ______________
3. Esa danza es de mi país. ______________
4. El alboroto de la calle no deja oír bien. ______________

Agrega una palabra de la lista a cada grupo.

5. condado, príncipe, ______________
6. opinión, decisión, ______________
7. agua, fuego, ______________
8. cepillo, cabello, ______________
9. estoy, pienso, ______________
10. atendido, conservado, ______________

Actividad para la casa Su niño o niña está escribiendo palabras con *ai (ay), ei (ey), oi (oy), ui (uy)*. Pídale que encierre en un círculo las sílabas con *ai (ay), ei (ey), oi (oy), ui (uy)* en las palabras de ortografía.

Nombre ________________________________

Lee la palabra al comienzo de cada fila.
Completa el resto de la tabla.

Palabra	Prefijo	Palabra base	Significado
1. reacomodar			
2. descansar			
3. reabrir			
4. descuidar			
5. desobedecer			
6. reordenar			
7. releer			
8. desconfiar			
9. reescribir			
10. destapar			

Actividad para la casa Su niño o niña aprendió acerca de las palabras con prefijos. Pida a su niño o niña que escoja tres palabras de esta página que comiencen con *re-* y *des-*. Pídale que haga una oración con cada palabra.

Nombre ______________________

Adverbios que indican cómo

Los **adverbios** dan información sobre el verbo. Hay adverbios que indican **cómo** pasa algo o cómo se hace algo. Muchos de estos adverbios terminan en **-mente.**

Jade extendió la masa **lentamente.**

Lentamente indica cómo extendió la masa Jade.

Completa las oraciones. **Escribe** un adverbio del recuadro.

rápidamente cariñosamente bien
silenciosamente cuidadosamente

1. La niña regó el jardín ______________________.

2. Volvió a su casa ______________________.

3. Su mamá la acarició ______________________.

4. La lluvia caía ______________________.

Di otras oraciones con los adverbios de arriba.

Actividad para la casa Su niño o niña estudió los adverbios que dicen cómo pasa algo. Juntos inventen oraciones sobre cómo hace las cosas la gente usando los adverbios del recuadro.

Nombre ______________________________

Red

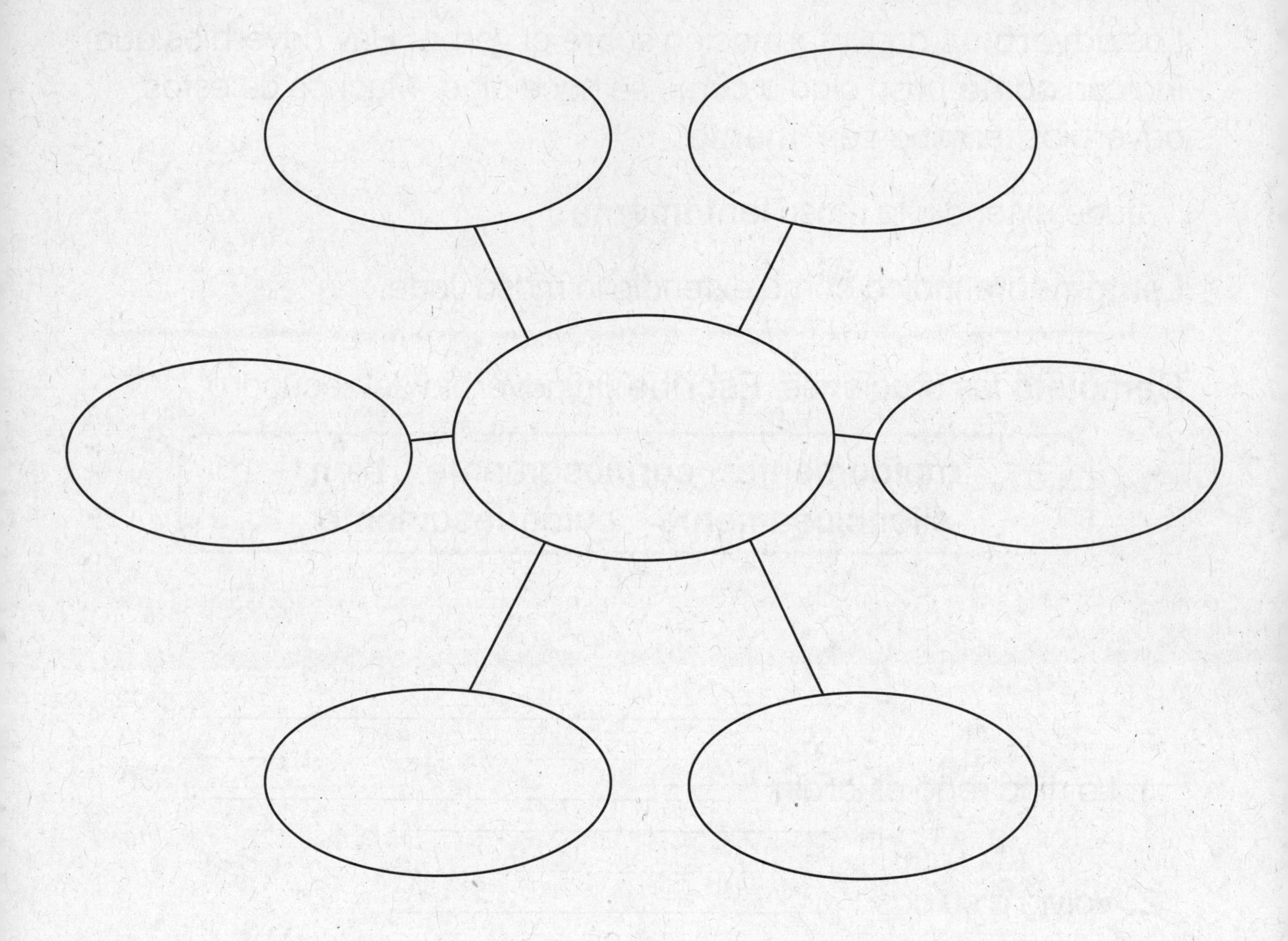

Actividad para la casa Su niño o niña aprenderá a escribir cuentos, poemas, informes breves, párrafos de no ficción, cartas y otros textos este año. Pregunte a su niño o niña qué está escribiendo esta semana.

Nombre ________________________

Escoge una palabra del recuadro para responder a las preguntas. **Escribe** la palabra en la línea.

anuario	**computadora**	**diccionario**
termómetro	**manga de viento**	

1. ¿Dónde encontrarías sitios Web acerca de tormentas?

____

2. ¿Qué fuente usarías para hallar el significado de **temperatura**?

____

3. ¿Qué usarías para medir la temperatura en tu salón de clases?

____

4. ¿Dónde encontrarías probablemente una recopilación de patrones climáticos de un período de tiempo?

____

5. ¿Qué mirarías para ver en qué dirección está soplando el viento?

____

Actividad para la casa Su niño o niña aprendió a reunir evidencia de fuentes naturales, de fuentes que suelen encontrarse en una clase y de fuentes personales que puede encontrar en el hogar. Junto con su niño o niña reúna información sobre el clima en su área durante una semana. Si es posible, use una computadora, el periódico o un termómetro para anotar la temperatura así como cualquier otro patrón climático interesante que suceda.

Nombre ______________________

Diptongos *ai (ay)*, *ei (ey)*, *oi (oy)*, *ui (uy)*

Lee la invitación. **Encierra en un círculo** tres palabras mal escritas. **Escribe** bien las palabras.

El Rey invita a todos los súbditos a festejar el Día Nacional del renio. Habrá música y un concurso de balie. El rei eligirá al mejor bailarín. Los esperamos en la Plaza Mayor el viernes.

Palabras de ortografía	
soy	peine
baile	aire
fuimos	reino
rey	ruido
oiga	juicio
ley	cuidado

Palabras de ortografía difícil
boina
circuito

1. ____________ 2. ____________ 3. ____________

Rellena el círculo de la palabra bien escrita. **Escríbela**.

4. ◯ zoy ◯ soi ◯ soy ____________
5. ◯ juicio ◯ juisio ◯ jucio ____________
6. ◯ aire ◯ ayre ◯ haire ____________
7. ◯ oyga ◯ oiga ◯ hoiga ____________
8. ◯ peine ◯ piene ◯ peime ____________

Actividad para la casa Su niño o niña está aprendiendo a identificar palabras mal escritas con *ai* (*ay*), *ei* (*ey*), *oi* (*oy*), *ui* (*uy*). Pídale que escriba un aviso usando algunas de estas palabras.

Nombre ______________________________

Lee la leyenda. **Sigue** las instrucciones.

La leyenda de la montaña

En Carolina del Norte, hay una leyenda sobre una luz que brilla en una montaña por la noche. Según este relato, una joven vivía en la montaña con su padre. Cada noche, su novio iba a visitarla. Para llegar a su casa, el joven tenía que caminar por un bosque lleno de serpientes y animales peligrosos. La joven encendía una antorcha y esperaba en la entrada para recibirlo. Una noche, el joven no apareció. La joven estaba desconsolada. Desde esa noche, todos los días al anochecer, la joven prendía una antorcha y vagaba por la montaña buscándolo. Aún después de su muerte, la luz todavía brilla en la montaña cuando oscurece.

1. Subraya la oración que menciona la idea principal.

   Es peligroso caminar de noche por el bosque.

   El amor verdadero es eterno.

   Nunca camines con una antorcha por una montaña.

2. ¿Qué explica la leyenda?

____

____

Escuela + Hogar

Actividad para la casa Su niño o niña leyó una leyenda e identificó el argumento y el tema. Vuelva a leer el cuento con su niño o niña. Luego, comente alguna leyenda que usted o su niño o niña conozcan.

Nombre ______________________

Adverbios que indican cómo

Marca el adverbio que indica cómo en cada oración.

1 El volcán se cubrió __________ de nubes.
- piedra
- sobre
- lentamente

2 La lluvia comenzó a caer __________.
- mansamente
- desde
- ruiseñor

3 La tortilla olía __________.
- bien
- rama
- cabe

4 Jade miró __________ hacia el cielo.
- alto
- tristemente
- aunque

5 El maíz crecía __________.
- porque
- agua
- deprisa

Actividad para la casa Su niño o niña se preparó para tomar un examen de adverbios que indican cómo. Por turnos, hagan oraciones sobre una excursión con adverbios como *alegremente, lentamente* o *fácilmente.*

Nombre ___________________________

Escoge una palabra del recuadro que corresponda a cada pista. **Escribe** la palabra en la línea.

aburrido	dormido	asombrado	lastimado	comido	querido

1. Despiértalo. Está _____
____

2. Este juego es _____
____

3. Hay sangre. Se ha _____
____

4. En una carta: _____ Juan:
____

5. con la boca abierta _____
____

6. pan _____
____

Lee el cuento.

David había invitado a Ana a la laguna para ver los patos. A Ana le pareció aburrido, pero aceptó. Sacaron sus bicicletas y partieron. David había esperado mucho ese momento. Le encantaba ir a la laguna. De repente, mientras montaban sus bicicletas, David se detuvo. Se habían perdido. David estaba asombrado, porque ya había recorrido ese camino y creía que no podía perderse. Ana se dio cuenta de que David no sabía seguir y se asustó. Pronto, a David le cambió la cara. Siguieron su camino.

Actividad para la casa Su niño o niña repasó palabras con los sufijos *-ado, -ada, -ido* e *-ida*. Pídale que escriba un cuento y su título con palabras con los sufijos *-ado, -ada, -ido* e *-ida*. Anímelo(a) a usar tantas palabras con estos sufijos como pueda. El cuento puede ser ridículo y divertido.

Nombre ______________________

Sufijos *-ado, -ada, -ido, -ida*

Palabras de ortografía

pesado	cansada	vestido	sentada	invitados	entrada	delicado
aburrido	casado	perdido	molida	salida	salado	aguado

Lee las pistas. **Escribe** las palabras de la lista en el rompecabezas.

Horizontales
2. lugar por el que se entra
3. que no está espeso
5. débil
6. en trozos muy pequeños

Verticales
1. que no está parada
4. lo contrario de divertido

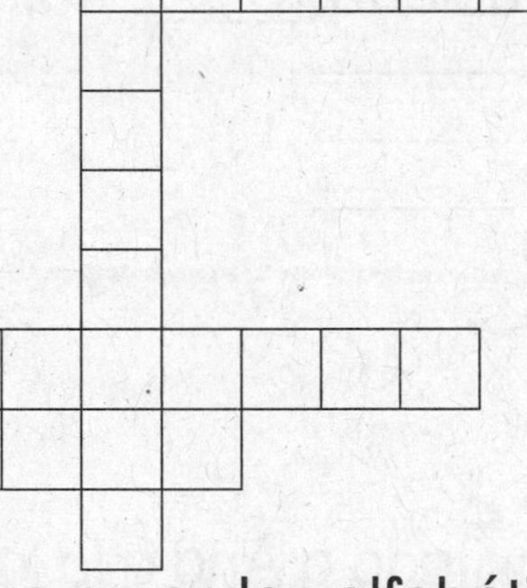

Escribe las palabras del recuadro en orden alfabético.

7. ______________ 8. ______________

9. ______________ 10. ______________

11. ______________ 12. ______________

salida
perdido
cansada
invitados
salado
vestido

Actividad para la casa Su niño o niña ha estado aprendiendo a deletrear palabras con los sufijos *-ado, -ada, -ido* e *-ida*. Escoja una palabra de la lista. Pida a su niño o niña que deletree la palabra y que la use en una oración.

Nombre ______________________

Escribe las palabras del recuadro que completen cada oración.

empacar	**despedirse**	**mudanza**
enroscado	**comal**	**abarrotes**

1. Esteban solía comer tortillas recién sacadas del ______________ de la tortillería que estaba al lado de su casa.

2. Después, pasaba por la tienda de ______________ para saludar a la señora Torres.

3. Allí, jugaba con el gato de la señora Torres, que siempre estaba ______________ a la orilla del mostrador.

4. Pero esta mañana era diferente. Esteban tenía que ______________ para la ______________.

5. Después de empacar, fue a ______________ de sus amigos. Esteban estaba contento con su nueva casa, pero sabía que extrañaría a sus amigos y al vecindario.

Actividad para la casa Su niño o niña repasó las palabras de vocabulario de esta semana. Pídale que escriba las palabras en tarjetas de fichero. Luego, pídale que escriba el significado de cada una en el otro lado de la tarjeta.

Nombre ______________________

Lee el cuento. **Responde** a las preguntas.

Nuestra nueva casa

Hace sólo un mes, mi familia y yo nos mudamos a una nueva casa. Me dio mucha lástima cambiar de ciudad y dejar mi escuela y mis amigos, pero en la nueva escuela también he conocido niños muy simpáticos que pronto serán mis amigos.

Lo que más me gustó de la mudanza fue reformar la nueva casa. Cuando llegamos, la casa estaba algo descuidada, pero mi familia y yo trabajamos mucho para ponerla linda.

Mamá, mi hermano Tim y yo nos encargamos de pintar las paredes. Pintamos cada habitación de un color. Yo elegí el color azul para mi cuarto.

Papá y mi hermano Jack sacaron los muebles del camión de mudanzas y los colocaron en las habitaciones. Algunos venían desmontados y yo ayudé a montarlos. Yo les acercaba a Jack y a papá las herramientas y los tornillos que necesitaban.

Después de pintar las paredes y montar los muebles, vaciamos todas las cajas de cartón en las que habíamos metido nuestras cosas. Cada uno de nosotros desembaló sus cosas y las ordenó en su cuarto. Y entre todos desembalamos y colocamos la vajilla, los floreros, las lámparas y los cuadros.

Actividad para la casa Su niño o niña usó un texto para sacar conclusiones y hacer inferencias. Lea en voz alta una parte de un cuento que su niño o niña no haya leído. Trabajen juntos para sacar conclusiones y hacer inferencias sobre un personaje o un suceso. Haga una pausa de vez en cuando para preguntar *por qué, qué* y *cómo.*

Nombre ______________________________

Más tarde, mamá cosió unas preciosas cortinas para la sala de estar y para la cocina. Por último, entre todos cortamos el pasto del jardín, podamos los árboles y arbustos y plantamos flores nuevas. ¡Nuestra nueva casa ya estaba lista! Todos la miramos con satisfacción y orgullo. Ahora empezaremos a disfrutar de nuestra nueva vida en esta ciudad.

---

1. ¿Crees que el autor del texto estaba triste o entusiasmado por cambiar de casa?

2. ¿Por qué crees que la familia reformó la casa?

3. ¿Cómo crees que se sentía el autor del texto mientras ayudaba a reformar la casa?

4. ¿Por qué la familia miraba la casa con orgullo?

Nombre ______________________

Los adjetivos y nuestros sentidos

Busca los adjetivos que indican cómo es el aspecto, el sonido, el sabor, el olor o cómo se siente algo. **Subráyalos.**

1. Luce un sol brillante.

2. Papá exprime naranjas dulces.

3. Bebemos el jugo fresco.

Elige el adjetivo entre ( ) que va en cada oración. **Copia** la oración.

4. Vivo en una calle (silenciosa, blanda).

____

____

5. En verano, es un lugar (blanco, caluroso).

____

____

Nombre ______________________

Día 1 Unidad 4 Semana 1 **Pepita empaca**

Copia las palabras. Asegúrate de trazar las letras correctamente.

le le le le le le

hiele hiele hiele hiele hiele hiele

Día 2 Unidad 4 Semana 2 **El ciclo de vida de una calabaza**

Copia las palabras. Asegúrate de que las letras tengan la misma inclinación.

té tío útil tú

Italia tila hilillo hito

Actividad para la casa Su niño o niña practicó la escritura de las letras *l, ll, h, t, k, i, u, e, j, p, a, d, c, ch, n, ñ, m* y *x*. Pídale que practique la escritura de las siguientes palabras y que se centre en la inclinación y en el trazado de las letras: *extraña, jamón, llanto, leche.*

Nombre ________________________________

Día 3 Unidad 4 Semana 3 **El suelo**

Copia las palabras. El espacio entre las letras debe ser adecuado.

paja kilo jota papel

puja teja kaki Pepita

Día 4 Unidad 4 Semana 4 **La noche que se cayó la luna**

Copia las frases. El espacio entre las palabras debe ser adecuado.

camino corto

tapada de lodo

Día 5 Unidad 4 Semana 5 **La primera tortilla**

Copia las frases. Las letras deben ser del mismo tamaño.

xilofón afinado

texto nuevo

Nombre ___________________________

Escoge una palabra del recuadro que corresponda con cada dibujo. **Escribe** la palabra en la línea.

asombroso	rugosa	boxeador	curioso	goloso	valioso

1. ___________________
2. ___________________
3. ___________________
4. ___________________
5. ___________________
6. ___________________

Lee el cuento.

Walter era un niño muy curioso. Aquella tarde quería llegar hasta la gran cascada con sus amigos, Carla y Fred. Los tres tomaron sus bicicletas y llegaron hasta donde pudieron. Después, siguieron caminando. A mitad de camino, hicieron un descanso. ¡Qué maravilloso paisaje! No podían creer lo que veían, era asombroso. Se sentaron y descansaron. Luego, decidieron volver a casa. Otro día regresarían a la gran cascada...

Actividad para la casa Su niño o niña repasó palabras con los sufijos *-oso, -osa, -dor* y *-dora*. Diga una palabra del recuadro de esta página. Pida a su niño o niña que use la palabra en una oración. Repita la palabra y pídale que la escriba. Continúe la actividad con otras palabras del recuadro.

Nombre ____________________

Sufijos *-oso, -osa, -dor, -dora*

Palabras de ortografía					
rugosas	volador	comedor	nadadora	valioso	sabrosa
jugador	cariñoso	goloso	secadora	gracioso	pescador

Lee el cuento. **Escribe** las palabras de la lista que faltan.

En verano voy de excursión con la escuela. Este año, fuimos al mar. Mi amigo, que es muy **1.** ____________, contó historias divertidas. Y yo, que soy muy **2.** ____________, comí muchos dulces. Escalamos paredes **3.** ____________ y probamos comidas **4.** ____________. ¡Mi amigo casi perdió su **5.** ____________ reloj!

Lee las pistas. **Escribe** las palabras de la lista.

6. el lugar donde comemos ____________

7. alguien que juega un deporte ____________

8. que muestra amor ____________

Actividad para la casa Su niño o niña ha estado aprendiendo a escribir palabras con los sufijos *-oso, -osa, -dor* y *-dora*. Escriba las palabras: *sabroso, sedoso, pescador, asador.* Léaselas a su niño o niña. Pídale que las pronuncie y que las vuelva a escribir.

Nombre ______________________

Escribe las palabras del recuadro que completen cada oración.

cosechas	raíz	lisas
enredaderas	rugosas	suelo

1. Las calabazas pueden ser ______________ o ______________.

2. Las manzanas crecen en árboles, pero las uvas crecen en ______________.

3. Los campesinos necesitan un ______________ fértil para sembrar.

4. Los campesinos recogen sus ______________ cuando las frutas están maduras.

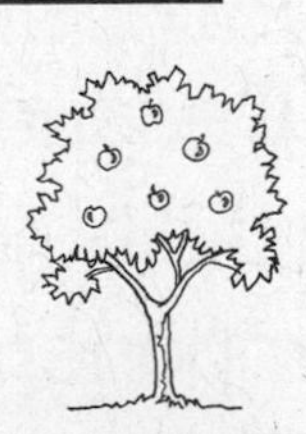

5. La parte de la planta que crece bajo tierra es la ______________.

Actividad para la casa Su niño o niña repasó las palabras de vocabulario que aprendió esta semana. Pídale que haga un dibujo de su fruta favorita y que escriba oraciones, describiéndola con palabras de vocabulario.

Nombre ______________________________

Lee el cuento. **Sigue** las instrucciones y **responde** a las preguntas.

El mural de la clase

En mi clase estábamos aprendiendo sobre las ciudades. Nuestro maestro, el señor Méndez, nos preguntó si creíamos que podíamos hacer un mural para mostrar cómo es la vida en la ciudad. Le dijimos que podíamos hacer un mural genial. El señor Méndez dijo que podíamos colgar el mural en el vestíbulo cuando lo termináramos. Nuestro mural mostraría a los demás niños de la escuela cómo es una ciudad.

El señor Méndez nos dividió en grupos y le dio a cada grupo una parte del mural para trabajar. Puso una hoja grande de papel de mural en una pared. Debíamos usar lápices, crayones, papel de dibujo, tijeras y pegamento.

La clase decidió mostrar una calle de la ciudad. Lo primero que hicimos fue hacer un plan del mural. Hicimos una lista de las cosas que íbamos a incluir. La calle de la ciudad iba a ser un lugar con mucha gente y tránsito. Habría carros, taxis, camiones y autobuses en la calle. La gente caminaría por las aceras y entraría a varias clases de edificios.

Después, cada grupo se acercó al mural y usó lápices para dibujar los edificios que están a lo largo de la calle. Mis compañeros y yo dibujamos muchas clases de edificios. Había edificios altos de oficinas, tiendas grandes y tiendas pequeñas. Dibujamos un banco, un cine y un museo. Luego, pintamos los edificios con crayones.

Escuela + Hogar **Actividad para la casa** Su niño o niña identificó la secuencia de sucesos en un cuento. Pídale que le hable sobre un proyecto de arte o ciencias que hizo en la escuela. Anímelo a usar palabras de orden como *primero, después, luego* y *por último* para mostrar la secuencia de sucesos.

Nombre ______________________________

Después de eso, dibujamos a las personas de la calle en papel de colores. Algunos dibujamos adultos y otros dibujamos niños. Dibujamos personas altas y personas bajas. Dibujamos personas vestidas para ir de compras y personas vestidas para ir a trabajar. Yo dibujé un trabajador que estaba arreglando una parte de la acera.

Al final, todos recortamos nuestros dibujos. Y por último, cada grupo pegó las personas en la calle de la ciudad. ¡Nuestro mural estaba listo! Pensamos que era un mural genial.

Al día siguiente, el señor Méndez colgó el mural en el vestíbulo que está al lado de nuestro salón de clases. Nuestros amigos de otras clases se detuvieron a mirarlo. Dijeron que era impresionante.

1. **Encierra en un círculo** las palabras del cuento que dan pistas sobre el orden en que ocurrieron los sucesos.

2. ¿Qué ocurrió después de hacer un plan para el mural?

____

____

3. ¿Qué ocurrió antes de dibujar a las personas del mural?

____

____

4. ¿Qué ocurrió después de que el mural estuvo listo?

____

____

Nombre ______________________

Adjetivos para cantidad, tamaño y forma

Escribe el adjetivo entre ( ) que va en cada oración.

1. Planté semillas ______________________.
(negro, ovaladas)

2. Las plantas ______________________ subían por las paredes.
(altas, sucias)

3. ¡Había ______________________ plantas!
(sesenta, dura)

Subraya los adjetivos que describen la cantidad, el tamaño o la forma de algo. **Escríbelos** en la tabla.

4. Agarré unas vainas cortas.

5. Abrí veinte vainas.

6. Adentro había arvejas redondas.

Cantidad	Tamaño	Forma

Nombre ______________________________

Observa la ilustración. **Encierra en un círculo** la palabra compuesta que nombra la ilustración.

1.

lavaplatos lavamanos parabrisas

2.

picaflor saltamontes picaporte

3.

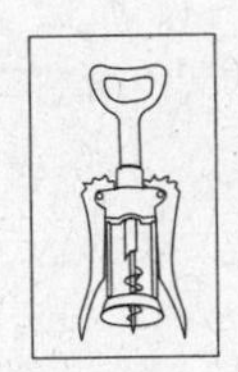

sacacorchos posavasos abrelatas

4.

sacapuntas paracaídas paragolpes

Lee el cuento.

Carlos fue a visitar a su amigo pelirrojo Luis Jiménez a su granja. Los Jiménez tenían un gran espantapájaros en su sembrado de girasol. Carlos y Luis debían llevar las vacas al establo. Se avecinaba una tormenta. Los niños decidieron llevar un paraguas y pensaron que tenían suerte de que el establo tuviera un pararrayos. Al abrir la puerta del establo, vieron que una enorme telaraña colgaba del techo. Cuando las vacas estaban adentro, Luis pudo dedicarse a su pasatiempo favorito: ordeñar las vacas. En la cocina, la señora Jiménez buscaba un abrelatas, ya que era mediodía y se acercaba la hora del almuerzo. Luego, la señora Jiménez los llamó a comer. ¡Todo estaba delicioso! Durante la sobremesa, Carlos agradeció a todos la calurosa bienvenida.

Actividad para la casa Su niño o niña repasó palabras compuestas. Pídale que haga dibujos para representar palabras compuestas. Ayúdelo a escribir palabras para rotular los dibujos. Pídale que use las palabras en una oración.

Nombre ______________________

Palabras compuestas

Palabras de ortografía

telaraña	sacapuntas	altibajo	parasol	paraguas	girasol
pasatiempo	abrelatas	salvavidas	saltamontes	rompecabezas	lavaplatos

Hay estrellas donde deberían estar las sílabas que completan las palabras compuestas. **Escribe** la palabra de la lista con las sílabas correctas.

1. rompe ★ ★ ★ ______________
2. lava ★ ★ ______________
3. ★ ★ vidas ______________
4. ★ ★ sol ______________
5. abre★ ★ ______________

Escribe las palabras de la lista que faltan.

Una reina que vestía siempre con enaguas
salió a caminar por el jardín con su ___(6)___.
¡Cuánto más le gustaban los días de sol
cuando éste iluminaba las flores de ___(7)___!
Su ___(8)___ era caminar, aunque el suelo
estuviera blando, porque olvidaba sus problemas
tan solo caminando.
Esquivaba las ___(9)___ que veía en su camino
y los ___(10)___ la observaban llegar a su destino.

6. ______________
7. ______________
8. ______________
9. ______________
10. ______________

Actividad para la casa Su niño o niña ha estado aprendiendo a escribir palabras compuestas. Dele pistas sobre una palabra de la lista. Pídale que diga y escriba la palabra.

Nombre ______________________

Escoge la palabra del recuadro que corresponda a cada pista.
Escribe las letras de la palabra en cada casilla.

humus	bacterias	puñado
minerales	arcilla	

1. sustancias naturales
2. seres vivos muy pequeños
3. tierra firme y muy fina
4. capa superficial del suelo formada por pedacitos de animales y plantas muertas
5. poca cantidad de algo: cabe en un puño

Pon en orden las letras encerradas en un círculo de arriba para formar la palabra escondida.

6. ______________________

Actividad para la casa Su niño o niña repasó las palabras de vocabulario que aprendió esta semana. Escoja un libro que trata sobre el suelo. Anime a su niño o niña a buscar las palabras de vocabulario mientras lee.

Nombre ______________________________

Lee el artículo.
Responde a las preguntas.

¿Qué es el aire?

No puedes verlo ni olerlo, pero no puedes vivir sin él. ¿Qué es? Es el aire. La mayoría de las personas no piensa en el aire. Lo que llamamos aire es en realidad una mezcla de gases. La mayor parte es nitrógeno, pero también hay oxígeno. Hay cantidades muy pequeñas de otros gases. También hay algo de vapor de agua.

El aire no siempre permanece igual. Los seres humanos inhalamos aire y usamos el oxígeno que hay en él para hacer funcionar nuestro cuerpo. Luego, exhalamos dióxido de carbono. Las plantas usan el dióxido de carbono y liberan oxígeno. La cantidad de vapor de agua varía según el lugar. También cambia con la temperatura.

Todo el aire de la Tierra se llama atmósfera terrestre. No existe un límite definido entre nuestra atmósfera y el espacio exterior. A aproximadamente 100 kilómetros (62 millas), la atmósfera se vuelve menos densa y se pierde en el espacio.

A pesar de que no puedes ver el aire en sí mismo, a veces puedes ver sustancias que flotan en el aire. Cuando el aire se ve como una neblina blanca, lo llamamos niebla. Muchas personas tienen miedo de la niebla. La niebla está formada por pequeñas gotitas de agua y a veces es difícil ver a través de ella. La niebla es como una nube que está cerca del suelo.

Actividad para la casa Su niño o niña identificó hechos y opiniones en un artículo. Pídale que dé su opinión acerca de este artículo.

Nombre ______________________________

Cuando el aire se ve como una neblina de color amarillo amarronado, lo llamamos smog. El smog está formado por pequeños granitos de polvo y partículas de líquido que hay en el aire. Puede ser causado por la contaminación del aire proveniente de los carros, las fábricas, los incendios forestales, los volcanes, etc. Así, el aire se siente casi como si tuviera textura. El smog puede ser peligroso para la salud humana. ¿De qué manera? Las personas pueden morir al inhalar el tipo de materiales que flotan en el aire. El smog también daña las hojas de las plantas.

---

1. Observa el primer párrafo. Escribe un hecho acerca del aire.

____

____

2. Escribe un hecho acerca de la niebla.

____

____

3. Escribe un hecho acerca del smog.

____

____

4. Subraya una opinión que se mencione en este artículo.

Nombre ______________________________

Adjetivos comparativos y superlativos

Subraya los adjetivos que comparan dos cosas. Subraya también las palabras *más, mejor, menos, peor,* etc. que los acompañan.

1. El roble es más alto que el pino.

2. La montaña es menos fértil que la llanura.

3. La pradera es mejor que el bosque.

Escribe la palabra o palabras entre ( ) que completan cada oración.

4. El agua es ______________________________ el aire.
(más pesada que, peor de)

5. El clima mediterráneo es ______________________________.
(más mejor, el mejor de todos)

6. El humus es ______________________________ la arena.
(menos, más diminuto que)

Nombre ______________________________

Escoge una palabra del recuadro que corresponda a cada dibujo.
Escribe la palabra en la línea.

almohada	hombre	alhaja	hora
habichuela	chocolate	leche	chancla

Lee el cuento.

Ya era hora de dormir y el hombre decidió acostarse. Se quitó las alhajas, dejó sus chanclas al pie de la cama, acomodó su almohada y se acostó. De repente, le entraron muchas ganas de comer habichuelas. Pero él no sabía cocinarlas. ¡Qué pena! Entonces, decidió levantarse, tomó un vaso de leche y comió un poco de chocolate.

Actividad para la casa Su niño o niña está aprendiendo a escribir palabras con *h* y con *ch*. Pídale que escriba de nuevo las palabras del recuadro y que las lea en voz alta.

Nombre ____________________

Palabras con *h* y con *ch*

Palabras de ortografía					
hoja	hora	hoy	ahora	hacha	lechuza
cohete	chorizo	leche	ocho	chile	chico

Lee las pistas. **Escribe** la palabra de ortografía en la línea.

1. un número ____________________
2. un ave ____________________
3. bebida de color blanco ____________________
4. una herramienta ____________________

Ordena la palabra de ortografía que da sentido a la oración. **Escríbela**.

5. Me gusta mucho el picante del h c i l e. ____________________
6. A ese árbol recién se le cayó una a h j o. ____________________
7. A r o h a mismo lo hago. ____________________
8. Los astronautas viajan en e c h e o t. ____________________

Actividad para la casa Su niño o niña está aprendiendo palabras con *h* y con *ch*. Díctele palabras de ortografía y pídale que las escriba.

Nombre ______________________

Escribe una palabra del recuadro para completar cada oración.

equilibrio	cañones	coral
mecerse	sacudían	susurrar

1. Cuando salimos de la escuela, mi amigo y yo fuimos ______________ al mar a ver el bonito ______________.

2. Tuvimos que ______________ para no espantar a los pájaros.

3. La arena se había desprendido de unos profundos ______________.

4. Vimos las plantas marinas ______________ con el movimiento del agua.

5. Agité mi lata de nueces y oí cómo se ______________.

6. Mi amigo me mostró cómo hacer ______________ con la lata de nueces sobre la cabeza.

Escuela + Hogar **Actividad para la casa** Su niño o niña repasó el vocabulario aprendido anteriormente en esta unidad. Inventen adivinanzas sobre palabras de vocabulario y túrnense para adivinar las palabras.

Nombre ______________________________

Lee el cuento.
Sigue las instrucciones.

Un picnic fenomenal

La noticia estaba en televisión y me causó mucha conmoción.

Mi hermano Tomás jugaba en la computadora, mientras yo leía sentada.

—Hoy cocinaré —decía mamá mientras andaba a la cocina.

Pero un gran problema se avecinaba; todos los equipos se apagaban. Las luces, la computadora, la televisión: nada funcionaba.

—Creo que no cocinarás —decía papá, reconociendo la situación.

—Papá, ¿olvidaste pagar la electricidad? —bromeó Amy. Tomás, que sólo pensaba en su juego, miró a ver qué pasaba.

—Creo que no es culpa de papá. No hay electricidad cerca, en ningún lugar.

—Entonces, ¿no comeremos? —resopló Amy.

—Claro que sí —le contestó papá, sonriendo.

"¿Cómo cocinará papá?" se preguntaban todos.

—Mejor salgo al patio y les muestro cómo —dijo papá, muy contento—. Traigan la comida mientras caliento la parrilla.

—¡Ya sé! —dijo Amy—. Haremos un picnic.

—Así es. Asaremos la carne y las mazorcas de maíz. Será una ocasión especial y todo quedará fenomenal. Ahora vamos a empezar. Todos tendrán que ayudar.

Actividad para la casa Su niño o niña analizó el argumento y el tema de un cuento. Lean juntos un cuento. Pídale que le explique qué sucedió al principio, en el medio y al final.

Nombre ______________________

En el patio, todos hablaban y cocinaban, cuando vieron que el vecino Víctor Manuel se acercaba a la casa.

—¿Cómo estás, Víctor? —preguntó mamá, muy alegre.

—Muy contento de estar invitado a tan rico banquete.

—Pues, siéntate en un taburete y diviértete; la noche está oscura, pero todos gozaremos del banquete.

—Creo que la comida sabe más rica cuando comemos al aire libre.

—Tienes razón, Víctor —dijo Tomás, mientras acariciaba a su perrita Matilde.

Todos, satisfechos, disfrutaron de las estrellas y de una brisa apacible.

—Gracias a papá hemos pasado una noche increíble —dijo Amy.

---

1. ¿Qué sucedió inesperadamente al principio del cuento?

____

2. ¿Qué hicieron los miembros de la familia?

____

3. ¿Cuál crees que es el tema del cuento?

____

____

Nombre ______________________

Completa las oraciones. **Escribe** el adverbio entre ( ) que indica cuándo o dónde pasa algo en cada oración.

1. ______________________ visitaremos el Museo del Espacio.
(Ayer, Mañana)

2. El museo está ______________________.
(pronto, cerca)

3. ______________________ veo la Luna por la ventana.
(Ahora, Ayer)

Encierra en un círculo el adverbio que indica cuándo o dónde. **Copia** los adverbios en la tabla.

4. Nunca he mirado por un telescopio.

5. Ahora podré hacerlo.

6. El telescopio está aquí.

Adverbios que indican dónde	Adverbios que indican cuándo

Nombre ______________________________

Nombra las ilustraciones.
Escribe ai (ay), ei (ey), oi (oy) o ui (uy) para completar las palabras.

Lee el cuento.

Todos los años los habitantes de la ciudad festejan el carnaval en la plaza mayor, pero esta vez hay más personas que nunca. Hoy es el gran baile. Se hace al aire libre. ¡Es muy divertido! El año pasado también fuimos. Mi papá siempre se pone una boina y mi mamá se peina de un modo especial. Un jurado escoge al rey y a la reina del baile. ¡Todo se ve muy colorido y hay mucho ruido!

Escuela + Hogar **Actividad para la casa** Su niño o niña repasó palabras con los diptongos *ai (ay), ei (ey), oi (oy), ui (uy).* Ayúdelo a escribir oraciones con las siguientes palabras: *veinte, caimán, voy* y *cuido.*

Nombre ______________________________

Diptongos *ai (ay), ei (ey), oi (oy), ui (uy)*

Palabras de ortografía					
soy	baile	aire	rey	oiga	ley
peine	fuimos	reino	ruido	juicio	cuidado

Tacha las palabras que no tienen los diptongos *ei (ey), oi (oy).*

1. baile
   rey
   soy
2. soy
   ruido
   ley
3. baile
   reino
   rey
4. peine
   reino
   cuidado
5. peine
   oiga
   juicio

Escribe la palabra de ortografía.

6. Tiene cetro y corona. ____________________
7. norma que debes obedecer ____________________
8. para arreglar el pelo ____________________
9. Es necesario para vivir. ____________________
10. Yo existo. ____________________
11. Escuche. ____________________
12. donde hay un rey ____________________

Actividad para la casa Su niño o niña está aprendiendo a escribir palabras con los diptongos *ai (ay), ei (ey), oi (oy), ui (uy).* Para practicar en casa, pídale que mire una palabra, la escriba y señale el diptongo *ai (ay), ei (ey), oi (oy)* o *ui (uy).*

Nombre ______________________

Escoge una palabra del recuadro para responder a las adivinanzas.
Escribe la palabra en la línea.

peñascos
despertado
volcán
sufriría
destapó
arco iris

1. Tiene muchos colores y aparece después de que llueve. ______________________

2. Antes de levantarte por la mañana, primero has hecho esto. ______________________

3. Son muy altos y no quisieras caerte de uno de éstos. ______________________

4. Despide gases calientes y cenizas por la parte superior. ______________________

5. Quitó la tapa de una olla. ______________________

6. Me pasaría esto si sintiera un gran dolor. ______________________

Escuela + Hogar

Actividad para la casa Su niño o niña repasó el vocabulario que aprendió previamente en esta unidad. Anime a su niño o niña a que use la mayor cantidad posible de palabras de vocabulario en su propio cuento.

Nombre ______________________

Lee la leyenda. **Sigue** las instrucciones y **responde** a las preguntas.

Un cuento de colas

Una leyenda de los indígenas de América del Norte

Comadreja siempre pensó que Mapache tenía una magnífica cola. Aunque Comadreja tenía una cola peluda como la de Mapache, admiraba los hermosos anillos negros alrededor de la cola de Mapache. Comadreja quería una cola como ésa.

Una noche, cuando Comadreja buscaba comida, espió a Mapache que estaba junto a un arroyo comiendo nueces, frutas y plantas. Aunque Comadreja era tímida, se acercó a Mapache.

—Hola, Mapache —dijo—. ¡Qué linda noche! ¿Verdad?

—Sí, muy linda —respondió Mapache—. Tuve suerte y encontré cosas deliciosas para comer.

Comadreja continuó hablando:

—Creo que tienes una magnífica cola, Mapache. ¿Cómo conseguiste anillos negros tan hermosos?

—Busqué tiras largas y angostas de corteza. Cuando encontré unas que eran del tamaño exacto, envolví mi cola con las tiras.

—Ahora entiendo –exclamó Comadreja—. La corteza marcó los anillos negros alrededor de tu cola, ¿no es así?

—No terminé —dijo Mapache—. Luego, hice una fogata. Puse la cola en el fuego y, todo el pelaje entre las tiras se quemó. Quité la corteza y el pelaje negro se transformó en anillos negros.

Escuela + Hogar **Actividad para la casa** Su niño o niña leyó un cuento e identificó el argumento y el tema. Lea un cuento de ficción con su niño. Después de leer, pídale que cuente qué sucedió al principio, en el medio y al final.

Nombre ______________________

"Eso es lo que haré", pensó Comadreja.

Comadreja agradeció a Mapache y fue corriendo a buscar tiras de corteza para envolver su cola peluda.

Comadreja encendió una fogata y puso la cola en las llamas. ¡Pero la fogata era tan fuerte que le quemó todo el pelaje! Durante días esperó que el pelo creciera. Pero nunca volvió a crecer.

---

1. **Subraya** la oración que menciona el tema del cuento.

   Por qué la comadreja tiene una cola sin pelo.

   Por qué el mapache tiene una cola peluda.

   Cómo el fuego puede lastimar a los animales.

2. **Escribe** la oración que da una clave sobre el tema del cuento.

____

3. ¿Qué hace Comadreja al principio del cuento?

____

4. ¿Qué sucede después de que Comadreja y Mapache hablan?

____

5. ¿Qué sucede al final del cuento?

____

Nombre ______________________

Adverbios que indican cómo

Elige el adverbio entre ( ) que indica cómo sucede algo.
Escribe las oraciones.

1. Jade llamó (repetidamente, siempre) a la puerta.

2. Quería entrar (inmediatamente, afuera).

3. Todos le agradecieron (nunca, cariñosamente) el regalo.

Completa las oraciones. **Escribe** un adverbio del recuadro.

deprisa	maravillosamente	repentinamente

4. La montaña tembló ______________________.

5. La niña se apartó ______________________.

6. Todos lo pasaron ______________________.

Nombre ______________________________

Red de detalles

Completa esta red de detalles como ayuda para organizar tus ideas.

Nombre ______________________

Usar adjetivos expresivos

¿Qué oración de cada par tiene el adjetivo más expresivo? **Subraya** la oración.

1. Miramos el colorido jardín.
   Miramos el lindo jardín.

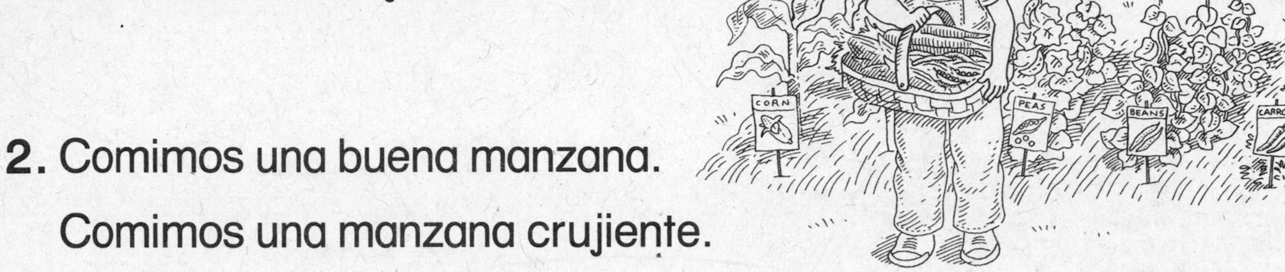

2. Comimos una buena manzana.
   Comimos una manzana crujiente.

3. Mi abuela me hizo una linda colcha de retazos.
   Mi abuela me hizo una colcha de retazos azul y blanca.

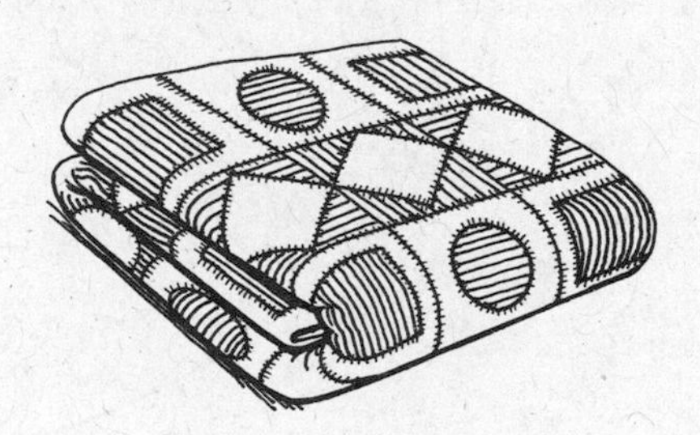

4. El trueno hizo un ruido ensordecedor.
   El trueno hizo un ruido fuerte.

5. El pastel de calabaza tenía un buen olor.
   El pastel de calabaza tenía un olor delicioso.

Nombre ______________________________

Eliminar palabras, frases u oraciones

Cuando revises, elimina palabras, frases y oraciones que no sean necesarias o que no hagan referencia al tema.

Sigue las instrucciones.

1. Lee la oración. Traza una línea sobre las palabras que no son necesarias.
   En el propio y mismísimo jardín de la escuela se sembraron semillas.

2. Lee la oración. Traza una línea sobre la frase que no hace referencia al tema.
   Las semillas necesitaban luz del sol, buena tierra, pan fresco y agua.

3. Lee la oración. Traza una línea sobre las palabras que no son necesarias.
   Las semillas germinaron y las pequeñas plantas comenzaron a crecer y crecer.

4. Lee las oraciones. Traza una línea sobre la oración que no corresponde con el tema.
   Pronto aparecieron pequeñas hojas verdes. Las hojas crecieron. Los árboles tienen hojas.

5. Lee las oraciones. Traza una línea sobre la oración que tiene demasiadas palabras.
   El jardín estuvo finalmente terminado cuando muchas flores hermosas y blancas comenzaron a abrirse en todas las plantas.
   Finalmente, florecieron hermosas flores blancas.

Nombre ______________________________

Corregir 3

Signos de corrección	
Eliminar (Quitar)	∂
Agregar	^
Ortografía	⬭
Letra en mayúscula	≡
Letra en minúscula	/

Esto es parte de una descripción. **Corrige** el párrafo. **Busca** errores de gramática, puntuación, uso de mayúsculas y ortografía. **Usa** signos de corrección para mostrar las correcciones.

La primavera comienza después de las últimas eladas del

Invierno. Al principio, los árboles no tienen ojas y el aire es frío.

Pero pronto el sol son más fuerte y la lluvia hace que el pasto

sean más verde. Los árboles comienzan a florecer aparecen los

primeros tulipanes y narciso. Los pájaros cantó canciones alegres

de primavera, y se apresuran a constrir sus nidos. ¡Espera!

Escuchaste ese sonido? Es un bate de béisbol. ¡Llegó la primabera!

Ahora tu maestro dará instrucciones para corregir el borrador de tu descripción. Luego usa tu borrador para escribir la versión final. Por último, publica lo que escribiste y compártelo con los demás.

Nombre ______________________

Lee cada palabra.
Escribe la palabra del recuadro que complete la oración.

cae	**golpeo**	**leen**	**mareamos**
paseas	**planean**	**rae**	**veo**

golpear

____

1. Yo ______________.

marear

____

2. Nosotros nos ______________.

raer

____

3. Ella ______________.

planear

____

4. Ellos ______________.

caer

____

5. Él se ______________.

ver

____

6. Yo ______________.

leer

____

7. Ellos ______________.

pasear

____

8. Tú ______________.

Escuela + Hogar

Actividad para la casa Su niño o niña escribió palabras con las sílabas *ae, ao, ea, ee, eo, oa, oe* y *oo*. Ayúdelo a escribir oraciones usando palabras de esta página. Luego, pídale que lea sus oraciones en voz alta.

Nombre ______________________

Escoge la palabra del recuadro que complete cada oración.
Escribe la palabra en la línea.

edificio	quemada	máscaras
rápidamente	rugido	sujetas

1. Hay un incendio en un ______________.

2. Los bomberos se mueven ______________.

3. Toman sus botas y sus ______________.

4. Las mangueras están ______________ al camión.

5. Desde afuera de la casa se escucha el ______________ del fuego.

6. Después de apagar el incendio, los bomberos revisan la casa ______________.

Actividad para la casa Su niño o niña usó el vocabulario de la lección para completar oraciones. Pídale que use estas palabras para formar sus propias oraciones sobre bomberos. Trabajen juntos para escribir las oraciones y anime a su niño o niña a que haga dibujos.

Nombre ______________________________

Lee el cuento. **Escribe** las respuestas a las preguntas.

Los conejos

Los conejos son las mejores mascotas. Son buenas mascotas para quien vive en un apartamento porque son silenciosos. Tienen pelo en la parte inferior de las patas; por eso, los vecinos no los escuchan saltar. Son animales limpios. Al igual que los gatos, se acicalan para mantener limpio su pelaje. Sus largas orejas son hermosas. Es muy tierno ver a un conejo cuando se baja una oreja con las patas y la lame. Al igual que todas las mascotas, los conejos necesitan un cuidado especial, pero ese cuidado vale la pena.

1. ¿Qué quiere hacerte creer el cuento?

____

2. ¿Qué hecho te indica que los conejos son animales silenciosos?

____

3. ¿Qué hecho te indica que los conejos son animales limpios?

____

4. El escritor dice que los conejos tienen orejas hermosas. ¿Esto es un hecho o una opinión? ¿Cómo lo sabes?

____

Actividad para la casa Su niño o niña leyó un texto persuasivo y respondió a preguntas sobre él. Pídale que escriba unas líneas sobre el animal que crea que es la mejor mascota. Las oraciones deben incluir hechos acerca de por qué el animal es una buena mascota.

Nombre ______________________________

Un viaje en autobús con el señor Dee

El señor Dee es el conductor de nuestro autobús. ¡Pi! ¡Pi! ¡Pi! ¡Date prisa! El señor Dee está esperando y no puede esperar mucho. Tiene que cumplir un horario.

El señor Dee saluda y silba mientras maneja. Sigue la ruta y pasa a buscar a todos mis amigos. Faltan apenas unos minutos para llegar a la escuela cuando escuchamos una sirena atronadora y vemos luces destellantes. Hay un carro detenido de lado en el medio de la calle. Nadie está herido, pero el tránsito está detenido.

El señor Dee piensa rápido y hace un giro inesperado. Llegamos a la escuela sin problemas y a tiempo.

Aspectos principales de la no ficción narrativa

- Cuenta una historia sobre personas o sucesos reales.
- Suele contar los sucesos en el orden en que ocurrieron.

Nombre ______________________

Hiatos *ae, ao, ea, ee, eo, oa, oe, oo*

Palabras de ortografía						
veo	caer	leona	cae	golpea	museo	poeta
teatro	leer	tarea	mareo	boa	paseo	

Escribe una palabra de ortografía que tenga un significado parecido a cada palabra o frase.

escritor
1. ______________

Baja rápido.
2. ______________

serpiente
3. ______________

Tiene un trabajo.
4. ______________

desmayo
5. ______________

Miro con atención.
6. ______________

Escribe una palabra de ortografía que tenga un significado parecido a la palabra o frase subrayada.

7. Fuimos a una galería de arte . ______________

8. Pancho batea la pelota. ______________

9. Me gusta estudiar los libros de la escuela. ______________

10. Mañana vamos de excursión al campo. ______________

Escuela + Hogar **Actividad para la casa** Su niño o niña está aprendiendo a escribir palabras con los hiatos *ae, ao, ea, ee, eo, oa, oe, oo*. Pídale que subraye los hiatos de las palabras de ortografía.

Nombre ______________________________

Lee las oraciones y las preguntas.
Completa los espacios en blanco para responder a las preguntas.

1. Oración: El camión de bomberos avanzaba velozmente.

   Pregunta: ¿Cómo avanzaba el camión de bomberos?

   Respuesta: Avanzaba de manera ______________.

2. Oración: Los bomberos entraron al edificio cuidadosamente.

   Pregunta: ¿Cómo entraron los bomberos al edificio?

   Respuesta: Entraron de manera ______________.

3. Oración: Las personas observaban atentamente.

   Pregunta: ¿Cómo observaban las personas?

   Respuesta: Observaban de manera ______________.

4. Oración: Todos se acercaron alegremente al campo de fútbol.

   Pregunta: ¿Cómo se acercaron todos?

   Respuesta: Se acercaron de manera ______________.

Escuela + Hogar **Actividad para la casa** Su niño o niña leyó e identificó palabras con el sufijo *–mente*. Pídale que encierre en un círculo la palabra con el sufijo *–mente* en las oraciones y que luego defina la palabra.

Nombre ______________________________

Pronombres

Los **pronombres** toman el lugar de los nombres. Las palabras **yo, tú, usted, él, ella, nosotros, nosotras, ustedes, ellos** y **ellas** son pronombres.

Carlos es veterinario. **Él** cura animales enfermos.

Él toma el lugar del nombre **Carlos.**

Martina y yo trabajamos en el zoo. **Nosotras** también cuidamos animales.

Nosotras toma el lugar de **Martina y yo.**

Escribe el pronombre que puede tomar el lugar de las palabras subrayadas. **Usa** *yo, tú, usted, él, ella, nosotros, nosotras, ustedes, ellos* o *ellas*.

1. Víctor Gómez tiene un perro enfermo. ______________________
2. Víctor y yo lo llevamos al veterinario. ______________________
3. Dos hombres esperan en la sala. ______________________
4. Carmina Vega ayuda al veterinario. ______________________
5. El veterinario y Carmina examinan al perro. ______________________

Di oraciones con los pronombres que escribiste.

Actividad para la casa Su niño o niña estudió los pronombres. Busquen juntos nombres de personajes en cuentos. Pídale a su niño o niña que sustituya cada nombre por un pronombre: *yo, tú, usted, él, ella, nosotros, nosotras, ustedes, ellos* o *ellas*.

Nombre ______________________________

Tabla del cuento

Título ______________________________

Trabajador comunitario

Principio

↓

Medio

↓

Final

Actividad para la casa Su niño o niña está aprendiendo a escribir cuentos, poemas, informes breves, párrafos de no ficción, cartas y otros textos este año. Pregúntele qué está escribiendo esta semana.

Nombre ______________________________

Presentarás una dramatización para responder a la Pregunta de la semana *¿Por qué debemos ser responsables de hacer bien nuestro trabajo?* Usa los siguientes pasos como ayuda para planificar tu dramatización.

Paso 1 ¿Qué fue lo más interesante que aprendiste acerca de por qué debemos ser responsables de hacer bien nuestro trabajo? Escribe la información que te gustaría comentar con la clase. Forma un grupo con otros 3 a 4 estudiantes a quienes les gustaría compartir la misma información.

Quiero que la clase sepa ______________________________

Paso 2 Con tu grupo, crea una situación para mostrar lo que crees que es más interesante acerca de por qué debemos ser responsables de hacer bien nuestro trabajo. ¿Dónde transcurre la situación? ¿Qué personas, o personajes, participan? ¿Cuál es el problema? ¿Qué hacen los personajes?

El ambiente es ______________________________

Los personajes son ______________________________

El problema es ______________________________

Las acciones de los personajes son ______________________________

Paso 3 Escoge un personaje. Piensa en lo que podría decir en la situación que creó tu grupo.

Mi personaje es ______________________________

Mi personaje dice: ______________________________

Paso 4 Presenta la situación a la clase.

Actividad para la casa Su niño o niña aprendió a crear una dramatización basándose en los resultados de una investigación. Juntos busquen y lean un periódico, revista o artículo de Internet. Planifiquen y presenten una dramatización sobre los sucesos del artículo.

Nombre ______________________

Hiatos *ae, ao, ea, ee, eo, oa, oe, oo*

Palabras de ortografía						
veo	caer	leona	cae	museo	poeta	golpea
teatro	leer	tarea	mareo	boa	paseo	

Lee acerca del trabajo de María. **Encierra en un círculo** tres palabras mal escritas. **Escribe** bien las palabras y la última oración.

Palabras con ortografía difícil
petróleo
cetáceo

Soy la capitana del barco. Buscamos petroleo en el mar. Si una ola nos galpeo el barco se mueve. Mucha gente siente merao en el barco. Si no tengo cuidado puedo caer al mar. me gusta mi trabajo.

1. ______________ 2. ______________ 3. ______________

4. ____

Encierra en un círculo la palabra bien escrita.

5. Vamos de ______ al campo. **paséo** **paseo**
6. En la selva hay una ______ gigante. **boa** **boá**
7. Ayer fuimos al ______. **teatro** **teátro**
8. Él es un famoso ______. **poeta** **peota**
9. La nieve ______ suavemente. **cae** **cáe**
10. Mi ______ está bien hecha. **taría** **tarea**

Actividad para la casa Su niño o niña está aprendiendo a identificar palabras mal escritas con los hiatos *ae, ao, ea, ee, eo, oa, oe, oo.* Escriba palabras de ortografía con errores y pídale que los corrija.

Nombre ______________________________

Lee el cuento. **Sigue** las instrucciones.

Safari en camello

Jaisalmer, en la India, es un lugar mágico. Es una ciudad antigua en el desierto de Thar. Tiene muchas casas hermosas, llamadas *havelis,* hechas de arenisca. Hace muchos años, hice un safari en camello cerca de Jaisalmer. Fuimos en camello hasta el desierto. Durante el día hacía calor, pero, cuando acampábamos por la noche, hacía frío. Dormíamos envueltos en cobijas bajo las estrellas. Andar en camello no era muy cómodo, pero el desierto era impresionante. El mejor momento era al final de la tarde. Cuando se ponía el sol, el cielo se volvía rosado y la arena, dorada. ¡Cualquier persona que haya ido de safari a ese lugar también pensaría que fue inolvidable!

1. ¿Cuáles son tres hechos del cuento?

____

2. ¿Cuáles son dos opiniones del cuento?

____

3. ¿Qué hecho te indica que la narradora no durmió en una tienda?

____

Actividad para la casa Su niño o niña leyó un texto e identificó hechos y opiniones. Pídale que escriba un párrafo sobre una experiencia inolvidable. Ayúdelo a incluir tanto hechos como opiniones.

Nombre ______________________________

Pronombres

Marca el pronombre que puede tomar el lugar de las palabras subrayadas.

1 ¿Qué quieren ser Carla y Daniel?

- ⬭ ellas
- ⬭ ellos
- ⬭ él

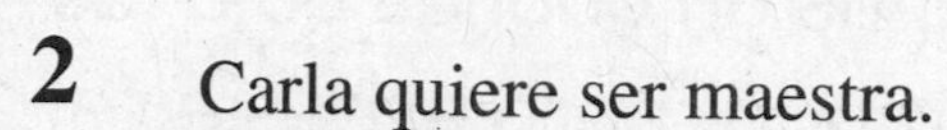

2 Carla quiere ser maestra.

- ⬭ Ella
- ⬭ Él
- ⬭ Nosotros

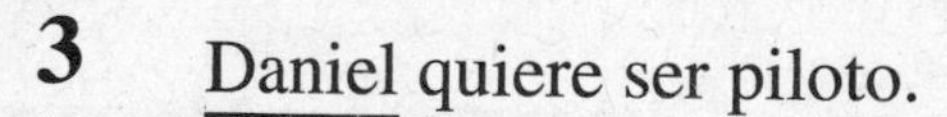

3 Daniel quiere ser piloto.

- ⬭ Ella
- ⬭ Ellos
- ⬭ Él

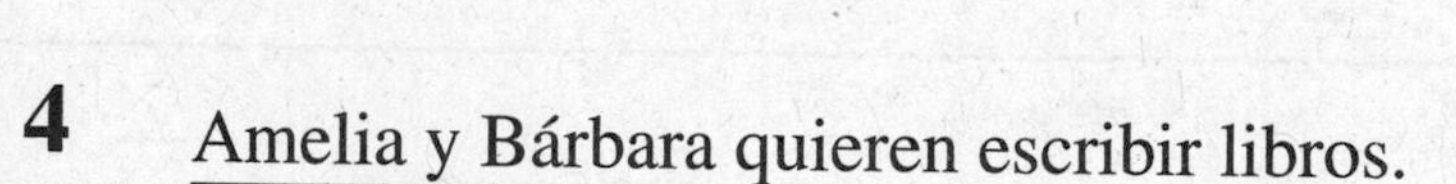

4 Amelia y Bárbara quieren escribir libros.

- ⬭ Ellos
- ⬭ Ellas
- ⬭ Nosotras

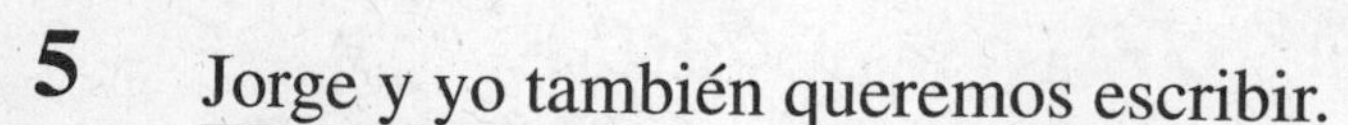

5 Jorge y yo también queremos escribir.

- ⬭ Tú
- ⬭ Ustedes
- ⬭ Nosotros

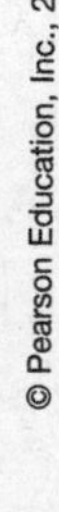

Actividad para la casa Su niño o niña se preparó para examinarse sobre los pronombres. Pídale que escriba oraciones sobre una o más personas y que sustituya sus nombres por pronombres.

Nombre ______________________

des + hacer = **des**hacer in + seguro = **in**seguro

im + posible = **im**posible re + leer = **re**leer

inútil	imparcial	despeinar	reiniciar	reescribir
infeliz	impaciente	desconfiar	recalentar	incorrecto

Escribe palabras con **des-**, **re-**, **im-** e **in-** que correspondan con las pistas. **Usa** las palabras del recuadro si necesitas ayuda.

1. volver a inciar ______________________
2. no confiar ______________________
3. que no es útil ______________________
4. que no es paciente ______________________
5. lo contrario de contento ______________________
6. que no es parcial ______________________
7. volver a calentar ______________________
8. volver a escribir ______________________
9. lo contrario de peinar ______________________
10. lo contrario de correcto ______________________

Actividad para la casa Su niño o niña escribió palabras con los prefijos *in-*, *im-*, *des-*, *re-*. Ayúdelo a buscar palabras con estos prefijos en anuncios y carteles. Ayúdelo a pronunciar las palabras y a entender qué significan. Anímelo a usar los significados de los prefijos para definir las palabras.

Nombre ______________________

Escoge una palabra del recuadro para completar cada oración.
Escribe la palabra en la línea.

firma	gruño	me quejo	municipal	P.M.	se encoge

1. Estoy caminando afuera y veo que una niña tira una bolsa de galletitas en la acera. —Me molestan las personas que ensucian —______________.

2. Cuando ______________ y le digo a la niña que no ensucie, ella dice que no hay basureros en la calle.

3. Entonces, la niña ______________ de hombros y se va.

4. Decido escribir una carta al concejo ______________ para que pongan más basureros en las aceras.

5. Al terminar la carta, escribo mi ______________ después de mi nombre.

6. Pongo la carta en el buzón de correos para que la recojan a las 3 ______________.

Actividad para la casa Trabaje junto a su niño o niña para escribir un cuento usando las palabras de vocabulario de la lista. Pídale que explique el significado de las palabras antes de empezar.

Nombre ______________________________

Lee el cuento. **Escribe** las respuestas a las preguntas.

Acampando bajo la lluvia

La semana pasada, mi familia y yo fuimos a acampar. Aunque llegamos por la tarde, el cielo estabo oscuro. Pensamos que iba a llover, así que armamos la tienda enseguida. Fue difícil. La cubierta no dejaba de agitarse por el viento. Pero nos metimos justo antes de que empezara a llover. Estaba a salvo de la lluvia, pero temblaba. Había dejado mi chaqueta en el carro. Mamá me dijo que me metiera en la bolsa de dormir. Entonces, me sentí abrigado y cómodo.

1. ¿A qué lugar van los personajes al que también podrían ir las personas en la vida real?

____

2. ¿Qué problema tienen que podríamos tener en la vida real?

____

3. ¿Qué hace que la cubierta de la carpa se agite?

____

4. ¿Por qué uno de los personajes tiene frío?

____

Actividad para la casa Su niño o niña leyó un cuento que es una ficción realista. Vuelvan a leer juntos el cuento. Luego, anímelo a identificar otras relaciones de causa y efecto en el cuento.

Debilidad por las plantas

Genay es una experta en plantas. Le gusta mucho cultivar cosas y además lo hace muy bien. Pero vive en un edificio que no tiene jardín.

—Ven conmigo —le dijo la mamá una mañana—. Tengo una sorpresa para ti.

La mamá llevó a Genay al Parque Riveredge. Primero, bajaron unas escaleras. Luego, entraron en un espacio con un letrero que decía Jardín Comunitario Riveredge. En un rincón, Genay vio a su vecino, el Sr. Díaz, sembrando semillas. La mamá señaló otro rincón.

—Ése es nuestro lugar —dijo la mamá—. Vamos a convertirlo en un sitio hermoso.

Genay sonrió mientras comenzaba a arrancar las malezas.

Aspectos principales de un cuento realista

- Los personajes y el ambiente parecen reales.
- Los personajes hacen cosas que podrían ocurrir en la realidad.
- Los sucesos del cuento aparecen uno tras otro.

Nombre ___________________________

Prefijos *in-*, *im-*, *des-*, *re-*

Escribe la palabra de la lista.

Palabras de ortografía	
impar	desmontar
imposible	recalentar
inesperado	reaparecer
inexacto	releer
desafinado	recortar
deshacer	destapado

no exacto

1. ___________

lo contrario de par

2. ___________

volver a cortar

3. ___________

que no es afinado

4. ___________

Lee la oración. Forma una palabra de la lista agregando un prefijo a la palabra subrayada.

5. ¿Fue un suceso <u>esperado</u>? ___________
6. Debo <u>hacer</u> estos pasos. ___________
7. El frasco está <u>tapado</u>. ___________
8. Este ejercicio es <u>posible</u>. ___________
9. Debo <u>montar</u> este reloj. ___________
10. ¡Mi lápiz tiene que <u>aparecer</u>! ___________
11. Acuérdate de <u>calentar</u> la comida. ___________
12. Deben <u>leer</u> la página 8. ___________

Actividad para la casa Su niño o niña escribió palabras con los prefijos *in-*, *im-*, *des-*, *re-*. Pídale que explique de qué manera las nuevas palabras cambian el significado de las oraciones en los ejercicios 5 a 12.

Nombre ______________________

Mira la página del diccionario.
Escribe el significado de las palabras subrayadas.

araña: *sust.* animal con ocho patas; *v.* lastima con las uñas

cerca *sust.* valla, muro o cerco; *adv.* junto a

cuenta: *sust.* operación matemática; *v.* numera cosas

nada *sust.* ninguna cosa; *v.* se desplaza por el agua

sala *sust.* habitación principal de una casa; *v.* agrega sal

sierra: *sust.* montaña baja; *sust.* herramienta para cortar

1. Pedro ve una araña y grita de terror.

____

2. La maestra cuenta cuántos estudiantes hay en la clase.

____

3. Julia no hizo nada malo.

____

4. Juan vive cerca de la escuela.

____

Actividad para la casa Su niño o niña aprendió a usar un diccionario. Miren juntos el diccionario. Escojan una palabra y comenten su significado. Luego, pida a su niño o niña que use esa palabra en una oración.

Nombre ______________________________

Pronombres en singular y plural

Ya sabes que los **pronombres** toman el lugar de los nombres. **Yo, tú, usted, él** y **ella** son pronombres para una sola persona.

Carlos quiere jugar. **Él** va al parque.

Nosotros, nosotras, ustedes, ellos y ellas son pronombres para más de una persona.

Carlos y Dino son amigos. **Ellos** van al parque.

Encierra en un círculo los pronombres para una persona. **Subraya** los pronombres para más de una persona. **Copia** los pronombres en la tabla. **Di** los pronombres que escribiste.

Carlos y Dino estaban disgustados. Ellos querían jugar en el parque, pero estaba cerrado. El parque cerraba antes del anochecer. Dino dijo: "Lo que tendríamos que hacer nosotros es conseguir que esté abierto hasta más tarde". Él investigó sobre peticiones en el Internet. Luego, Carlos y Dino escribieron una petición. Empezaron a recolectar firmas en el parque. Unas niñas preguntaron por la petición. Después de hablar con Carlos y Dino, ellas decidieron firmar. Al final, todos juntos consiguieron que el parque estuviera abierto hasta más tarde.

Pronombres para uno	Pronombres para más de uno

Actividad para la casa Su niño o niña estudió los pronombres en singular y plural. Pídale que lea en voz alta el cuento de esta página. Dígale que continúe el cuento contando lo que pasó después. Recuérdele que use pronombres como *yo, tú, él, ella, usted, nosotros, nosotras, ustedes, ellos* o *ellas*.

Nombre ______________________

Título ______________________

Tema

Principio

↓

Medio

↓

Final del cuento

Actividad para la casa Su niño o niña está aprendiendo a escribir cuentos, poemas, informes breves, párrafos de no ficción, cartas y otros textos este año. Pregúntele qué está escribiendo esta semana.

Nombre ______________________

Bess tiene que presentar un informe sobre cómo podemos ser miembros responsables de la comunidad. Usó una gráfica de barras para presentar información sobre el reciclaje.

Observa la gráfica de barras. **Escribe** las respuestas a las preguntas.

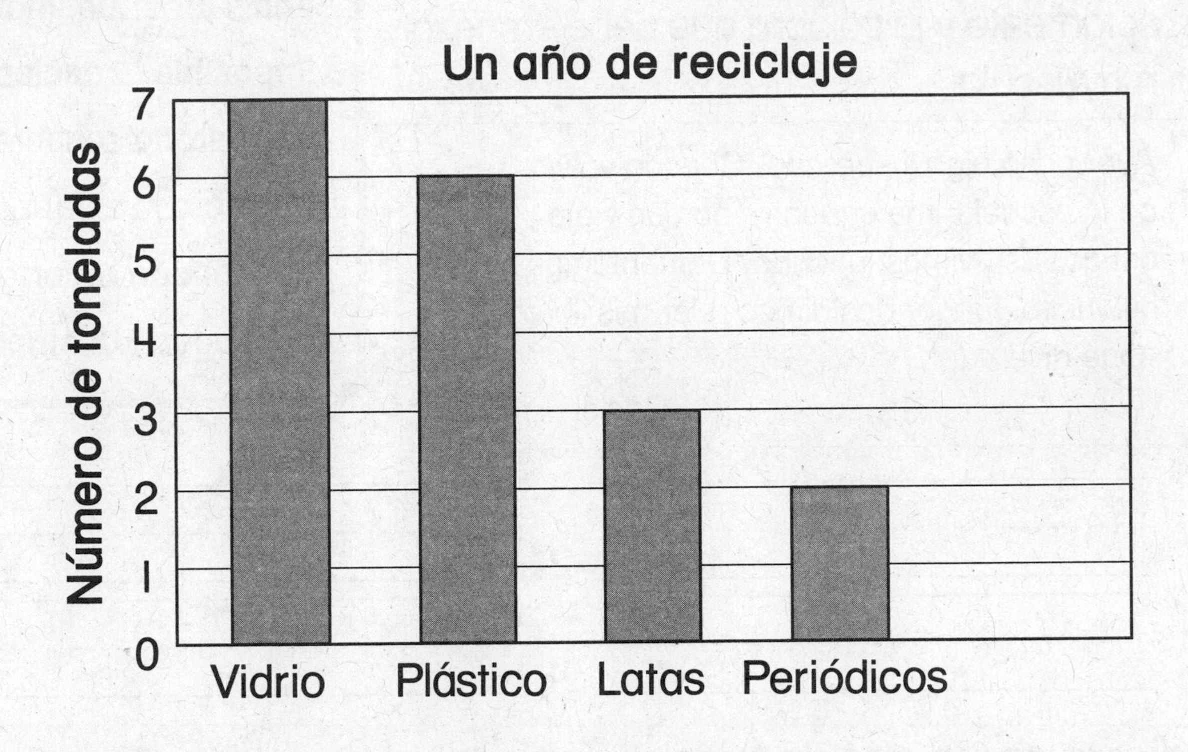

1. ¿Qué se muestra en la gráfica de barras?

____

2. ¿Cuántas toneladas de plástico se reciclaron? ______

3. Bess averiguó que también se habían reciclado dos toneladas de cartón ese año. Agrega esa cantidad a la tabla.

4. ¿De qué materiales se recicló la mayor y la menor cantidad ese año?

____

Actividad para la casa Su niño o niña aprendió a leer una gráfica de barras. Pídale que pregunte a sus amigos y familiares qué tipo de cosas reciclan. Lleve una tabla de conteo de cuántas personas responden. Ayúdelo a hacer una gráfica de barras para mostrar los resultados.

Nombre ______________________

Prefijos *in-, im-, des-, re-*

Lee la nota. **Encierra en un círculo** tres errores de ortografía. **Escribe** las palabras correctamente y la palabra que debe empezar con mayúscula.

Palabras de ortografía	
impar	desmontar
imposible	recalentar
inesperado	reaparecer
inexacto	releer
desafinado	recortar
deshacer	destapado

> Ayer pasó algo insperado. Cuando volvía de la escuela, me encontré con un viejo amigo. Estuvimos jugando. Demontamos mi avioncito. luego, decidimos reler mis libros. ¡Qué divertido!
>
> Daniel

1. ______________________ 2. ______________________

3. ______________________ 4. ______________________

Encierra en un círculo la palabra que está bien escrita. **Escríbela.**

5. **impar** **inpar** ______________________

6. **recorrtar** **recortar** ______________________

7. **detapado** **destapado** ______________________

8. **imposible** **inposible** ______________________

9. **desacer** **deshacer** ______________________

Actividad para la casa Su niño o niña identificó palabras mal escritas con los prefijos *in-, im-, des-, re-*. Diga una palabra de la lista. Pida a su niño o niña que identifique el prefijo y deletree la palabra.

Nombre ______________________

Lee el cuento. **Sigue** las instrucciones.

El concurso de estatuas

Un día, Mona y su hermano Anil discutían en el carro.

—Estás poniendo tus pies en mi lado —dijo Mona.

—No, no es así —dijo Anil y le sacó la lengua.

—¡Mamá, Anil me sacó la lengua! —gritó Mona, enojada.

—¿Por qué no hacen un concurso de estatuas? —sugirió la mamá—. El primero que se mueva o hable, pierde.

A ninguno de los dos le gustaba perder. Se quedaron quietos el resto del viaje.

—¡Es un empate! —dijo la mamá al llegar a la casa.

1. Rellena los espacios.

   Los personajes de este cuento son ______________,
   ______________ ______________
   ______________ y ______________

2. ¿Dónde tiene lugar este cuento? ______________

3. ¿Por qué Mona está enojada al principio?

   ____

4. ¿Qué hace que Mona y Anil dejen de discutir?

   ____

Actividad para la casa Su niño o niña leyó un cuento que es una ficción realista. Relean juntos el cuento. Comenten las causas y los efectos de los sucesos del cuento.

Nombre ______________________________

Pronombres en singular y plural

Marca el pronombre que va en el lugar de las palabras subrayadas.

1 Dino siempre ve el lado positivo.

- ⬭ Él
- ⬭ Ella
- ⬭ Nosotros

2 Mamá fue la primera en firmar la petición.

- ⬭ Ustedes
- ⬭ Ellos
- ⬭ Ella

3 Después de informarnos, Dino y yo escribimos una petición.

- ⬭ usted
- ⬭ nosotros
- ⬭ ella

4 Tus amigos juegan en el parque.

- ⬭ Ellos
- ⬭ Usted
- ⬭ Yo

5 Tu hermano y tú pueden escribir una petición.

- ⬭ Ellos
- ⬭ Ellas
- ⬭ Ustedes

Actividad para la casa Su niño o niña se preparó para examinarse sobre los pronombres en singular y plural. Pídale que invente oraciones sobre cosas que les gusta hacer a sus familiares. Luego, dígale que cambie los nombres por pronombres.

Nombre ______________________

Escribe *-able* o *-ible* para completar cada palabra.

1. impos ________
2. ajust ________
3. agrad ________
4. ris ________
5. comest ________
6. amig ________
7. sens ________
8. razon ________
9. pleg ________
10. comprens ________

Actividad para la casa Su niño o niña completó palabras con los sufijos *-able* e *-ible.* Pídale que lea las palabras de esta página en voz alta.

Nombre ______________________________

Escoge la palabra del recuadro que complete cada oración.
Escribe la palabra en la línea.

elotes	ristra	tamales	jamás	estación	acordeón

1. Mi abuelita es muy alegre y activa. Los sábados va al mercado a comprar maíz, ______________ de ajos, carne y todo lo que necesita para preparar la cena familiar del domingo.
2. Mi abuelita cocina comida riquísima. Siempre nos hace ______________.
3. También cocina unos ______________ con mantequilla que le quedan sabrosísimos.
4. Después de cenar, mi abuela pone su ______________ de radio favorita.
5. A veces, mi papá toca el ______________ y canta un tango. Mi abuelita se pone tan contenta, que comienza a bailar conmigo.
6. ______________ me pierdo la cena familiar de los domingos.

Actividad para la casa Su niño o niña completó oraciones usando las palabras de vocabulario que aprendió esta semana. Ayúdelo a escribir un cuento usando esas palabras. Pídale que le diga qué significa cada una de las palabras antes de comenzar a escribir el cuento.

Nombre ________________________________

Lee el cuento. **Sigue** las instrucciones.

La abuela llamó a Guillermo para invitarlo a merendar. Guillermo quería visitarla. Pero tenía mucha tarea. Su abuela sabía que podía ayudar. Le pidió a Guillermo que trajera los libros a su casa. Guillermo disfrutó de la compañía de su abuela y recibió su ayuda.

1. **Subraya con una línea** la oración que explica el problema de Guillermo.

2. **Subraya con dos líneas** la oración que explica qué hizo la abuela de Guillermo para ayudar a resolver su problema.

3. **Encierra en un círculo** la oración de abajo que explica cómo la abuela de Guillermo ayudó a su nieto.
   La abuela de Guillermo quería ver a Guillermo.
   La abuela de Guillermo invitó a Guillermo a merendar.
   La abuela de Guillermo ayudó a Guillermo a hacer la tarea.

4. **Encierra en un círculo** la oración que expresa la idea principal.
   A veces los niños tienen que hacer mucha tarea.
   A todos nos gusta ir a merendar a la casa de nuestra abuela.
   Los miembros de una familia se ayudan unos a otros.

5. **Encierra en un círculo** las partes del cuento que te ayudaron a expresar la idea principal.

   "tenía mucha tarea" y "Su abuela sabía que podía ayudar."
   "La abuela llamó a Guillermo" y "Guillermo disfrutó de la compañía"

Actividad para la casa Su niño o niña identificó el problema, la solución y la idea principal de un cuento. Trabajen juntos para pensar en una idea importante, como *Es importante intentarlo*. Ayude a su niño o niña a escribir algo que le haya pasado en su vida y que se relacione con esa idea.

Nombre ___________________________

Lunes 14 de mayo

Esta mañana mamá se olvidó de poner la alarma del despertador. La familia entera se hubiera quedado dormida. ¡Pero la abuela Rita, que se había quedado a pasar unos días en casa, se levantó al rescate! La abuela Rita no necesita un reloj despertador para saber que es hora de levantarse. Allí estaba ella a las 6:30 a.m., acariciando mi cara con su suave mano. Cuando me vio despierta, fue rápidamente hacia la cocina. ¡Es la hora del desayuno! Salté de la cama para agradecer a mi abuela y despertar al resto de la familia. ¡Es bueno saber que contamos con su ayuda!

Aspectos principales de un cuento realista

- Cuenta sobre un suceso o una idea personal.
- Cuenta lo que el escritor piensa o siente.
- Puede incluir la fecha.

Nombre ______________________________

Sufijos *-able, -ible*

Escribe palabras de la lista para nombrar los dibujos.

Palabras de ortografía

sensible	ajustable
notable	saludable
comestible	terrible
disponible	estable
lamentable	lavable
visible	adorable

1. ____________________

2. ____________________

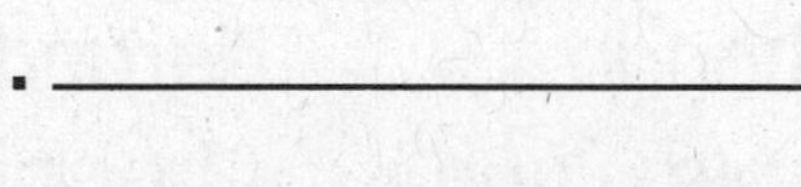

3. ____________________

4. ____________________

Escribe una palabra de la lista que tenga un significado parecido a cada palabra o frase.

5. utilizable ____________________

6. triste ____________________

7. sano ____________________

8. sin cambios ____________________

9. importante ____________________

10. emotivo ____________________

11. perceptible ____________________

12. horrible ____________________

Actividad para la casa Su niño o niña está escribiendo palabras con los sufijos *-able, -ible*. Pídale que busque palabras con los sufijos *-able, -ible* en un periódico y las escriba.

Nombre ____________________

Clasifica las palabras de este glosario en las categorías correctas de abajo. **Usa** los significados del glosario como ayuda.

adelante en primera posición
anaranjado color que se forma al mezclar rojo y amarillo
arriba encima de algo
atrás detrás de algo
brincar moverse saltando
caminar moverse a pie a una velocidad media
diecisiete el número que sigue al dieciséis
elefante animal grande que tiene una trompa
gatear moverse con las manos y las rodillas
morado color que se forma al mezclar rojo y azul
noventa el número que sigue al ochenta y nueve
oso hormiguero animal grande que se alimenta de hormigas
perezoso animal que se cuelga de los árboles
treinta y dos el número que sigue al treinta y uno
verde color que se forma al mezclar azul y amarillo

Números	Posiciones	Animales	Maneras de moverse	Colores

Actividad para la casa Su niño o niña aprendió a utilizar un glosario para clasificar palabras. Pídale que añada una palabra a cada categoría. Pregúntele qué contiene un glosario y por qué puede ser útil.

Nombre ______________________________

Pronombres sujeto y pronombres objeto

Los **pronombres** toman el lugar de los sustantivos en una oración. Las palabras *yo, tú, él, ella, usted, nosotros, nosotras, ustedes, ellos* y *ellas* son **pronombres sujeto.**

Mi abuelita llegó ayer. **Ella** llegó ayer.

Las palabras *me, te, se, lo, la, le, nos, los, las* y *les* son **pronombres objeto.**

Abuelita **me** quiere. Abuelita **nos** ayuda.

Encierra en un círculo el pronombre sujeto de cada oración.

1. Yo ayudé a la abuelita.
2. Ella se instaló en mi cuarto.
3. Nosotros compartimos una habitación.

Encierra en un círculo el pronombre objeto de cada oración.

4. Abuelita me trajo un regalo.
5. Mi papá lo ayudó a instalarse.
6. Abuelita te vio en el jardín.

Di una oración con un pronombre sujeto y otra con un pronombre objeto.

Actividad para la casa Su niño o niña estudió los pronombres sujeto y objeto. Dígale una oración que contenga un pronombre sujeto, como *Yo escribo una carta,* y pídale que le diga el pronombre sujeto *(yo).*

Nombre ______________________________

Título ______________________________

Tema

Principio

Medio

1.

2.

3.

Final

Actividad para la casa Su niño o niña está aprendiendo a escribir cuentos, poemas, informes breves, párrafos de no ficción, cartas y otros tipos de textos este año. Pregúntele qué está escribiendo esta semana.

Nombre ______________________________

Lee los resultados de la búsqueda de Dina en la Internet. **Sigue** las instrucciones.

Búsqueda abuelas

1 La abuela de Pedro
Vendemos regalos especiales para **abuelas.**

2 Fotos de abuelas
¡Envíanos las fotos de tu **abuela** por correo electrónico!

3 Información sobre abuelas

¿Quieres hacer sentir a tu **abuela** que es muy importante para la familia? Tenemos 10 consejos para ti.

1. ¿Qué palabra clave usó Dina en su búsqueda? ______________

2. ¿El sitio La abuela de Pedro será **.com** o **.edu**? Explícalo.

____

____

3. Encierra en un círculo el sitio Web donde se enseña cómo hacer que una abuela se sienta importante para la familia.

4. ¿Qué puede hacer Dina para que todos vean a su abuela?

____

____

5. Haz una lista de otros temas que les interesarían a ti y un compañero. ¿Qué fuente usarías?

Actividad para la casa Su niño o niña aprendió a evaluar información de fuentes en línea. Pídale que le cuente sobre los diferentes tipos de información que hay en la Internet. Si es posible, trabajen juntos para buscar información en la Internet sobre algún tema que le interese.

Nombre ______________________________

Sufijos *-able, -ible*

Lee el informe de Jésica. **Encierra en un círculo** tres palabras mal escritas. **Escribe** bien las palabras. **Tacha** el verbo incorrecto en la segunda oración. **Escribe** el verbo correcto.

Palabras de ortografía	
sensible	ajustable
notable	saludable
comestible	terrible
disponible	estable
lamentable	lavable
visible	adorable

Mi abuela es una persona muy sencible y adorable. Siempre están disponivle para ayudar. Mi abuela es realmente increible. ¿Tu abuela es así?

1. ______________ 2. ______________

3. ______________ 4. ______________

Palabras con ortografía difícil
increíble
divisible
habitable
recomendable

Rellena el círculo junto a la palabra que está bien escrita.

5. ○ saludavle ○ saludable ○ zaludable
6. ○ lamentavle ○ lemantable ○ lamentable
7. ○ visible ○ bisible ○ vicible
8. ○ notible ○ notavle ○ notable
9. ○ labable ○ lavavle ○ lavable
10. ○ comeztible ○ comestible ○ comestable

Escuela + Hogar **Actividad para la casa** Su niño o niña identificó palabras mal escritas con los sufijos *-able, -ible*. Pídale que piense y escriba otras palabras con *-able, -ible*.

Nombre ______________________________

Lee el cuento. **Sigue** las instrucciones.

María decoraba una torta de cumpleaños. Quería ponerle confites. Pero no se pegaban. María pidió ayuda a su abuela. Le explicó lo que quería hacer. María siguió el consejo y pegó los confites con mermelada. ¡La torta quedó fantástica!

1. **Encierra en un círculo** la oración que expresa la idea principal.
   Las niñas no saben decorar tortas.
   Las abuelas saben muchas cosas que pueden ayudarnos.
   Decorar tortas da mucho trabajo.
2. **Subraya tres oraciones** del cuento que muestren cómo María finalmente pudo decorar la torta de cumpleaños.

Escribe 1, 2 ó 3 en las líneas para mostrar el orden correcto.

______ 3. Los confites no se pegaban a la torta.

______ 4. María estaba decorando una torta de cumpleaños.

______ 5. María aprende a pegar confites en una torta.

Escribe una oración sobre algo que ocurrió en el medio del cuento.

____

Actividad para la casa Su niño o niña identificó la idea principal de un cuento y ordenó los sucesos del cuento. Léale un cuento en voz alta. Pregúntele qué pasó en el *principio*, el *medio* y el *final* del cuento. Pregúntele qué aprendió del cuento.

Nombre ___________________________

Pronombres sujeto y pronombres objeto

Marca el pronombre que va con cada oración.

1 Abuelita recogió flores y me __________ dio.

- se
- las
- lo

2 __________ ordenamos el cuarto.

- Nosotras
- Yo
- Ellos

3 Papá fue a buscar a la abuela y __________ trajo en carro.

- la
- yo
- nosotras

4 __________ agarré la pelota.

- Se
- Yo
- Los

5 Papá agarró la guitarra y __________ tocó.

- ellos
- tú
- la

Actividad para la casa Su niño o niña se preparó para examinarse sobre los pronombres sujeto y objeto. Lean juntos un cuento y pídale que señale los pronombres sujeto y objeto que aparezcan.

Nombre ______________________________

carrito gatico pelotica niñita
pajarillo perrito rastrillo sopita

Escribe la palabra del recuadro que corresponde con la pista.

1. 

____

2. 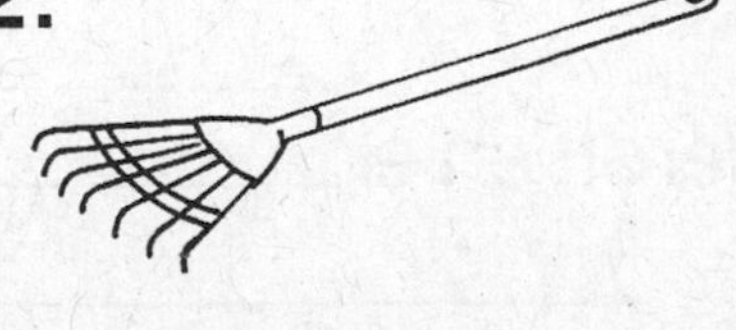

____

3.  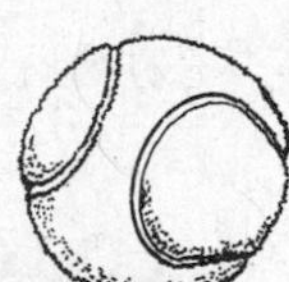

____

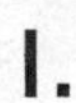

4. gato pequeño

____

5. carro pequeño

____

6. niña pequeña

____

Ordena las letras para formar palabras del recuadro.
Escribe la palabra en la línea.

7. psoiat

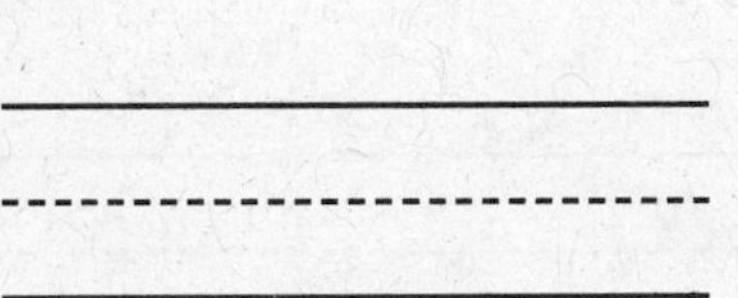

8. reropit

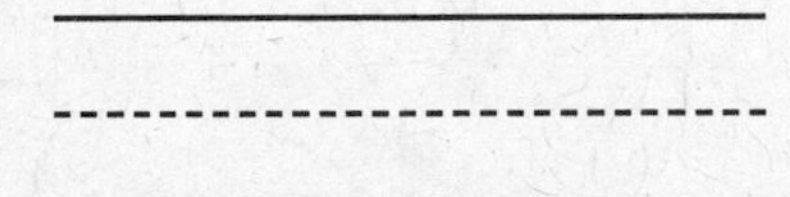

Escuela + Hogar **Actividad para la casa** Su niño o niña escribió palabras con los sufijos *-ito, -ita, -illo, -illa, -ico, -ica.* Ayúdele a escribir un cuento o poema usando estas palabras. Pídale que haga una representación de lo que escribió para sus amigos o la familia.

Nombre ______________________

Escoge la palabra del recuadro que complete cada oración.
Escribe la palabra en la línea.

aventuras	**club**	**escalaron**
mejores	**se preguntaba**	**sinceros**

1. Los amigos se reunieron en el ______________________.

2. Sólo los amigos más ______________________ fueron a la reunión.

3. Cada uno ______________________ qué podía hacer.

4. Entonces, Max tuvo una de las ______________________ ideas.

5. Todos saldrían a la colina en busca de ______________________.

6. Los miembros del club ______________________ la colina y la pasaron muy bien.

Actividad para la casa Su niño o niña usó el vocabulario de la lección para completar oraciones. Pídale que describa una aventura que le gustaría tener y escríbanla juntos. Usen la mayor cantidad posible de palabras de vocabulario.

Nombre ______________________________

Lee el cuento. **Escribe** las respuestas a las preguntas.

¿Dónde está Sombra?

Una mañana, Ricky fue a la casa de Lenny. Iban a jugar a las damas. Pero Lenny no quería jugar. Su gato, Sombra, se había perdido. Cuando Ricky se enteró, casi se puso a llorar. Le dijo a Lenny que tenían que hacer letreros que dijeran "Gato perdido" y colocarlos en el vecindario. Los niños buscaron hojas de papel y crayones. Juntos hicieron varios letreros. Ricky escribió las palabras y Lenny hizo un dibujo de Sombra en cada letrero. Después de colocar los letreros, Ricky se quedó en la casa de su amigo durante un rato. Mientras estaba allí, llamó una mujer. Había encontrado un gato negro en su patio. ¡Y el nombre Sombra estaba escrito en la etiqueta de su collar!

1. ¿Cuál es el ambiente del cuento?

____

2. ¿Qué sintió Ricky al escuchar que Sombra se había perdido?

____

3. ¿Por qué Ricky se quedó en la casa de Lenny para hacer letreros?

____

4. ¿Qué palabra describe mejor a Ricky?

____

Actividad para la casa Su niño o niña describió el personaje y el ambiente de un cuento. Ayúdele a escribir un cuento corto sobre una persona amable que conozca. Pídale que describa la buena acción que realiza esta persona amable. Asegúrese de que su niño o niña mencione el ambiente del cuento.

Nombre ______________________________

Comer afuera

Simy y Caleb son osos. Viven en el Parque Nacional Gran Baya. Un día de primavera, Simy le dijo a Caleb: "Las bayas son aburridas. Vamos a comer afuera".

Los dos amigos tomaron un autobús a la ciudad. Entraron en el restaurante más caro. El mesero les dio el menú.

—¿Dónde están las bellotas? —preguntó Simy.

—No hay miel —se quejó Caleb.

—Vayámonos a casa —dijo Simy.

Los dos amigos tomaron el autobús de vuelta al parque. Allí cenaron bayas cubiertas con bellotas y miel.

Aspectos principales de un cuento fantástico con animales

- Los personajes son animales inventados.
- Los personajes hacen cosas que los animales reales no pueden hacer.

Nombre ______________________

Sufijos *-ito, -ita, -illo, -illa, -ico, -ica*

Escribe una palabra de la lista para responder a las adivinanzas.

Palabras de ortografía
camita
taquito
poquita
orejita
pajarillo
palillo
ventanilla
chiquillo
casita
pelotica
zapatico
carrito

1. Rima con **frasquito** y comienza con **ta** ______________________

2. Rima con **poquitico** y comienza con **za** ______________________

3. Rima con **mesilla** y comienza con **ve** ______________________

4. Rima con **sillita** y comienza con **cas** ______________________

Escribe la palabra más adecuada para cada oración.

5. ¡Vamos a jugar con esta ______________________!

6. ¿Quién es ese ______________________?

7. Llevo muchos juguetes en mi ______________________.

8. Tengo mucho sueño, me voy a la ______________________.

9. ¿Qué le pasó a ese perro en la ______________________?

10. Ese ______________________ necesita que su mamá le enseñe a volar.

Actividad para la casa Su niño o niña está aprendiendo los sufijos *-ito, -ita, -illo, -illa, -ico* e *-ica*. Túrnense para señalar y leer las palabras de la lista.

Nombre ______________________________

Escoge una palabra de la Columna A y una palabra de la Columna B para formar una palabra compuesta con cada uno de los siguientes significados.
Escribe la palabra compuesta junto al significado.

COLUMNA A	COLUMNA B
lava	sol
abre	cabezas
para	platos
salva	vidas
salta	latas
rompe	montes

1. ____________________ un juego con piezas para armar

2. ____________________ insecto que salta mucho

3. ____________________ herramienta para abrir latas

4. ____________________ sombrilla

5. ____________________ máquina para lavar platos

6. ____________________ necesario cuando me subo a un bote

Actividad para la casa Su niño o niña aprendió sobre las palabras compuestas. Pídale que forme palabras compuestas con las siguientes palabras y que diga qué significa cada palabra nueva: *sobre, saca, cama, puntas.*

Nombre ______________________________

Diferentes tipos de pronombres

Los **pronombres** *yo, tú, él, ella, usted, nosotros, nosotras, ustedes, ellos* y *ellas* pueden usarse en el sujeto de la oración. Los pronombres *me, te, se, lo, la, le, nos, los, las* y *les* pueden usarse con verbos de acción.

Ellos fundaron un nuevo club. **Lo** llamaron Club Los Bigotes.

Hay otros pronombres como: *éste, ésta, esto, ése, ésa, eso, aquél, aquélla, aquello, éstos, éstas, ésos, ésas, aquéllos, aquéllas.*

Éste es mi club y **aquél** es el de las ratonas.

Encierra en un círculo el pronombre de cada oración.

1. Horacio y yo somos amigos.
2. Éste es nuestro club.
3. Nosotros nos aburrimos sin Dolores.
4. Ella es una ratona.
5. Morris la invitó a su club.
6. Aquélla es Dolores.

Di otras oraciones con pronombres.

Actividad para la casa Su niño o niña estudió diferentes tipos de pronombres. Dígale una oración que contenga un pronombre, como *Me llamo Carlos*, y pídale que le diga el pronombre *(Me)*.

Nombre ___________________________

Título ___________________________

Personajes

Principio

↓

Medio

1.

2.

3.

↓

Final del cuento

Actividad para la casa Su niño o niña está aprendiendo a escribir cuentos, poemas, informes breves, párrafos de no ficción, cartas y otros textos durante este año. Pregúntele qué está escribiendo esta semana.

Nombre ______________________

Lee las tablas. **Escribe** las respuestas a las preguntas.

Clases de segundo grado	
Maestros	**Número de estudiantes**
Sra. Adams	16
Sr. Beck	20
Sra. Calvo	13
Sr. Dunne	18

Niños	Tareas de la clase
Stan	primero de la fila
Jen	borrar el pizarrón
Juan	repartir hojas
Emmy	reunir libros
Pedro	pasar lista
Meg	contar dinero

1. ¿Qué tabla usarías para hallar los nombres de los maestros de segundo grado? ______________________

2. ¿Qué muestra la tabla Tareas de la clase?
____

3. ¿Cuántos estudiantes hay en la clase del señor Beck?
____

4. ¿Qué maestro tiene más de 10 pero menos de 15 estudiantes?
____

5. ¿Qué tabla indica quién es el responsable de pasar lista?
____

Actividad para la casa Su niño o niña aprendió a decidir qué tabla usar para responder a las preguntas. Hágale más preguntas sobre cada tabla. Pídale que decida qué tabla usaría para hallar la respuesta.

Nombre ______________________________

Sufijos *-ito, -ita, -illo, -illa, -ico, -ica*

Lee la nota. **Encierra en un círculo** tres errores de ortografía. **Escribe** correctamente las palabras. Busca una oración a la que le falta el punto final y añádelo.

Palabras de ortografía	
camita	ventanilla
taquito	chiquillo
poquita	casita
orejita	pelotica
pajarillo	zapatico
palillo	carrito

Palabras de ortografía difícil
poquitico
zapaticos

> Boy en el automóvil de mi papá a la casa de mi abuela. Miro por la ventanilla. Afuera veo niños que juegan con una pelotica. Más allá hay una cacita con techo rojo. ¡Llegamos a la casa de mi abuela! ¡Me limpio los sapaticos!

1. ______________________ 2. ______________________

3. ______________________

Encierra en un círculo la palabra que está bien escrita.

4. Juego con un ______.	paliyo	palillo
5. Hay un ______ en ese nido.	pajarrillo	pajarillo
6. Mi gato se está rascando una ______.	horejita	orejita
7. ¡Qué ______ luz hay aquí!	poquita	pokita
8. Mi hermana come un ______.	taquito	takito
9. Ese ______ es muy amable.	chiquiyo	chiquillo
10. ¿Qué llevas en ese ______?	carrito	carito

Actividad para la casa Su niño o niña está aprendiendo palabras con los sufijos *-ito, -ita, -illo, -illa, -ico* e *-ica*. Pídale que busque ejemplos de palabras con esos sufijos en un libro.

Nombre ______________________

Lee el cuento. **Sigue** las instrucciones.

Excursión

Sara estaba entusiasmada. Iban a ir de excursión al museo. Deseaba ver todas esas pinturas. Ella quería ser pintora.

La maestra Jabs les pidió que escogieran un compañero. Sara escogió a Inés, una niña muy callada. Quería ser su amiga.

Las niñas viajaron juntas. Al llegar, observaron el vestíbulo.

—Vaya, mira qué alto es el techo —dijo Sara.

—Sí —dijo Inés—, y mira esa pintura. ¡Es tan alta! ¿Cómo crees que el artista pintó la parte de arriba?

La señora Jabs escuchó por casualidad a Inés.

—El artista se paró en una escalera —dijo la maestra.

—¡Qué bueno! —gritó Sara—. Algún día quiero hacerlo.

—Yo también —dijo Inés suavemente y sonrió.

1. Completa la oración.

Este cuento sucede principalmente en un ______________.

2. ¿Por qué está entusiasmada Sara?

____

3. ¿Qué palabra describe mejor a Inés?

tímida
graciosa ______________

Actividad para la casa Su niño o niña describió los personajes y el ambiente de un cuento. Ayúdele a escribir un cuento muy corto. Asegúrese de que incluya detalles sobre los personajes y el ambiente.

Nombre ___________________________

Diferentes tipos de pronombres

Marca el pronombre que va con cada oración.

1 Dolores vino con Doris y me __________ presentó.
- ⬭ se
- ⬭ la
- ⬭ nos

2 ¡ __________ voy a explorar!
- ⬭ Yo
- ⬭ Tú
- ⬭ Ellos

3 __________ son mis amigos.
- ⬭ Éstos
- ⬭ Yo
- ⬭ Nosotras

4 Dolores __________ dio la bienvenida.
- ⬭ ellos
- ⬭ nos
- ⬭ nosotros

5 Horacio y __________ son mis mejores amigos.
- ⬭ me
- ⬭ esto
- ⬭ tú

Actividad para la casa Su niño o niña se preparó para examinarse sobre diferentes tipos de pronombres. Lean juntos un cuento y pídale que señale los pronombres sujeto y objeto que aparezcan.

Nombre ______________________

Escribe una palabra del recuadro que corresponda con cada dibujo.

tambor	sombrilla	inventor	invierno
envase	bombilla	campo	embudo

1. 

____

2. 

____

3. 

____

4. 

____

Escoge las letras del recuadro que completan cada palabra.
Escribe la palabra en la línea.

mb nv mp

5. **bo ______ illa**

6. **e ______ ase**

7. **i ______ entor**

8. **ca ______ po**

Actividad para la casa Su niño o niña está aprendiendo a escribir palabras con *m* antes de *b* y *p* y con *n* antes de *v*. Lea las palabras de esta página y pídale que las deletree.

Nombre ______________________

Escoge una palabra del recuadro para completar cada oración. **Escribe** la palabra en la línea.

idioma	asentarnos	encamina	mesabanco
resuello	matorral	alumbrado	broncos

1. Mi familia y yo fuimos a ______________ a otro país.
2. Hay un poste del ______________ en nuestra calle.
3. Yo estoy preocupado porque no hablo bien el ______________.
4. Por la mañana, mi papá me ______________ a la escuela.
5. Siempre pasamos por un terreno lleno de maleza y ______________.
6. Me pregunto si habrá animales ______________ ahí.
7. En la clase, me siento en un ______________.
8. Corrí tanto que llegué sin ______________.

Actividad para la casa Su niño o niña usó el vocabulario de la lección para completar oraciones. Pídale que lea cada oración en voz alta. Pídale que explique el significado de las palabras de vocabulario y que las use en otras oraciones.

Nombre ______________________________

Lee el cuento. **Sigue** las instrucciones.

Ana iba a disfrazarse de racimo de uvas para un desfile. Su mamá le colocó una cinta color café alrededor de la camisa. Después, sujetó ocho globos morados a la cinta. Éstas eran las uvas. Ana y su mamá se fueron al desfile. Cuando Ana se bajó del carro, ¡uno de los globos estalló! Luego, un perro saltó y mordió dos globos más. ¡Dos estallidos más! Después, un niño chocó contra Ana. ¡Tres estallidos! Finalmente, Ana subió a la carroza y se sentó. ¡Dos estallidos más! Ésos eran los últimos globos. Todo lo que quedó del disfraz de Ana fue la cinta color café.

—¡Nuevo disfraz! —dijo la mamá, riéndose—, ¡eres una parra!

Ana también rio. A veces, es mejor reír cuando algo sale mal.

1. **Encierra** en un círculo para indicar de qué trata el cuento.

   el disfraz de Ana   una carroza de un desfile   globos morados

2. **Escribe** una oración del cuento que exprese la idea principal.

   ____

3. **Encierra** en un círculo el mejor título para el cuento.

   Los globos siempre estallan   Los desfiles son divertidos

   Cuando algo sale mal

Actividad para la casa Su niño o niña identificó la idea principal de un cuento. Cuéntele algo que le haya sucedido a usted. Pida a su niño o niña que le cuente la idea principal de su relato. Hagan juntos una lluvia de ideas para hallar un buen título.

Nombre ______________________________

Una mañana increíble

Instrucciones para la escritura: Escribe un cuento de ficción humorística sobre un personaje que tiene mucha imaginación.

Roberto se levantó tarde, así que perdió el autobús y tuvo que caminar hasta la escuela en medio de una lluvia torrencial. ¡Qué caminata! ¡La lluvia era tan fuerte que caían peces del cielo! Roberto casi pisa una sardina. ¡Un mahi-mahi por poco le cae en la cabeza! Y vio a su vecina forcejear con un atún enorme que se había enredado en su paraguas.

Cuando Roberto llegó a la escuela, la señora Pierce le preguntó:

—Roberto, ¿por qué llegas tan tarde y tan empapado?

—Usted nunca adivinaría lo que me pasó al venir hacia la escuela esta mañana —dijo Roberto sonriendo de oreja a oreja.

Escuela + Hogar

Actividad para la casa Su niño o niña está aprendiendo a escribir en respuesta a instrucciones de un examen. Pregúntele por qué este relato es un buen ejemplo de una ficción humorística.

Nombre ______________________________

Palabras con *m* antes de *b* y *p* y con *n* antes de *v*

Palabras de ortografía					
sombreros	campana	limpiar	envidia	bombero	empezar
importante	enviar	rumbo	invitados	invierno	columpio

Lee la palabra. **Escribe** una palabra relacionada de la lista.

1. comenzar ______________
2. quitar el polvo ______________
3. fuego ______________
4. fundamental ______________
5. fiesta ______________
6. cubren la cabeza ______________
7. carta ______________
8. verano, otoño, ... ______________

Escribe la palabra que corresponde de la lista de palabras.

9. La ______________ no es un sentimiento noble.
10. Cuando voy a la plaza, me gusta subirme al ______________.
11. La ______________ de la puerta no funciona.
12. Caminamos con ______________ al lago.

Actividad para la casa Su niño o niña escribió palabras con *m* antes de *b* y *p* y con *n* antes de *v*. Pídale que encierre en un círculo estas combinaciones de letras en las palabras de ortografía.

Nombre ______________________

Lee la oración. **Escribe** la palabra correcta en el espacio en blanco. **Escribe** el significado de la palabra que escogiste en la línea.

1. Después de perder el juego estaba ____________.

   a. aburridísimo b. tristísimo

2. Le encantaba correr, era ____________ en la pista.

   a. rapidísimo b. guapísimo

3. Siempre se sentaba atrás, era ____________.

   a. jovencísima b. altísima

4. Prefería la pizza de ese lugar, era ____________.

   a. sabrosísima b. carísima

Actividad para la casa Su niño o niña aprendió palabras con sufijos. Pídale que escoja 4 palabras que no usó para las oraciones y que forme una oración con cada una. Luego, pídale que diga qué significan las palabras que escogió.

Nombre ______________________

Posesivos

Hay palabras que dicen de quién o de qué es algo: *mi*, *mío*, *mía*, *tu*, *tuyo*, *tuya*, *su*, *suyo*, *suya*, *nuestro*, *nuestra*; *mis*, *míos*, *mías*, *tus*, *tuyos*, *tuyas*, *sus*, *suyos*, *suyas*, *nuestros*, *nuestras*.

Esta mesa es mía.

Algunas son **adjetivos posesivos** que acompañan al sustantivo.

Mi poema habla de estrellas.

Otras son **pronombres posesivos** y sustituyen al sustantivo.

El tuyo es muy alegre.

Escribe el posesivo de cada oración.

1. Mi voz es hermosa. ______________________
2. Vamos a tu casa. ______________________
3. Aquella camioneta es nuestra. ______________________

4. Mamá me acuna con sus canciones. ______________________
5. Oímos canciones de su radio. ______________________

Di otras oraciones con posesivos.

Actividad para la casa Su niño o niña estudió los posesivos. Pregúntele a quién pertenecen distintos objetos de la casa y pídale que use posesivos en sus respuestas.

Nombre ______________________________

Guía para calificar: Ficción humorística

	4	3	2	1
Enfoque/ Ideas	Las ideas del cuento, los personajes o los sucesos son muy graciosos.	Las ideas del cuento, los personajes o los sucesos son graciosos.	Las ideas del cuento, los personajes o los sucesos son algo graciosos.	Ni las ideas del cuento, ni los personajes ni los sucesos son graciosos.
Organización	El cuento tiene un principio, un medio y un final muy claros.	El cuento tiene un principio, un medio y un final claros.	Algunos de los sucesos del cuento no están en orden.	Los sucesos no están en orden.
Voz	La escritura es clara, expresiva e individual.	La escritura es expresiva y con algo de individualidad.	La escritura intenta mostrar algo de personalidad.	La escritura no muestra la voz del escritor.
Lenguaje	El escritor usó palabras expresivas y descriptivas.	El escritor usó algunas palabras descriptivas.	El escritor usó pocas palabras descriptivas.	El escritor usó un lenguaje aburrido.
Oraciones	La mayoría de las oraciones son de diferente longitud y comienzan de manera diferente.	Muchas oraciones son de diferente longitud y comienzan de manera diferente.	Algunas oraciones son de diferente longitud y comienzan de manera diferente.	Pocas oraciones son de diferente longitud y comienzan de manera diferente.
Normas	Todas las palabras están bien acentuadas y tienen la puntuación correcta.	La mayoría de las palabras están bien acentuadas y tienen la puntuación correcta.	Algunas palabras están bien acentuadas y tienen la puntuación correcta.	Pocas palabras están bien acentuadas y tienen la puntuación correcta.

Escuela + Hogar

Actividad para la casa Su niño o niña está aprendiendo a escribir cuentos de ficción humorística. Pídale que describa qué clase de cuento está escribiendo. La escritura de su niño o niña será evaluada de acuerdo con esta guía para calificar de cuatro puntos.

Nombre ______________________________

Lee los resultados de la búsqueda de Ana en la Internet.
Escribe las respuestas a las preguntas.

Búsqueda [pintura]

1 Tienda del pintor
Pintura, brochas, cubetas. Vendemos todo para la **pintura**.

2 100 maestros pintores
Visítanos en línea. Podrás ver las mejores **pinturas** del mundo.

3 Pintores Hurtado
Hacemos trabajos de **pintura,** desde una habitación hasta una casa.

4 Aprende a pintar
Lecciones simples de **pintura** para adultos y niños.

1. ¿Qué palabra clave buscó Ana? ______________________

2. ¿Tendrá el sitio Web de la Tienda del pintor una dirección con **.com** o **.edu**? Explícalo.

____

3. ¿En qué sitio Web puede Ana tomar clases?

____

4. ¿En qué se diferencian 100 maestros pintores de Pintores Hurtado?

____

Actividad para la casa Su niño o niña aprendió a evaluar información de fuentes en línea. Pídale que le cuente sobre los diferentes tipos de información que hay en la Internet. Si es posible, trabajen juntos para buscar información en la Internet sobre algún tema que le interese a su niño o niña.

Nombre ____________________

Palabras con *m* antes de *b* y *p* y con *n* antes de *v*

Lee la carta. **Encierra en un círculo** cuatro palabras mal escritas. Escribe bien las palabras.

Palabras de ortografía	
sombreros	importante
campana	rumbo
limpiar	enviar
envidia	invitados
bombero	invierno
empezar	columpio

Palabras con ortografía difícil
invencible
ambulancia

5 de agosto

Querida tía Helen:

El mes que viene es mi cumpleaños. Quería saber si me podrías ayudar con los preparativos. Quería enpezar mañana a embiar las invitaciones. ¡Tengo más de treinta inbitados! ¡Esto es muy inportante!

Con cariño,
Anne

1. ____________________ 2. ____________________

3. ____________________ 4. ____________________

Encierra en un círculo la palabra mal escrita. **Escríbela** bien.

5. Mañana haremos sonbreros. ____________________

6. Está sonando la canpana de la escuela. ____________________

7. Hoy debemos linpiar el salón. ____________________

8. Me gusta más el verano que el imvierno. ____________________

Actividad para la casa Su niño o niña identificó palabras mal escritas con *m* antes de *b* y *p* y con *n* antes de *v*. Dé pistas sobre una palabra de ortografía. Pídale que adivine la palabra y que la deletree.

Nombre ______________________________

Lee el cuento. **Sigue** las instrucciones.

Lucas iba a todos lados corriendo y se chocaba con las personas.

Un día, Lucas entró corriendo a la cafetería y chocó con Jerry, el niño más grande y desagradable de su clase. Ambos almuerzos se desparramaron.

—Perdón —mascullό Lucas. Recogió su almuerzo y se sentó.

—¡Guau, chocaste con Jerry! —le dijo su mejor amigo, Chad.

—Sí —Lucas frunció el ceño mientras comía brócoli.

—¿Qué pasa? —preguntó Chad. Lucas sonrió.

—Creo que la mantequilla de maní del sándwich de Jerry se mezcló con mi brócoli. Pero, ¡está delicioso!

—¡Siempre se puede sacar algo bueno de las cosas! —dijo Chad.

1. **Encierra en un círculo** el mejor título para el cuento.

   El choque   Algo bueno   ¡Corre, corre, corre!

2. **Escribe** la oración del cuento que indica la idea principal.

____

3. **Completa** los espacios en blanco.

   El personaje principal es ______________________.

   El ambiente del cuento es

____.

Actividad para la casa Su niño o niña identificó la idea principal de un cuento. Cuéntele algo que le haya sucedido a usted. Pídale que le cuente la idea principal del relato. Hagan juntos una lluvia de ideas para hallar un buen título.

Nombre ______________________

Posesivos

Marca el posesivo que va con cada oración.

1 Juanito, no olvides __________ cartera.

- ⬭ mis
- ⬭ tu
- ⬭ nuestro

2 Esta armónica es de __________ papi.

- ⬭ mi
- ⬭ suya
- ⬭ mía

3 Juanito canta con __________ manos levantadas.

- ⬭ sus
- ⬭ mi
- ⬭ nuestros

4 Ésa es tu banca y ésta es la __________ .

- ⬭ ellos
- ⬭ mía
- ⬭ mi

5 __________ maestra es muy simpática.

- ⬭ Mía
- ⬭ Esto
- ⬭ Nuestra

Actividad para la casa Su niño o niña se preparó para examinarse sobre los posesivos. Dígale un posesivo y pídale que escriba una oración con él.

Nombre ______________________________

Encierra en un círculo los hiatos en las siguientes palabras.
Separa las palabras en sílabas.

1. creer ____________________
2. leer ____________________
3. real ____________________
4. buceo ____________________
5. koala ____________________
6. boa ____________________
7. oeste ____________________
8. veo ____________________
9. maestro ____________________
10. traer ____________________

Lee el cuento.

Leo trabaja en un museo, aunque, en realidad, es poeta. No tiene idea de cuándo se publicará su primer libro, pero su maestro de poesía le ha dicho que cree que será muy pronto. Cuando no está en el museo, Leo se sienta a releer sus poemas. También le gusta ir al zoológico. Sus animales favoritos son la boa y el koala. Por la noche, suele ir al teatro con su amiga Beatriz.

Actividad para la casa Su niño o niña separó en sílabas palabras con los hiatos *ae, ao, ea, ee, eo, oa, oe* y *oo,* y leyó un cuento que tiene varias palabras con hiatos. Ayúdelo a buscar otras palabras con hiatos en un periódico.

Nombre ______________________

Hiatos *ae, ao, ea, ee, eo, oa, oe, oo*

Palabras de ortografía

veo	caer	leona	golpea	museo	poeta
teatro	leer	tarea	mareo	boa	paseo

Traza una línea entre las palabras que riman. **Escribe** cada palabra.

1. veo
2. tarea
3. golpea
4. leer
5. caer
6. paseo

Escribe la palabra de ortografía que tiene un significado parecido a la palabra subrayada.

7. En el Amazonas hay una culebra larga.
8. El movimiento del barco me puede dar un desmayo.
9. Puedo estudiar el libro de ciencias.
10. Juan es un famoso escritor.
11. Fuimos a una galería de arte.
12. Un felino peligroso, hembra.

1. ______________
2. ______________
3. ______________
4. ______________
5. ______________
6. ______________
7. ______________
8. ______________
9. ______________
10. ______________
11. ______________
12. ______________

Actividad para la casa Su niño o niña está aprendiendo a escribir palabras con hiatos *ae, ao, ea, ee, eo, oa, oe.* Pídale que mire una palabra de ortografía y luego la escriba.

Nombre ____________________

Escoge la palabra de la caja que complete cada oración.
Escribe la palabra en la línea.

edificio	máscaras	quemada
rápidamente	rugido	sujetas

1. Un incendio empezó en un apartamento de un ____________________.

2. Una de las habitaciones ya estaba ____________________ por completo.

3. El camión de bomberos fue ____________________ al lugar.

4. Los bomberos tenían ____________________ puestas.

5. Los bomberos tenían las mangueras ____________________ con fuerza en las manos.

6. El ____________________ de las llamas se oía a la distancia.

Actividad para la casa Su niño o niña repasó las palabras de vocabulario que aprendió previamente en esta unidad. Pídale que escriba oraciones sobre un suceso usando estas palabras. Puede pedirle también que haga dibujos para sus oraciones.

Nombre ______________________

Lee el cuento. Luego, **sigue** las instrucciones.

El Puente permanente de Palmer

En una época, muchos puentes se construían de madera. En 1800, la ciudad de Filadelfia, Pensilvania, le encargó a Timothy Palmer que construyera un puente. El puente cruzaría el río Schuylkill. Mediría 550 pies de longitud.

Palmer era un hábil carpintero de Massachusetts. Ya había construido muchos puentes. Los puentes son estructuras muy importantes. Incluso había inventado una manera de apuntalarlos, o hacerlos más fuertes. Por eso, sabía lo que hacía. Alrededor de cinco años más tarde, había terminado el puente. Muchas personas pensaban que era un puente hermoso.

Lo llamaron el "Puente permanente". "*Permanente*" quiere decir "que dura mucho tiempo". Pero los puentes de madera no eran permanentes. La lluvia y la nieve dañan la madera. Hacen que se pudra o se rompa. Por eso, un puente necesita reparaciones.

Un día, Palmer recibió una visita. El juez Richard Peters vivía cerca del puente. Era el presidente de la compañía encargada de mantener el puente.

—Señor Palmer —preguntó—, ¿cuánto suele durar un puente como éste?

—Unos diez o quince años —respondió Palmer.

—¿Y si construye paredes? —sugirió el juez—. Así, la madera estaría protegida del estado del tiempo.

Actividad para la casa Su niño o niña identificó hechos y opiniones en un texto de no ficción. Pídale que mencione otros hechos que aprendió sobre Timothy Palmer.

Nombre ______________________

Palmer agregó paredes al puente rápidamente. Además, construyó un techo. Parecía un edificio abierto en los extremos. Luego, pintó toda la estructura. Eso selló bien la madera. Fue el creador del primer puente cubierto del mundo. La idea fue exitosa. Después de eso, se construyeron cientos de puentes cubiertos.

El Puente permanente no duró para siempre. Sí duró un largo tiempo, casi 70 años. Finalmente, se destruyó en 1875. Pero no fue el estado del tiempo lo que destruyó el puente. Se quemó en un incendio.

Escribe al menos dos hechos y dos opiniones que halles en el cuento.

Hecho:	Opinión:

Nombre ______________________

Pronombres

Escribe el pronombre que pueda tomar el lugar de las palabras subrayadas. **Usa** *yo, tú, usted, él, ella, nosotros, nosotras, ustedes, ellos* o *ellas*.

1. Mi familia y yo hablamos del simulacro de incendio. ______

2. Mamá nos dijo por dónde salir. ______

3. Papá nos dio más consejos. ______

Escribe un pronombre en lugar de las palabras subrayadas. **Escribe** la oración. **Usa** *yo, tú, usted, él, ella, nosotros, nosotras, ustedes, ellos* o *ellas*.

4. Raúl Suárez y su familia hacen un ensayo.

____

5. Raúl corre al lugar de encuentro.

____

Nombre ______________________________

Día 1 Unidad 5 Semana 1 **¡Bomberos!**

Copia las frases. Asegúrate de escribir las letras con uniformidad.

tanques y mangueras

queso, guindas y guisantes

Día 2 Unidad 5 Semana 2 **Carlos Quejoso**

Copia las palabras. Asegúrate de que el espacio entre las letras sea adecuado.

servimos sabrosos waffles

vendo kiwis y bananas

Actividad para la casa Su niño o niña practicó la escritura de todas las letras del alfabeto en cursiva minúscula y las mayúsculas *A C E O H K M N Ñ*. Pídale que copie y complete en letra cursiva la siguiente oración sobre un cuento que leyó en la escuela: *Carlos Quejoso trata sobre* ____________.

Nombre ______________________

Día 3 Unidad 5 Semana 3 **Abuelita llena de vida**

Copia las frases. Asegúrate de escribir las letras con uniformidad.

tazón con ensalada de frutas

zapallos, sandías y fresas

Día 4 Unidad 5 Semana 4 **Horacio y Morris**

Copia las oraciones. Las letras deben tener el mismo tamaño.

Ana y Celia sonríen.

Ema y Óscar se saludan.

Día 5 Unidad 5 Semana 5 **El niño de cabeza**

Copia las oraciones. Las letras deben tener la misma inclinación.

Hoy vi a Karina.

No estuve con María.

Nombre ______________________

Escoge prefijos del recuadro para agregar a las palabras base. **Escribe** los prefijos en las líneas.

in- im- des- re-

1. ________ aparecer
2. ________ montar
3. ________ exacto
4. ________ posible

Escribe una palabra con uno de los prefijos del recuadro de arriba que corresponda con cada definición.

5. no afinado ________________

6. volver a hacer ________________

Lee el cuento.

Aunque Damián y Daniel son mellizos, es imposible no diferenciarlos. Siempre están en desacuerdo. Damián se preocupa por pagar los impuestos a tiempo, pero Daniel es incapaz de recordar estas cosas. Damián puede releer un libro muchas veces, pero para Daniel esto es inimaginable. Damián reescribe su tarea hasta que no hay nada incorrecto, pero Daniel desaprueba este hábito con impaciencia. Hay una cosa en la que no están en desacuerdo: el sabor de la pizza recalentada es inigualable.

Actividad para la casa Su niño o niña escribió palabras con los prefijos *in-*, *im-*, *re-* y *des-*, y leyó un cuento con palabras que tienen los prefijos estudiados. Escriba las siguientes palabras y pídale que diga el prefijo y lo que significa la palabra: *desarmar, reorganizar, improbable, incómodo.*

Nombre ______________________________

Prefijos *in-, im-, des-, re-*

Palabras de ortografía					
impar	imposible	inesperado	inexacto	desafinado	deshacer
desmontar	recalentar	reaparecer	releer	recortar	destapado

Rellena el círculo junto al significado correcto.

1. **destapado** significa
   - ◯ sin nada que lo cubra
   - ◯ con algo que lo cubra
2. **inesperado** significa
   - ◯ que no se esperaba
   - ◯ que se esperaba
3. **reaparecer** significa
   - ◯ volver a aparecer
   - ◯ no aparecer
4. **desmontar** significa
   - ◯ volver a armar
   - ◯ desarmar
5. **imposible** significa
   - ◯ que no puede suceder
   - ◯ que puede suceder
6. **recalentar** significa
   - ◯ sacar del fuego
   - ◯ volver a calentar

Encierra en un círculo las palabras de la lista que están escondidas. Busca en sentido horizontal, vertical y diagonal.

d	d	i	m	p	a	r	o	r
e	e	i	o	t	r	e	o	e
s	d	n	o	u	g	c	i	c
a	a	e	h	l	i	o	e	o
f	f	x	s	a	o	l	r	r
i	i	a	a	h	a	t	e	t
n	n	c	i	f	a	a	l	a
a	a	t	l	a	i	c	e	r
d	d	o	a	t	r	a	e	r
o	o	p	t	r	a	e	r	r

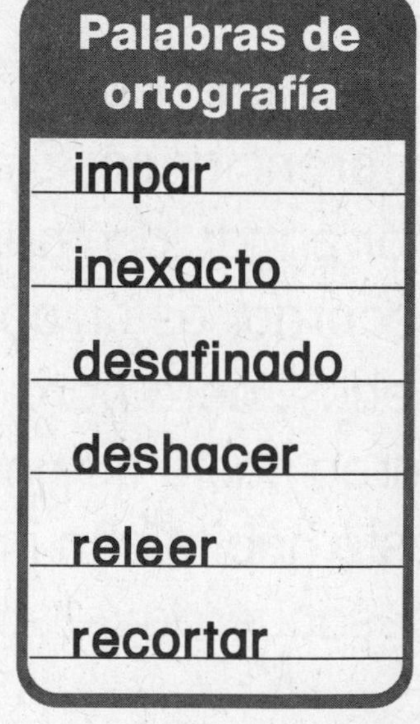

Actividad para la casa Su niño o niña ha aprendido a escribir palabras con los prefijos *in-, im-, des-, re-*. Haga una lista de palabras base y una lista de estos prefijos. Diga una palabra base y un prefijo, y pídale a su niño o niña que los señale. Díganlos juntos como una sola palabra.

Nombre ______________________________

Escoge la palabra o frase del recuadro que corresponde con las letras desordenadas. **Escribe** las letras de la palabra o frase en cada una de las filas. **Lee** cada palabra o frase.

firma gruño me quejo municipal P.M. se encoge

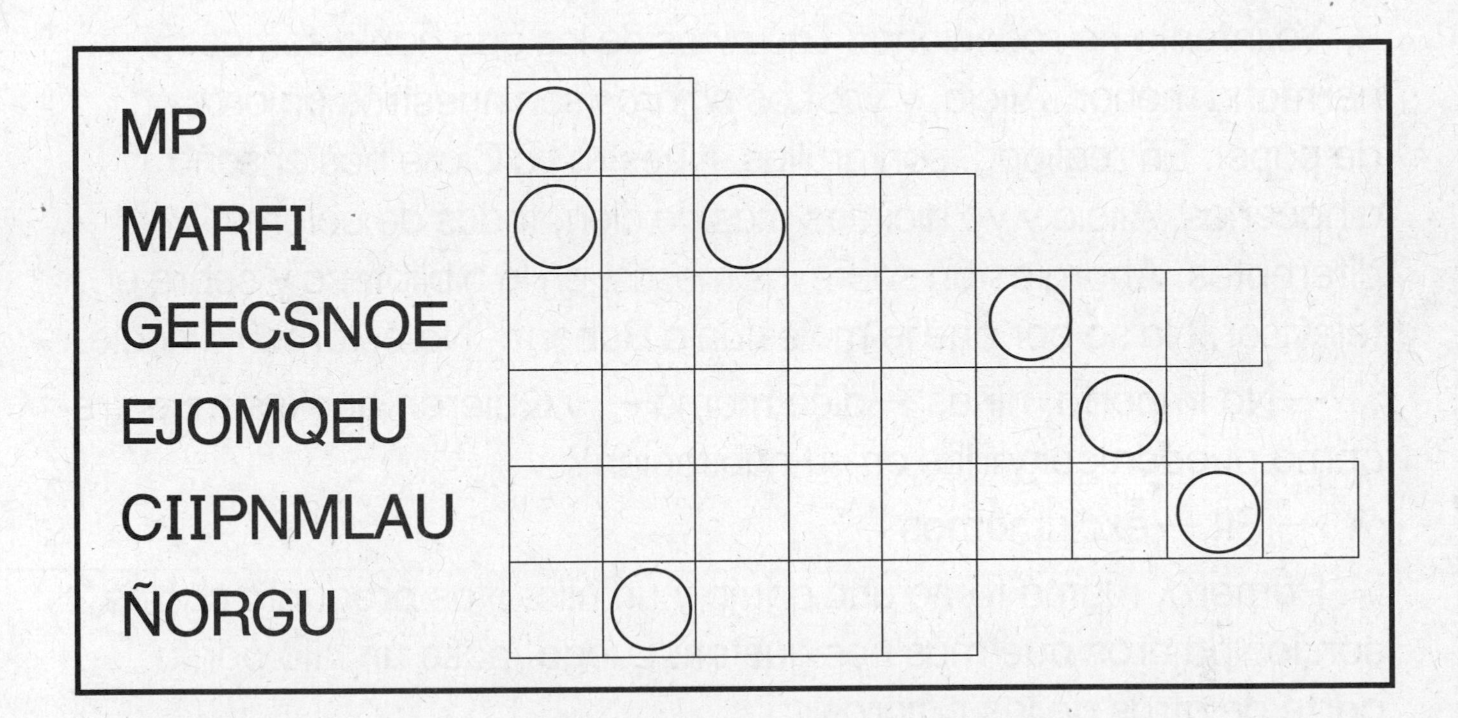

Las letras en los círculos pueden ser usadas para completar la siguiente frase.
Ordena las letras en los recuadros para descubrir la respuesta.

PISTA: Si quieres pedirle algo a alguien, ¿qué palabras debes usar?

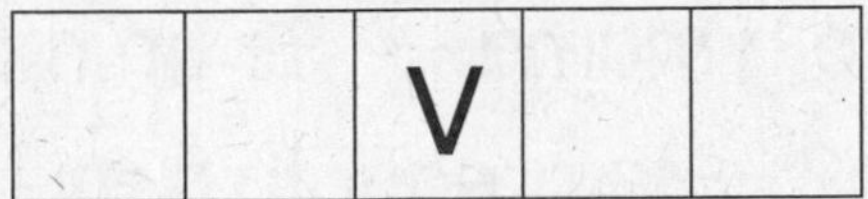

Actividad para para la casa Su niño o niña repasó las palabras de vocabulario que aprendió previamente en esta unidad. Comenten juntos las cosas que pueden molestar a las personas en lugares públicos como una tienda, un parque, el cine o un autobús. Por ejemplo, a veces las personas hablan en voz alta durante una película. Comenten las maneras apropiadas de lidiar con estas situaciones, usando las palabras de vocabulario de esta página.

Nombre ______________________

Lee el cuento. **Escribe** las respuestas a las preguntas.

Nuestro móvil de grullas

Mi hermano mayor Roberto se queja mucho.

—¿Qué les pasa a las niñas? —gruñe, mientras camina por la habitación donde está el televisor—. ¡Hay pájaros por todos lados!

Yo intento no reaccionar. Las *niñas* de las que habla somos mi hermana menor, Alicia, y yo. Los *pájaros* son nuestros pájaros de papel. En realidad, son grullas. Nuestra tía Clare nos enseñó a hacerlas. Alicia y yo hicimos más de cien, todas de colores diferentes. Ahora están sobre las mesas, en la biblioteca y sobre el televisor. No sé por qué le molestan a Roberto. No estorban a nadie.

—No importa, niñas —dice mamá—. ¿Quieren que les muestre cómo pueden colgarlas en su habitación?

—¡Sí! —exclamamos.

Primero, mamá toma una aguja y un hilo. Nos pregunta cuáles son los pájaros que más nos gustan. Luego, pasa un hilo por la parte de atrás de los pájaros.

Después, mamá toma unos palitos delgados. Luego, nos pide que sostengamos los palitos mientras ella ata los pájaros para que cuelguen libremente. Los pájaros cuelgan a diferentes alturas porque no todos los hilos tienen la misma longitud. A veces, desata un pájaro y lo vuelve a atar para que quede más alto o más bajo. Luego, usa más hilo para colgar los palitos entre sí.

—Ya sé lo que es —le digo a mamá—. Es un móvil.

—¿No es bonito, Roberto? —le pregunta a mi hermano, que nos está espiando. Él sólo se encoge de hombros y desaparece.

Actividad para la casa Su niño o niña reconoció las causas y efectos en un cuento. Ayúdelo a hacer una lista con una causa y un efecto que haya leído en este cuento. Luego, pídale que visualice el trabajo que están haciendo las niñas con la mamá.

Finalmente terminamos. Ya son más de las 8 P.M., pero *debemos* poner el móvil en nuestra habitación.

—Antes de hacerlo, niñas, cada una de ustedes ponga su firma en un pájaro. Después de todo, es una obra de arte.

El móvil se ve hermoso. Cada corriente de aire que entra en la habitación hace que las grullas se muevan lentamente.

—¿Sabían que las grullas de papel simbolizan una vida larga y llena de felicidad? —pregunta mamá.

—Funcionan —le respondo—. ¡Estoy muy feliz!

---

1. ¿Qué efecto tienen los pájaros de papel en Roberto al principio del cuento?

2. ¿Qué sucede en el medio del cuento?

3. ¿Por qué los pájaros cuelgan a diferentes alturas?

4. ¿Qué es lo que hace que las grullas del móvil se muevan lentamente?

5. ¿Qué efecto tienen las grullas sobre la narradora?

Nombre ______________________________

Pronombres en singular y plural

Encierra en un círculo el pronombre entre ( ) que va en el lugar de las palabras subrayadas.

1. Carlos quiere el agua más fría. (Él, Ellos)
2. Dino y yo hacemos limonada. (Ellas, Nosotros)
3. El Sr. Rique y sus amigos firman la petición. (Ustedes, Ellos)

Encierra en un círculo los pronombres para una persona. **Subraya** los pronombres para más de una persona. **Copia** los pronombres en la tabla.

Fuimos con la petición al centro comercial. Poca gente firmó. Una niña se acercó a nosotros. Al ver que no regalábamos nada, ella se marchó. También fuimos a la estación de tren, pero no había demasiada gente. ¿Adónde creen ustedes que deberíamos ir ahora?

Pronombres para uno	Pronombres para más de uno

Nombre ______________________

Escoge una palabra del recuadro para completar las frases.

sensible	lamentable	saludable	terrible	estable
lavable	increíble	sumergible	desmontable	habitable

1. un hecho ______________ 2. una camiseta ______________

3. un barco ______________ 4. una persona ______________

Escribe las palabras que corresponden con las pistas.

5. sugerible ______________ 6. asombroso ______________

7. desarmable ______________ 8. penoso ______________

9. sano ______________ 10. constante ______________

Lee el cuento.

Matías estaba por salir a comprar comestibles. Tenía mucha hambre y era comprensible, porque esa mañana no había desayunado. Al abrir la puerta para salir, vio a un señor de sonrisa amigable. El agradable señor quería venderle una silla plegable y de altura ajustable. Matías pensó que era una compra razonable, pero le dijo que, como estaba saliendo, comprarla le era imposible. El vendedor fue muy comprensivo y prometió venir el día siguiente porque el precio de la silla era increíble.

Actividad para la casa Su niño o niña repasó palabras con los sufijos *-able* e *-ible*. Escriba las siguientes palabras y pida a su niño o niña que las escriba en tarjetas y practique su ortografía: *horrible, variable, imposible, agradable.*

Nombre ______________________________

Sufijos *-able, -ible*

Palabras de ortografía					
sensible	notable	comestible	disponible	lamentable	visible
ajustable	saludable	terrible	estable	lavable	adorable

Lee las pistas. **Escribe** las palabras de ortografía en el crucigrama.

Horizontales

3. que se puede comer
5. que goza de salud
6. que se puede ver
7. que se destaca

Verticales

1. que cause terror
2. que se puede ajustar
4. que no tiene cambios

1.
2.
3.
4.
5.
6.
7.

Escuela + Hogar **Actividad para la casa** Su niño o niña ha aprendido a escribir palabras con los sufijos *-able, -ible*. Desordene las otras palabras de ortografía. Pida a su niño o niña que ordene las palabras y las use en oraciones.

Nombre ______________________

Escoge una palabra del recuadro para completar las oraciones.
Escribe las palabras en las líneas.

acordeón	elotes	estación
jamás	ristra	tamales

1. En esa ______________________ de radio leen cuentos y pasan canciones maravillosas.

2. Cuando vi la ______________________ de chiles en la cocina, supe que había llegado mi abuela.

3. El músico comenzó a tocar canciones con su ______________________.

4. La abuela cosechó ______________________ en la huerta.

5. Ayer llovió tanto que pensé que ______________________ iba a dejar de llover.

6. Los ______________________ que había hecho la abuela estaban deliciosos.

Escuela + Hogar

Actividad para la casa Su niño o niña repasó las palabras de vocabulario aprendidas en esta unidad. Pida a su niño o niña que escriba oraciones sobre las actividades que realiza con su abuela u otro adulto. Anímelo a usar la mayor cantidad de palabras de vocabulario posibles.

Nombre ______________________________

Lee el cuento. **Responde** a las preguntas.

La tienda de acampar espacial

—Por favor, Jem —dijo su mamá—. Necesito que cuides a Julie por unos minutos.

—Pero, mamá —se quejó Jem—. Le dije a Cory que iba a ir a su casa. Vamos a nadar en su piscina.

—Todavía es temprano —dijo su mamá—. Tendrás el resto de la tarde para hacerlo.

A Jem no le importaba cuidar a Julie. Pero nunca sabía qué hacer con ella. Siempre que trataba de hacer alguna actividad, Julie decía que quería hacer otra cosa.

Jem miró a Julie. Ella estaba rompiendo un periódico en pedazos. De repente, Jem tuvo una idea. —Oye, Julie —le dijo—. ¿Quieres hacer una tienda de acampar? Así podemos practicar para cuando vayamos a acampar.

Julie lo miró y se rió. Jem le quitó el periódico y le entregó una oveja de peluche. Julie empezó a mordisquearla.

—Espera aquí un momento —dijo Jem, y se fue corriendo a su habitación. Sacó una sábana del armario y regresó. Julie estaba dándole un baño a su oveja de peluche. La oveja chorreaba agua.

—No debes hacer eso, Julie —dijo Jem, y agarró la oveja. Extendió la sábana sobre la mesa, de manera que colgaba por los cuatro lados. —¿Ves? Es una tienda de acampar —dijo Jem. Julie salió corriendo a la cocina. Jem la persiguió y la trajo de regreso a la mesa. —Entra en la tienda de acampar —dijo Jem— y te daré una galleta.

Actividad para el hogar Su niño o niña analizó el argumento de un cuento e identificó el tema. Pídale que le cuente qué pasó al principio, en el medio y al final del cuento.

Nombre ______________________

De repente, Jem se dio cuenta de que la sábana era su favorita, la que tenía dibujos de planetas, estrellas y naves espaciales. Pero decidió que seguirían jugando. Dentro de la tienda de acampar hacía fresco y había silencio. Julie estaba tranquila. Empezó a romper la galleta en pedacitos pequeños.

—¿Jem? —dijo su mamá unos minutos después—. ¿Dónde están tú y Julie?

De repente vio a Julie, que estaba jugando tranquilamente con unos bloques. Entonces vio la tienda de acampar. —Ésta fue una buena idea —dijo—. Gracias por cuidar a Julie.

La mamá de Jem levantó la sábana y miró debajo de la mesa. Ahí estaba Jem, durmiendo profundamente.

1. ¿Qué le pide la mamá de Jem al principio del cuento?

____

2. ¿Qué hace Jem para distraer a Julie?

____

3. ¿Qué ve su mamá cuando regresa?

____

4. ¿Qué nos dice el autor sobre lo que pasa cuando uno cuida a un niño pequeño?

____

Nombre ______________________________

Pronombres sujeto y pronombres objeto

Subraya los pronombres sujeto.

1. Abuelita y mamá irán de compras. Ellas tomarán el autobús.

2. Abuelita siempre está haciendo cosas. Ella es muy activa.

Subraya los pronombres objeto.

3. Abuelita trajo sus maletas y las puso en el cuarto.

4. Tú nos viste llegar desde la ventana.

Escribe cada oración con un pronombre en lugar de las palabras subrayadas.

5. Abuelita hace chocolate.

____

6. Bebo el chocolate.

____

Nombre ______________________

Escribe el sufijo correcto para completar cada palabra.

-ito -ita -illo -illa -ico –ica

1. zapat ______________
2. ventan ______________
3. chiqu ______________
4. pelot ______________
5. orej ______________
6. carr ______________

Lee el cuento. **Encierra en un círculo** las palabras que tienen sufijos.

Había una vez un pajarillo que vivía en una casita hecha de palillos. El pajarillo dormía en una camita y siempre comía muy poquita comida.

Escuela + Hogar

Actividad para la casa Su niño o niña repasó los sufijos *-ito, -ita, -illo, -illa, -ico* e *-ica*. Dígale palabras de objetos y pídale que piense cuál de estos sufijos se le podría añadir.

Nombre ______________________

Sufijos *-ito, -ita, -illo, -illa, -ico, -ica*

Palabras de ortografía					
camita	taquito	poquita	orejita	pajarillo	palillo
ventanilla	chiquillo	casita	pelotica	zapatico	carrito

Escribe la palabra que corresponde a cada definición.

1. pelota pequeña ______
2. zapato pequeño ______
3. pájaro pequeño ______
4. palo pequeño ______
5. carro pequeño ______
6. taco pequeño ______
7. cama pequeña ______
8. ventana pequeña (de un carro, por ejemplo) ______

Completa cada oración con una palabra del recuadro.

9. Mi perrito se lastimó la ______.
10. ¿Quién vive en esa ______ tan linda?
11. Juan siempre juega con el ______ que vive enfrente de su casa.
12. Aquí hay ______ sombra, vayan a jugar debajo de aquel árbol.

Actividad para la casa Su niño o niña está aprendiendo a escribir palabras con los sufijos *-ito, -ita, -illo, -illa, -ico* e *-ica*. Lean juntos las palabras del recuadro y pídale que añada uno de estos sufijos a las siguientes palabras: *mano, taza, ratón, sapo.*

Nombre ______________________________

Escoge la palabra del recuadro que complete cada oración.
Escribe la palabra en la línea.

aventuras	club	escalaron
mejores	se preguntaba	sinceros

1. Linda, Juan y Marina eran amigos muy ______________________.

2. Todas las semanas, se reunían en el ______________________.

3. —¿Por qué no salimos en busca de ______________________? —preguntó Linda.

4. Fueron a una colina y la ______________________.

5. —Los ______________________ momentos se disfrutan entre amigos —dijo Juan.

6. Linda ______________________ qué harían después.

Actividad para la casa Su niño o niña repasó las palabras de vocabulario que aprendió previamente en esta unidad. Pídale que escriba un párrafo sobre algo que le gustaría hacer con sus amigos, usando algunas o todas estas palabras.

Nombre ______________________________

Lee el cuento. Luego, sigue las instrucciones y responde a las preguntas.

Navegando por el río

—Quiero tener una aventura —dijo Rory un día.

—Muy bien —dije yo—. ¿Quieres ir a explorar?

—Eso suena divertido —respondió él—. ¿Podemos ir en un barco? Nunca hemos ido a ninguna parte en barco.

Aunque Rory es sólo un perro, siempre tiene buenas ideas. Como no teníamos un barco, construimos uno juntos. Yo junté varios estantes de madera. Luego, los atamos a unas llantas grandes. Usamos la caña de pescar de papá como mástil, y un mantel como vela. Nombramos nuestro barco *Triunfo* (fue idea de Rory).

Hay un pequeño río detrás de la casa. Metimos al *Triunfo* en el agua.

—Yo empaqué comida —dijo Rory. Me mostró una cesta con comida. Entonces, salimos a navegar.

El río se hizo más grande y la corriente más fuerte. Al rato, se unió con otro río. Ahora era muy grande y tenía una corriente muy fuerte.

—¿Qué hay más adelante? —preguntó Rory—. Voy a ver.

Se subió al mástil y miró. —¡Creo que ahora tendremos la mejor aventura! —gritó.

Enseguida llegamos a una cascada de agua. El agua rugía. El barco salió disparado y cayó en el río que estaba más abajo.

—Ésta es una prueba para todo marinero sincero —dije.

Actividad para la casa Su niño o niña leyó un cuento fantástico e identificó los personajes y el ambiente. Pídale que explique por qué es un cuento fantástico. Comente con su niño o niña por qué le gusta el personaje de Rory.

Nombre ______________________

—No —dijo Rory—. Creo que la prueba viene ahora.

En ese instante, el río llegó al océano y, de repente, estábamos navegando en alta mar. Había grandes olas.

—¿Sabes qué se nos olvidó? —preguntó Rory—. No tenemos cómo navegar. El *Triunfo* flotará sin rumbo.

—Tal vez le demos la vuelta al mundo —dije yo—. Y no regresaremos a casa hasta la noche.

—Entonces, es mejor que almorcemos —dijo Rory—. Y sacó la cesta de comida.

---

1. ¿Quién relata el cuento?

____

2. ¿Cuál es el ambiente del cuento?

____

3. ¿Cómo describirías a Rory?

____

4. ¿Por qué crees que Rory empacó comida para el viaje?

____

Nombre ______________________________

Diferentes tipos de pronombres

Subraya los pronombres.

1. Dolores, ¿tú sabes dónde podemos ir a divertirnos?
2. ¡Ya lo tengo!
3. Mira, aquéllos son Horacio y Morris.
4. ¿Qué les parece si salimos juntos a explorar?
5. Nosotras estamos de acuerdo.

Escribe cada oración con un pronombre en lugar de las palabras subrayadas.

6. Horacio se aburre en el club.

____

____

7. Entre todos fundaron un club.

____

____

Nombre ______________________

Escribe las palabras correctamente en las líneas.

1. colunpio ______________
2. enbiar ______________
3. imvierno ______________
4. runvo ______________
5. imvitados ______________
6. inportante ______________

Encierra en un círculo la palabra que está bien escrita.

7. enpezar empezar embezar
8. bonbero bomvero bombero
9. envidia emvidia embidia
10. linpiar limmpiar limpiar

Lee el cuento.

Aún faltaban cuarenta días para ese día tan importante, pero Paula ya quería enviar las invitaciones. En total, serían 25 invitados. Había mucho por hacer: armar los sombreros, empezar a organizar las actividades. ¡Paula estaba muy entusiasmada! Ese mismo día, mientras se balanceaba en el columpio, decidió que les pediría a sus amigas que la ayudaran con la fiesta. ¡No veía la hora de que llegara su cumpleaños!

Actividad para la casa Su niño o niña repasó las palabras con *m* antes de *b* y *p* y con *n* antes de *v*. Pídale que escriba una oración con cada una de las palabras de los Ejercicios 1 a 10.

Nombre ______________________________

Palabras con *m* antes de *b* y *p* y con *n* antes de *v*

Palabras de ortografía					
sombreros	campana	limpiar	envidia	bombero	empezar
importante	rumbo	enviar	invitados	invierno	columpio

Escribe la palabra de ortografía que corresponde con la pista.

1. gorros ______________________
2. camino ______________________
3. timbre ______________________
4. lavar ______________________
5. frío ______________________
6. iniciar ______________________

Hay estrellas en los lugares donde deberían estar las letras *mp, mb* o *nv*. **Escribe** las palabras de la lista con las letras correctas.

7. i ★ ★ i t a d o s ______________________
8. e ★ ★ i d i a ______________________
9. b o ★ ★ e r o ______________________
10. c o l u ★ ★ i o ______________________
11. i ★ ★ o r t a n t e ______________________
12. e ★ ★ i a r ______________________

Actividad para la casa Su niño o niña ha aprendido a escribir palabras con *m* antes de *b* y *p* y con *n* antes de *v*. Pida a su niño o niña que escoja un número entre el 1 y el 12. Lea la palabra de la lista que tiene ese número y pídale que deletree la palabra sin mirarla.

Nombre ______________________

Escoge la palabra del recuadro que complete cada oración. **Escribe** la palabra en la línea.

alumbrado	asentarnos	broncos	encaminaba
idiomas	matorrales	mesabanco	resuello

1. Hace unos años, mi papá y mi mamá decidieron que íbamos a ______________________ en esta ciudad.

2. Vivimos en un edificio grande y tenemos vecinos de todas partes del mundo que hablan diferentes ______________________.

3. De noche, la calle está bien iluminada gracias al ______________________.

4. Esta mañana vi a alguien que se ______________________ hacia el parque.

5. En este parque hay varios ______________________ y otras plantas.

6. Una vez toqué los matorrales y se sentían ______________________.

Actividad para la casa Su niño o niña repasó las palabras de vocabulario que aprendió previamente en esta unidad. Pídale que lea cada palabra de vocabulario y que la use en una oración.

Nombre ______________________________

Lee el cuento. Luego, sigue las instrucciones y responde a las preguntas.

La Sra. Potts pinta letreros

Todo empezó cuando la Sra. Potts pintó su cocina. Había escogido un color azul celeste. Sin embargo, mientras más miraba la cocina, más descontenta quedaba. Por fin supo por qué. El basurero anaranjado no iba con el color azul.

La Sra. Potts fue a la tienda. Compró un nuevo basurero azul y lo puso en la cocina. "Así está mucho mejor", pensó. Entonces, se preguntó: "¿Qué hago con el viejo basurero? No tengo dónde ponerlo." Así que lo puso afuera, al lado de su viejo basurero negro, junto a unos matorrales.

El viernes, la Sra. Potts miró afuera y vio que habían recogido la basura. Pero los hombres de la basura habían dejado el basurero anaranjado.

"No es culpa de ellos", pensó la Sra. Potts. "¿A quién se le ocurre tirar un basurero a la basura?" Entonces, se sentó a pensar. Cuando pensaba, se le ocurrían buenas ideas. Su basurero negro era grande y fuerte. El viernes siguiente, puso el basurero anaranjado dentro del basurero negro. Al lado puso un letrero: *Llévense la basura*.

Entonces, los hombres de la basura se llevaron ambos basureros. La Sra. Potts ya no tenía el basurero anaranjado, pero ahora necesitaba uno para afuera. Volvió a la tienda y compró otro basurero grande. No era negro, sino de color café.

Actividad para la casa Su niño o niña identificó la idea principal en una ficción realista. Lea el cuento breve con su niño o niña. Pídale que le diga si la idea principal explica un cuento.

Nombre ______________________

El viernes siguiente, la Sra. Potts puso su basurero de color café afuera, junto a los matorrales. Entonces, echó la basura del basurero azul al nuevo basurero. Luego, pintó otro letrero que decía: *Propiedad de la Sra. Potts. No se lo lleven.* ¿Y saben qué? ¡Los hombres dejaron toda la basura ahí!

El viernes siguiente, la Sra. Potts volvió a sacar toda su basura. Encima de la basura puso un letrero que decía: *Por favor, llévense la basura. Pero dejen el basurero. Gracias. Sra. Potts.*

Esta vez, los hombres de la basura hicieron lo correcto. Se llevaron la basura y dejaron el basurero. La Sra. Potts vio que había un letrero sobre el basurero. Lo habían escrito los hombres y decía: *No hay problema, Sra. Potts. Por cierto, ¡qué lindo basurero!*

---

1. ¿De qué color pintó la cocina la Sra. Potts?

____

2. Mira el segundo párrafo. Subraya la idea principal.

3. Mira el cuarto párrafo. Escribe un detalle que cuente por qué a veces la Sra. Potts tiene buenas ideas.

____

4. Mira el quinto párrafo. Subraya la idea principal.

5. Mira el quinto párrafo otra vez. Escribe un detalle que cuente la idea principal.

____

Nombre ______________________

Posesivos

Subraya los posesivos.

1. La armónica es mi instrumento favorito.
2. A nuestra familia le gusta mucho cantar.
3. ¿Esta pintura es tuya?
4. No, la mía es ésa.

Elige el posesivo entre ( ) que completa cada oración. **Escribe** la oración.

5. Para mamá, la música es (nuestra, su) gran afición.

____

____

6. (Nuestra, Suya) casa está en la calle Juniper.

____

____

Tabla de persuasión

Completa esta tabla de persuasión como ayuda para organizar tus ideas.

Tema ____________________

Quiero persuadir a ____________________
(audiencia)

____

para que ____________________
(propósito)

Haz una lluvia de ideas de posibles razones aquí.

Organiza tus razones aquí.

Menos importantes	Más importantes
____________________	____________________
____________________	____________________
____________________	____________________

Nombre ___________________________

Usar palabras persuasivas

Usa las palabras del recuadro para completar la carta.

importante	mejor	necesitan	debería

10 de julio de 2011

Querido papá:

Creo que nuestro pueblo ____________ construir un parque acuático. Podríamos deslizarnos por el Gran Tobogán y nadar en la Piscina de Remolinos. Sería lo ____________ que se podría hacer en los días calurosos de verano. Aquí las personas trabajan mucho y realmente ____________ un lugar para divertirse. También es ____________ para las familias que haya un lugar en donde puedan reunirse. ¿Qué te parece?

Tu hijo,

Andrés

Nombre ______________________

Agregar palabras, frases u oraciones

Cuando revisas una carta, agregas palabras, frases u oraciones para que la escritura sea más persuasiva.

1. ¿Qué palabra debería agregarse a esta oración para hacerla más persuasiva? Escribe la nueva oración.
   hogar enorme
   Nuestro pueblo necesita una piscina.

2. ¿Qué oración debería agregarse a este párrafo para hacerlo más persuasivo? Subraya la oración e indica dónde agregarla.
   La cancha de tenis está agrietada.
   La piscina también es peligrosa.
   (1) La vieja piscina está sucia y huele mal. (2) Hay demasiadas personas y es muy pequeña para que nademos. (3) Puedes cortarte con el áspero concreto. (4) ¡Necesitamos una piscina mejor y más grande!

Nombre ______________________________

Guía de autoevaluación

Marca *Sí* o *No* acerca del lenguaje de tu carta.

	Sí	No
1. Usé una o más palabras para persuadir.		
2. Usé uno o más adjetivos adecuados para describir.		
3. Usé palabras precisas en lugar de palabras generales como *lindo*.		

Responde a las preguntas.

4. ¿Cuál es la mejor parte de tu carta?

5. ¿Qué cambiarías de tu carta si pudieras escribirla otra vez?

Nombre ______________________

Lee cada palabra.
Halla la raíz de la palabra.
Escribe la raíz de la palabra en la línea.

suave + mente = suave**mente**   breve + dad = breve**dad**

1. normalmente
2. ocasionalmente
3. completamente
4. inteligentemente
5. honestidad
6. semanalmente
7. solemnidad
8. facilidad

Halla la palabra que tiene sentido en las siguientes oraciones.
Marca el espacio para mostrar tu respuesta.

9. Se equivoca ______.
   - repite
   - repetidamente
   - repetida

10. La ______ de María hizo que dijera la verdad.
   - honesta
   - honestamente
   - honestidad

Actividad para la casa Su niño o niña identificó la raíz de palabras con los sufijos *-mente* y *-dad*, como *suavemente* y *brevedad*. Lea con su niño o niña y busquen palabras con los sufijos *-mente* y *-dad*. Pídale que pronuncie las palabras e identifique la raíz de las palabras.

Nombre ______________________________

Escoge la palabra del recuadro que corresponda con cada pista.
Escribe la palabra en la línea.

samba	frunciendo	carnaval	muestra
paralizada	meneando	arremolina	objetos

1.

____

2.

____

3. cosas

____

4. enseña, expone

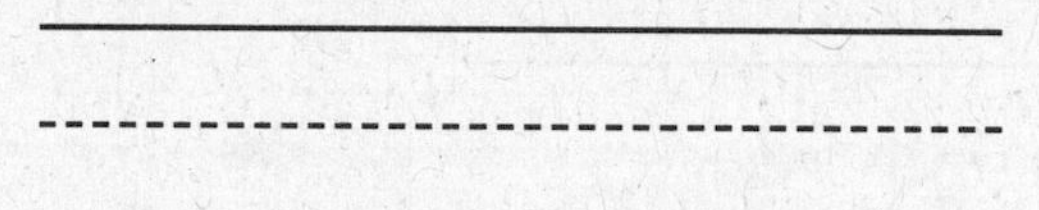

5. moviendo

____

6. parada, inmovilizada

____

Actividad para la casa Su niño o niña usó pistas para identificar y escribir las palabras que aprendió a leer esta semana. Ayúdelo(a) a escribir sobre un desfile o carnaval que hayan visto por televisión o en el que hayan participado. Usen la mayor cantidad de palabras de vocabulario que les sea posible.

Nombre ______________________________

Lee el cuento. **Sigue** las instrucciones.

A Rita y a Willy les encanta practicar deportes, pero no los mismos. Rita juega fútbol y lo disfruta mucho porque le gusta correr. A Willy le gusta el béisbol, y a diferencia de Rita, no le gusta correr mucho. A Willy le encanta batear.

1. **Subraya** la parte del cuento que exprese en qué se parecen Rita y Willy.
2. **Escribe** el nombre de la persona a quien le gusta jugar fútbol. ______________
3. **Escribe** el nombre de la persona a quien le gusta jugar béisbol. ______________
4. **Escribe** una oración para comparar y contrastar qué opinan Rita y Willy sobre correr.

____

____

Usa lo que sabes sobre los deportes. **Piensa** sobre lo que escribiste. **Haz** una lista de otros deportes que creas que les gustarían a Rita y a Willy.

5. Rita ______________________________

6. Willy ______________________________

Escuela + Hogar

Actividad para la casa Su niño o niña leyó un cuento y respondió a preguntas para comparar y contrastar dos personajes y sus deportes favoritos. Pídale que piense en dos juegos o actividades que disfrute mucho. Comente qué es lo que le gusta a su niño o niña sobre esos juegos o actividades. Pídale que le diga en qué se parecen y en qué se diferencian.

Nombre ________________________________

Correr como Jesse Owens

Roberto se ubicó en la pista para la próxima carrera: los 100 yardas planas. Pensó en su héroe, Jesse Owens, que también corría en la secundaria. Hace más de 80 años, Owens igualó varias veces el récord mundial de 100 yardas planas con un tiempo de 9.4 segundos. El mejor tiempo de Roberto fue de 9.8. ¿Podría hoy empatar el récord de Owens?

¡Se disparó la pistola de arrancada! Los atletas corrieron por la pista. Roberto trató de dar lo mejor de sí.

Cuando Roberto cruzó la meta, el reloj mostraba 9.7 segundos. Roberto hizo un segundo menos que su tiempo anterior. ¡Estaba un segundo más cerca del récord de Owens!

Aspectos principales de una ficción realista

- Los personajes y el ambiente parecen reales.
- Los personajes hacen cosas que podrían suceder en la vida real.
- El cuento tiene un principio, un medio y un final.

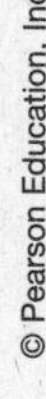

Actividad para la casa Su niño o niña está aprendiendo a escribir como respuesta a las instrucciones de un examen. Pregúntele por qué este cuento es un buen ejemplo de una ficción realista.

Nombre ______________________

Sufijos *-mente* y *-dad*

Palabras de ortografía					
suavemente	alegremente	tristemente	lentamente	brevedad	bondad
amabilidad	posibilidad	novedad	realidad	justamente	soledad

Escribe la palabra que falta según la lista. Rima con la palabra subrayada.

1. Trataba de despejar mi mente cantando ______________.
2. Cuando me dijo la verdad, volví a la ______________.
3. El agente lloraba ______________.
4. El delincuente fue castigado ______________.
5. No tengas ansiedad, lo solucionaremos a la mayor ______________.
6. Sé inteligente, no te apures, hazlo ______________.

Escribe la palabra de la lista que combina la palabra y el sufijo que se muestran.

7. posible + -dad ______________
8. nuevo + -dad ______________
9. bueno + -dad ______________
10. suave + mente ______________

Actividad para la casa Su niño o niña está aprendiendo a escribir palabras con los sufijos *-mente* y *-dad*. Señale una palabra de ortografía. Pídale que pronuncie y deletree la raíz de la palabra y que diga si cambió cuando se agregó el sufijo.

Nombre ______________________

Halla en las oraciones una palabra que sea un homófono. **Escribe** la palabra y su homófono en la línea.

1. Juan tuvo que salir temprano. ______________________

2. Mientras abría la puerta vio un carro rojo. ______________________

3. Una fuerte ola lo derribó. ______________________

4. Era una mujer sabia. ______________________

Lee las oraciones. **Escribe** la palabra correcta del recuadro en la línea.

5. a. ¿Cuándo ______________ a mi casa?

 b. Hizo un listado de sus ______________.

 vienes/bienes

6. a. ¿Qué has ______________ Joaquín?

 b. El plato está roto, lo ______________ a la basura.

 echo/hecho

7. a. Fue ______________ la casa de su amiga.

 b. ______________ sido un día para festejar.

 a/ha

Actividad para la casa Su niño o niña aprendió sobre palabras que suenan igual pero se escriben de manera diferente. Pídale que busque homófonos en algunos de sus cuentos favoritos.

Nombre ______________________

Uso de las mayúsculas

El nombre y el apellido de las personas comienzan con mayúscula y también los títulos personales.

Mi amiga se llama **Sra. Flores.**

Escribe con mayúscula los nombres de países y ciudades.

Mis abuelos viven en **Morelia, México.**

También comienzan con mayúscula los nombres de los días festivos.

Vamos a celebrar el **Día de Acción de Gracias.**

Busca las palabras que deben comenzar con mayúscula. **Escríbelas** correctamente. **Di** las palabras con mayúscula.

1. Ayer amelia y el Sr. Pérez fueron a casa de la abuela paula.

____

2. Le hablamos de la fiesta del cuatro de julio.

____

3. Le dijimos que vendrán nuestros primos jorge y ramón.

____

4. Mis tíos viajarán desde san francisco para celebrarlo.

____

Actividad para la casa Su niño o niña estudió el uso de las mayúsculas. Miren juntos un atlas o un folleto de viajes. Pídale que escriba los nombres de varios países y recuérdele que empiezan con mayúscula.

Nombre ______________________

Tabla del cuento

Título ______________________

Personajes

Ambiente

Principio

↓

Medio

↓

Final

Actividad para la casa Este año, su niño o niña está aprendiendo a escribir cuentos, poemas, informes breves, párrafos de no ficción, cartas y otros escritos. Pregúntele qué está escribiendo esta semana.

Nombre ______________________

Usa lo que sabes sobre los globos terráqueos para contestar las preguntas.

1. ¿De qué forma es el globo terráqueo?

2. ¿Qué muestra un globo terráqueo?

3. ¿Qué muestra la parte azul del globo terráqueo?

4. ¿Cómo puedes ver todos los lugares de la Tierra en el globo terráqueo?

5. ¿En qué se parece un globo terráqueo a un mapa?

6. ¿En qué se diferencia un globo terráqueo de un mapa?

Actividad para la casa Su niño o niña aprendió sobre los globos terráqueos. Pídale que comente lo que aprendió. Ayúdele a localizar los Estados Unidos y el estado donde viven en un globo o en un mapa. Puede pedir prestados algunos mapas o un globo terráqueo de la biblioteca.

Nombre ______________________________

Sufijos *-mente* y *-dad*

Lee el texto. **Encierra en un círculo** las tres palabras que están mal escritas. **Escribe** las palabras correctamente.

Palabras de ortografía	
suavemente	amabilidad
alegremente	posibilidad
tristemente	novedad
lentamente	realidad
brevedad	justamente
bondad	soledad

El viento soplaba suabemente. Los árboles se movían mientras el niño ayudaba a su madre con amavilidad. La madre dijo que se avecinaba una tormenta. El niño pensó que tendrían que entrar en su casa a la mayor brebedad.

1. ______________________________

2. ______________________________

3. ______________________________

Encierra en un círculo la palabra que está escrita correctamente.

4. letamente lentamete lentamente
5. novedad nobedad novedá
6. soledaz solead soledad
7. allegremente alegremente alegremete
8. bondad vondad bomdad
9. posivilidad pocibilidad posibilidad
10. gustamente justamente justomente

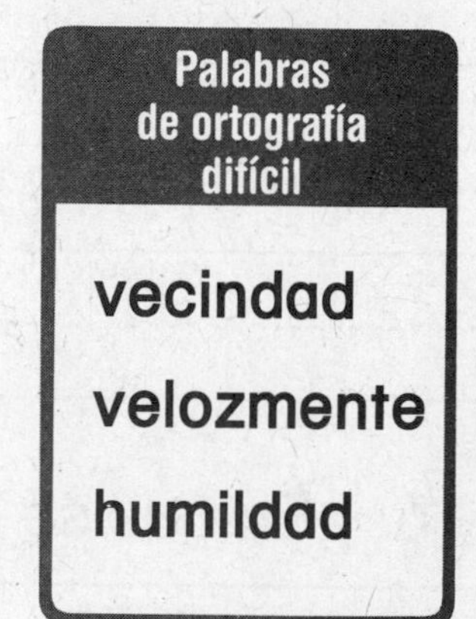

Actividad para la casa Su niño o niña está aprendiendo a escribir palabras con los sufijos *-mente* y *-dad*. Pronuncie la raíz de una palabra. Pida a su niño o niña que le agregue el sufijo *-mente* o el sufijo *-dad* según corresponda.

Nombre ______________________

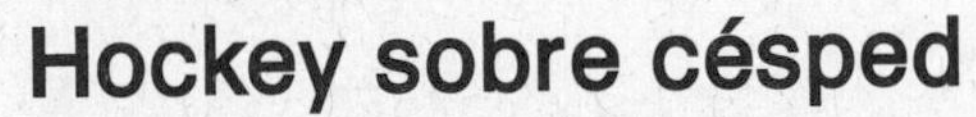

Hockey sobre césped **Hockey sobre hielo**

Piensa en qué se parecen el hockey sobre hielo y el hockey sobre césped. **Escribe** una **semejanza**.

1. ______________________

Piensa en qué **no** se parecen el hockey sobre hielo y el hockey sobre césped. **Escribe** dos **diferencias**.

2. ______________________

3. ______________________

Actividad para la casa Su niño o niña describió en qué se parecen y en qué se diferencian dos deportes. Use revistas, el periódico o Internet para buscar fotos de otros dos deportes, como el fútbol y el fútbol americano. Pida a su niño o niña que nombre semejanzas y diferencias entre los dos deportes.

Nombre ______________________________

Uso de las mayúsculas

Marca las palabras correctamente escritas.

1 Vamos a festejar el __________ .

- ⬭ Año Nuevo
- ⬭ año Nuevo
- ⬭ Año nuevo

2 Nos visitarán nuestros parientes de __________ .

- ⬭ Nueva York
- ⬭ nueva York
- ⬭ nueva york

3 Primero llegará __________ .

- ⬭ la dra Palou
- ⬭ la Dra. palou
- ⬭ la Dra. Palou

4 Después vendrán __________ .

- ⬭ Julián y carlos
- ⬭ Julián y Carlos
- ⬭ julián y carlos

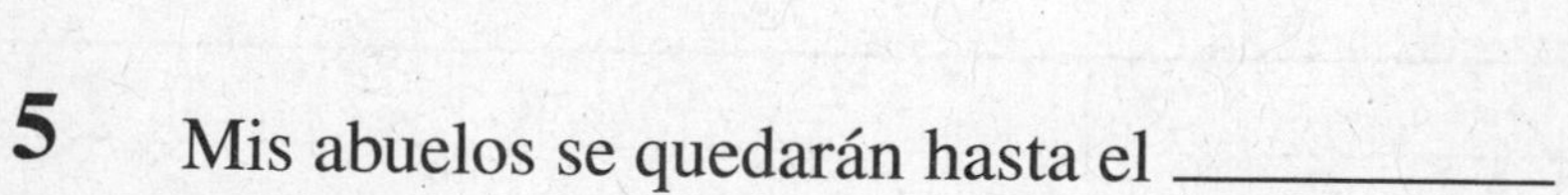

5 Mis abuelos se quedarán hasta el __________ .

- ⬭ Día de San valentín
- ⬭ día de san Valentín
- ⬭ Día de San Valentín

Actividad para la casa Su niño o niña se preparó para examinarse sobre el uso de las mayúsculas. Miren juntos un artículo de un periódico. Pídale que encierre en un círculo los nombres de personas, días festivos y lugares que empiezan con mayúscula.

Nombre ______________________

Encierra en un círculo la palabra aguda que complete correctamente cada oración. **Escribe** la palabra en la línea.

Lucía ganó el concurso.

gana (ganó)

---

1. Mario ______________ el reloj .

miró cuadro

2. ______________ corriendo para la escuela.

salió sale

3. No quería llegar tarde a la lección sobre los símbolos de la ______________.

historia nación

4. La maestra ______________ hablando de nuestra bandera.

comenzó comienza

5. Mario ______________ mucho interés en la lección.

muestra mostró

6. Ese día, Mario aprendió muchas cosas nuevas de nuestro ______________.

país planeta

Actividad para la casa Su niño o niña completó oraciones con las palabras agudas que aprendió esta semana. Escriba otras palabras agudas en una hoja de papel. Luego, pida a su niño o niña que subraye en qué sílaba está la fuerza de pronunciación de la palabra. Pregúntele si esa sílaba se acentúa. ¿Por qué?

Nombre ______________________

Escoge la palabra del recuadro que complete correctamente cada oración.
Escribe la palabra en la línea.

América	sobrenombre	bandera
aniversario	franjas	estrellas

1. Cada año, el 4 de Julio se celebra el ______________ del Día de la Independencia.

2. El 4 de Julio puedes ver la ______________ por todas partes.

3. Nuestra bandera tiene 13 ______________.

4. Cada una de las ______________ representa un estado.

5. Nuestra bandera representa nuestro país, Estados Unidos de ______________.

6. Nuestra bandera tiene un ______________: la Bandera roja, blanca y azul.

Actividad para la casa Su niño o niña usó las palabras de vocabulario para completar oraciones. Ayúdelo(a) a escribir un párrafo en el que describa lo que le gusta y aprecia de este país. Pídale que incluya la mayor cantidad posible de palabras de vocabulario.

Nombre ______________________________

Lee el cuento. **Escribe** la respuesta a cada pregunta.

Un día para celebrar

El 15 de septiembre es un día festivo en Japón. Se denomina Keiro no Hi. Ese día, se muestra respeto hacia los mayores. Se convirtió en feriado nacional en 1966. Hoy en día, los japoneses dan regalos a las personas que tienen 70 años o más para demostrarles que son especiales e importantes. Ese día, las personas mayores pueden celebrar su larga vida junto a sus familias. En algunas escuelas, los niños y niñas hacen regalos para entregar a sus abuelos. Las comunidades realizan celebraciones, como eventos deportivos, durante Hi. En Tokio, la ciudad más grande de Japón, se celebra una ceremonia especial para los ciudadanos mayores del país.

1. ¿Cuál es el tema de este cuento?

2. ¿Cuál es el propósito de Keiro no Hi?

3. ¿Por qué crees que el autor escribió este cuento?

Actividad para la casa Su niño o niña identificó el propósito del autor al escribir un texto informativo. Pídale que escriba acerca de su día festivo favorito y que escoja una razón para hacerlo, por ejemplo, para dar información, para explicar algo, para entretener.

Nombre ________________________________

La bandera estadounidense

La bandera estadounidense es roja, blanca y azul.
La cubren estrellas y franjas.
La colgamos en las casas.
Simboliza nuestros ideales.
La colgamos en los mástiles.
Pero sobre todo significa que somos libres.
"¡Que se agite esa bandera!" gritamos, alegres.

Aspectos principales de un poema descriptivo o canción descriptiva

- Las palabras se escogen cuidadosamente y están ordenadas en versos.
- Describe algo y puede rimar.
- Una canción es como un poema que se canta.

Actividad para la casa Su niño o niña está aprendiendo a escribir en respuesta a instrucciones de un examen. Pídale que le diga por qué éste es un buen ejemplo de poema o canción.

Nombre ______________________

Acentuación de palabras agudas

Palabras de ortografía					
allá	quizás	razón	comenzó	jugó	visité
comí	balón	revés	adiós	después	nación

Completa la oración con una palabra de ortografía que rime con la palabra subrayada.

1. No entiendo la ______________ por la que tengo esta comezón.
2. El libro está ______________, en el sofá.
3. Allí está el lugar donde ______________ ese delicioso plato.
4. ¿Me crees si te digo que me puse las zapatillas al ______________?
5. Mi tía me regaló un ______________ junto con un pantalón.

Encierra en un círculo la forma correcta de acentuar cada palabra. Tacha la forma incorrecta.

6. Mañana quizás quízas venga mi abuelita.
7. La nacion nación donde vivo es los Estados Unidos.
8. Siempre que salgo de casa digo adíos adiós.
9. ¿Ya comenzó comenzo la película?
10. Ayer visité visite a una amiga que está enferma.
11. Ayer júgo jugó mi equipo de béisbol favorito.

Actividad para la casa Su niño o niña está aprendiendo a escribir palabras agudas. Pídale que escriba una palabra aguda y diga el significado de la palabra.

Nombre ______________________________

Encierra en un círculo el significado correcto de la palabra subrayada en cada oración. **Usa** las demás palabras de la oración como ayuda. Luego, **escribe** una oración para la palabra de varios significados usando un significado **diferente**.

1. La <u>banda</u> tocó "América, la Bella".

   a. cinta ancha b. grupo de músicos

   ____

2. <u>Cruzamos</u> el campo en lugar de rodearlo.

   a. hacer una cruz b. atravesar

   ____

3. Mi amigo me dio un buen <u>consejo</u> sobre cómo nadar.

   a. información útil b. conjunto de personas

   ____

4. No <u>quise</u> herir tus sentimientos.

   a. sentir cariño b. tener la intención

   ____

Actividad para la casa Su niño o niña utilizó las pistas del contexto para averiguar el significado correcto de palabras que tienen más de un significado. Pídale que utilice la palabra de varios significados *banco* en oraciones propias.

Nombre ______________________________

Uso de las comillas

Las **comillas** se usan cuando se escriben las palabras de un dicho o refrán, las palabras que copiamos de un libro o tal como las dijo una persona famosa o importante.

Sócrates dijo: "Habla para que yo te conozca".

También se ponen entre comillas los títulos de los cuentos, los artículos de revistas y periódicos, los poemas, las canciones y los programas de televisión.

Ayer leí "Nuestra bandera".

Agrega las comillas donde deben ir en cada oración.

1. Mi canción favorita es La bandera de estrellas centellantes.

2. El cuento El gato verde es muy emocionante.

3. Dice el refrán: Haz bien y no mires a quién.

4. Ponían Días de alegría en la televisión.

5. El Presidente dijo: ¡Juntos, lo conseguiremos!.

Di las partes de estas oraciones que van entre comillas.

Actividad para la casa Su niño o niña estudió el uso de las comillas. Miren juntos un artículo de una revista o un periódico. Fíjense juntos en los casos en los que se usan comillas.

Nombre ______________________________

Red de ideas

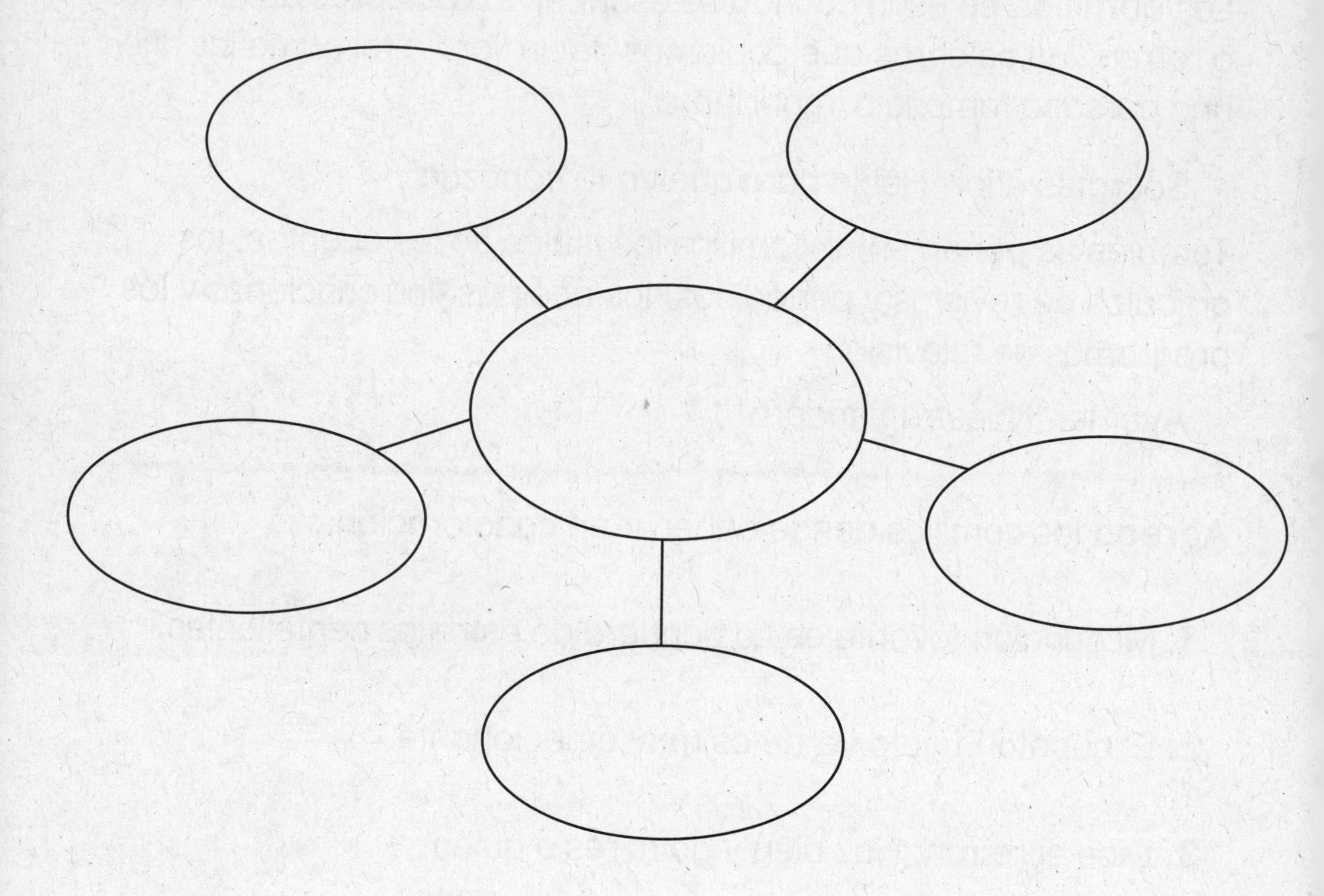

Escuela + Hogar **Actividad para la casa** Su niño o niña está aprendiendo a escribir cuentos, poemas, informes breves, párrafos informativos, cartas y otros tipos de textos este año. Pregúntele qué está escribiendo esta semana.

Nombre ____________________

Mira la tabla de conteo. **Escribe** la respuesta a cada pregunta.

Personas que vieron la exposición de banderas

lunes	𝍸
martes	𝍸 𝍷𝍷𝍷𝍷
miércoles	𝍸 𝍷
jueves	𝍸 𝍷𝍷𝍷

1. ¿Cuántas personas vieron la exposición el miércoles? ______

2. ¿En qué día fue la mayor cantidad de personas a ver la exposición? ____________________

3. ¿Cuántas personas más vieron la exposición el jueves que el lunes? ______

4. El viernes fueron 5 personas a ver la exposición. Añade esta información a la tabla.

5. ¿Cuáles fueron los dos días en que asistió la misma cantidad de personas a la exposición?

____

Actividad para la casa Su niño o niña aprendió a leer una tabla de conteo. Juntos, miren las banderas de diferentes países. Luego hagan una tabla de conteo para clasificar las banderas en 4 categorías: roja, blanca y azul; con franjas; con estrellas; con círculos. Compare los resultados.

Nombre ______________________

Acentuación de palabras agudas

Lee el acertijo. **Encierra** en un círculo tres palabras mal escritas. **Escribe** bien las palabras.

Palabras de ortografía	
allá	nación
quizás	jugó
comí	razón
comenzó	balón
revés	adiós
visité	después

> Los niños están jugando en la escuela.
> Carlos lanzó el primer balon. Teresa comenzo la segunda ronda. Despues lanzó Miguel. Al final, juntos pasaron a través de la puerta.
> ¿Quién fue el último en lanzar?
> (Respuesta: Miguel)

Palabras de ortografía difícil

gorrión

decisión

1. ______________________ 2. ______________________

3. ______________________

Encierra en un círculo la palabra que está bien escrita.

4. alla	álla	allá
5. nación	nasion	nácion
6. revés	réves	revéz
7. vícite	vicite	visité
8. júgo	jugó	jujo
9. adioz	adiós	adios
10. razón	rázon	rasón

Actividad para la casa Su niño o niña está aprendiendo a escribir palabras agudas. Ayúdelo(a) a buscar palabras agudas en un periódico.

Nombre ______________________________

Lee el cuento. **Escribe** la respuesta a cada pregunta.

Muchos alimentos populares en el mundo provienen de América del Norte y América del Sur. Los europeos no tenían papas ni tomates ni maíz antes de llegar al continente americano en 1492. No había salsa de tomate en Italia ni papas fritas en Francia.

Los europeos no tenían maníes, pacanas, aguacates, chiles, chocolate ni vainilla. Por lo tanto, no había mantequilla de maní. Ni tarta de pacana. ¿Y qué tan ricos podían ser los postres sin chocolate ni vainilla?

Entonces, antes de 1492 no había papas fritas ni salsa picante... ¡y tampoco guacamole!

1. ¿Cuál es el tema de este cuento?

____

2. ¿Cuál de las siguientes opciones sería un buen título para este cuento?

Maníes y pacanas   Alimentos del continente americano

____

3. ¿Por qué crees que el autor escribió este cuento?

____

Actividad para la casa Su niño o niña identificó el propósito del autor al escribir el texto informativo. Pídale que escriba sobre su comida favorita y que escoja una razón para hacerlo, por ejemplo, para dar información, para explicar algo o para entretener.

Nombre ______________________________

Uso de las comillas

Marca la letra del final correcto de la oración.

1 Los niños cantaban:
- ⬭ "Un gran país.
- ⬭ Un "gran país"
- ⬭ "Un gran país".

2 Dijo el maestro:
- ⬭ "Nuestra bandera tiene 50 estrellas".
- ⬭ Nuestra bandera tiene 50 estrellas"
- ⬭ "Nuestra" bandera tiene 50 estrellas.

3 Este programa se llama
- ⬭ "Los colores de la bandera".
- ⬭ "Los colores" de la bandera".
- ⬭ Los colores de la bandera".

4 El poema
- ⬭ se titula Grandes horizontes.
- ⬭ se "titula Grandes horizontes".
- ⬭ se titula "Grandes horizontes".

5 Thomas Jefferson escribió:
- ⬭ "no es posible vivir sin libros.
- ⬭ "No es posible vivir sin libros".
- ⬭ no es posible vivir sin libros".

Actividad para la casa Su niño o niña se preparó para examinarse sobre el uso de las comillas. Ayúdele a recordar algún refrán y pídale que lo escriba correctamente, por ejemplo: *Dice el refrán: "Más vale maña que fuerza".*

Nombre ______________________________

Las siguientes palabras son graves.
Subraya la sílaba donde está la fuerza de pronunciación de la palabra.

pato

árbol

1. dónde
2. canasta
3. reímos
4. tía
5. sonríe
6. mangos
7. lápiz
8. ésta

Identifica la palabra grave.
Rellena el espacio de tu respuesta.

9. ⬭ sorpresa
   ⬭ mamá
   ⬭ violín

10. ⬭ abrir
    ⬭ llegar
    ⬭ abrazo

Actividad para la casa Su niño o niña identificó la sílaba que contiene la fuerza de pronunciación de las palabras graves. Pídale que lea un párrafo de un libro, de un artículo de periódico o de una revista. Luego, pídale que subraye todas las palabras graves que pueda identificar.

Nombre ______________________

Escoge la palabra del recuadro que complete correctamente cada oración.
Escribe la palabra en la línea.

favorito	**canasta**	**sorpresa**
chistosa	**regalo**	**alcancía**

1. La tía Rosa llegó de ______________ a celebrar el cumpleaños de Mateo.

2. La tía tenía monedas en una ______________.

3. Con ese dinero, compró muchas cosas y llenó una ______________.

4. Luego, se la entregó a Mateo como ______________ de cumpleaños.

5. —¡Qué canasta tan ______________! —dijo Mateo.

6. La canasta de la tía fue el regalo ______________ de Mateo.

Actividad para la casa Su niño o niña usó palabras de vocabulario de la lección para completar oraciones. Pídale que use esas mismas palabras en otras oraciones. Luego anímelo a hacer un dibujo para ilustrar cada oración.

Nombre ______________________

Lee el cuento. **Mira** la ilustración. **Sigue** las instrucciones.

Los niños se reían y se divertían. Una piñata de papel colgaba por encima de sus cabezas. Uno por uno, cada niño golpeó la piñata. Finalmente, la piñata se rompió. Todos los caramelos y pequeños juguetes cayeron al suelo. Los niños corrieron para agarrar un puñado.

Encierra en un círculo la palabra que mejor complete cada oración.

contentos tristes

1. Los niños estaban ______________________.

juego deportes

2. Estaban jugando un ______________________.

reunión fiesta

3. Estaban en una ______________________.

adentro al aire libre

4. Los niños estaban ______________________.

5. Escribe una oración que exprese por qué los niños golpeaban la piñata con un palo.

____

____

____

Actividad para la casa Su niño o niña sacó conclusiones leyendo un texto y mirando la ilustración. Léale uno de sus libros favoritos. Mientras lee, haga pausas para comentar qué está pasando. Luego, hágale preguntas abiertas como ¿Qué está pasando ahora? y ¿Qué quiere decir todo esto?

Nombre ______________________________

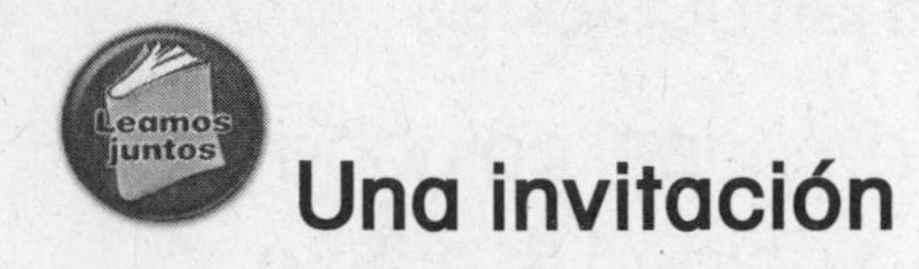

Una invitación

Querida tía Susana:

La semana que viene es el cumpleaños de papá. El sábado, 13 de junio de 2011, mamá y yo daremos una fiesta para él. Será en la casa del abuelo Pablo en la calle Álamo 143. La fiesta comenzará a las 4:00 de la tarde. ¿Vendrás? Por favor, no le digas nada a papá, ¡porque es una sorpresa!

Tu sobrino,
Diego

Aspectos principales de una carta de invitación

- Se invita a alguien a un evento planeado.
- Incluye detalles acerca de dónde y cuándo será el evento.
- Tiene un saludo y una despedida.

Nombre ____________________

Palabras graves

Palabras de ortografía					
útil	móvil	difícil	árbol	álbum	lápiz
ángel	azúcar	débil	fácil	cómo	dónde

Escribe una palabra de la lista.

Rima con grácil y empieza como fábrica.

1. ____________________

Termina como fútbol y empieza como área.

2. ____________________

Rima con automóvil y empieza como módulo.

3. ____________________

Termina como dócil y empieza como dijo.

4. ____________________

Rima con cáliz y empieza como lámina.

5. ____________________

Rima con conde y empieza como dólar.

6. ____________________

Escribe la palabra de la lista que falta.

7. Mi abuela dice que me porto como un ____________________ .
8. Este diccionario es muy ____________________ .
9. ¿ ____________________ se llama tu mascota?
10. En este ____________________ guardo muchas fotos.
11. Mi papá no le pone ____________________ al café.
12. Mi abuela está enferma y se siente ____________________ .

Actividad para la casa Su niño o niña está escribiendo palabras graves. Pídale que busque palabras graves en un periódico y las escriba.

Nombre ________________________________

Lee la oración. **Escribe** el significado de la palabra o frase en *cursiva*. **Encierra en un círculo** las demás palabras de la oración que te ayudaron a inferir el significado.

1. A mi tía María la llamamos *"Aunt María"*.

2. Invitaré a todos a mi fiesta. Nos divertiremos en la *party*.

3. Al salir, dije adiós a mi amigo. Él contestó *"Au revoir"* y se fue.

4. No sé su *name*. ¿Tú sabes cuál es su nombre?

5. Todas las mañanas digo *"¡Bonjour!"* a mi abuela y ella contesta buenos días.

Escribe lo que el niño dice a la mujer. **Usa** al menos una de las palabras en *letra cursiva* de las oraciones de arriba.

Actividad para la casa Su niño o niña aprendió algunas palabras en otro idioma. Pídale que haga sus propias oraciones con algunas de las palabras en cursiva en esta página.

Nombre ______________________

Preposiciones

Una **preposición** es la primera palabra de un grupo de palabras llamado **frase preposicional.** Algunas preposiciones son: *a, de, desde, con, en, entre, para, por, sin, sobre*.

Preposición	Tía baila sin bastón.
Frase preposicional	Tía baila sin bastón.

Copia la preposición de cada oración.

1. Preparo un regalo de cumpleaños.

2. Es una cesta para Tía.

Copia la frase preposicional de cada oración.

3. Entre esas cosas hay un libro.

4. Hemos puesto decoraciones por todas partes.

Di las frases proposicionales de los ejercicios 1–4.

Actividad para la casa Su niño o niña estudió las preposiciones. Miren juntos un artículo de una revista o un periódico. Pídale que señale las preposiciones que encuentre.

Nombre ______________________________

Tabla de T

Detalles	Oraciones y frases
Quién:	
Qué:	
Dónde:	
Cuándo:	
Por qué:	

Actividad para la casa Su niño o niña está aprendiendo a escribir cuentos, poemas, informes breves, párrafos de no ficción, cartas y otros tipos de textos este año. Pregúntele qué está escribiendo esta semana.

Nombre ______________________

Máximo está planificando una celebración especial para el cumpleaños número 75 de su abuela.

Observa las ilustraciones. **Escribe** la respuesta a cada pregunta.

1. Máximo quiere averiguar qué pasaba en el país hace 75 años. ¿Dónde puede hallar esa información?

____

2. ¿Con quién puede hablar Máximo si quiere planificar una comida especial para la celebración? ______________________

3. Escribe una pregunta que Máximo podría hacer a su abuela.

____

4. Máximo quiere saber cuáles son las comidas favoritas de su abuela. ¿Con quién puede hablar? ______________________

5. Escribe una pregunta que Máximo podría hacer acerca de las celebraciones de cumpleaños en otros países.

____

Actividad para la casa Su niño o niña aprendió a reunir evidencia de fuentes naturales y a utilizar a personas como fuentes de información. Hable con su niño o niña acerca de las personas y los lugares a los que usted acude cuando necesita respuestas. Pídale que entreviste a dos o tres miembros de la familia acerca de cumpleaños memorables.

Nombre ______________________

Palabras graves

Palabras de ortografía					
útil	móvil	difícil	árbol	álbum	lápiz
ángel	azúcar	débil	fácil	cómo	dónde

Lee el cartel. **Encierra en un círculo** cuatro palabras mal escritas. **Escribe** bien las palabras.

¡Promoción especial de verano!
Bolsas de azucar a precio especial
Libros de cocina facil a buen precio
Consulte el mapa para saber
como llegar en automovil.
¡Te esperamos con tu familia!
Sábado a las 10:00.

1. ______________________

2. ______________________

3. ______________________

4. ______________________

Palabras de ortografía difícil

frágil
automóvil
hábil

Encierra en un círculo la palabra que esté bien escrita. **Escríbela.**

5. débil debil ______________________

6. album álbum ______________________

7. árbol arbol ______________________

8. lapiz lápiz ______________________

Actividad para la casa Su niño o niña está aprendiendo a identificar palabras graves. Pídale que piense y escriba otras palabras graves.

Nombre ______________________

Lee el cuento. **Pregúntate** qué está sucediendo. **Contesta** cada pregunta.

La señorita Booker se paró al lado de su puerta. Escuchaba un murmullo dentro. Cuando entró, todos los niños gritaron. Por un momento, la señorita Booker no sabía lo que estaba sucediendo. Entonces, miró a su alrededor y vio que todos estaban sonriendo. Además, todos usaban unos sombreros muy graciosos. Hasta habían hecho un cartel para felicitar a la señorita Booker en un día tan especial.

1. ¿Quién es la señorita Booker? ______________________

2. ¿Dónde está la señorita Booker?

____

3. ¿Por qué no sabía lo que estaba sucediendo? ______________________

____

4. ¿Qué crees que había en el cartel que hicieron los niños? ¿Por qué?

____

Actividad para la casa Su niño o niña sacó conclusiones leyendo un cuento y mirando la ilustración. Por turnos, lean otro cuento. Ayúdele a averiguar más sobre los personajes y a determinar qué sucede en el cuento mientras lee.

Nombre ______________________________

Preposiciones

Marca la preposición en cada oración.

1 Estoy mirando por la ventana.

- ⬭ la
- ⬭ por
- ⬭ mirando

2 Hoy es el cumpleaños de Tía.

- ⬭ de
- ⬭ es
- ⬭ Hoy

3 Abrazo a mi gatita.

- ⬭ a
- ⬭ mi
- ⬭ abrazo

4 Me siento en el patio.

- ⬭ patio
- ⬭ me
- ⬭ en

5 La cesta es una sorpresa para la fiesta.

- ⬭ la
- ⬭ para
- ⬭ una

Actividad para la casa Su niño o niña se preparó para examinarse sobre preposiciones. Pídale que diga alguna preposición y la utilice en una oración.

Nombre ______________________________

Lee las siguientes oraciones.
Subraya las palabras esdrújulas que encuentres en cada oración.

En las estampidas, el ganado corre muy **rápido**, sin sentido de dirección.

1. Los vaqueros se enfrentaban con situaciones muy difíciles para llevar el ganado a los mercados.
2. En las estampidas, los vaqueros tenían que controlar a los líderes de la manada.
3. Trataban de que los líderes hicieran correr a la manada en círculos.
4. A veces, tenían que disparar con sus revólveres unos cuantos tiros al aire.
5. Por último, antes de continuar el camino, buscaban las cabezas de ganado que se extraviaban en la estampida.

Actividad para la casa Su niño o niña identificó y subrayó las palabras esdrújulas de las oraciones del ejercicio anterior. Escriba cinco palabras esdrújulas en una hoja de papel. Luego, pida a su niño o niña que las divida en sílabas y que le diga qué sílaba contiene la fuerza de pronunciación de la palabra.

Nombre ______________________

Escoge la palabra del recuadro que complete correctamente cada oración. **Escribe** la palabra en la línea.

manada	ferrocarril	ganado
hoguera	vaqueros	
galopaban	corredizo	

1. Tania leyó un libro sobre ______________ que vivieron hace mucho tiempo.

2. Uno de los vaqueros llevaba la ______________ de reses al mercado.

3. Algunas veces, las tormentas asustaban al ______________.

4. El vaquero y su caballo ______________ tratando de controlar la estampida.

5. El vaquero hizo un lazo ______________ para atrapar a una vaca.

6. Después, el vaquero hizo una ______________ y se fue a dormir.

7. Por último, el vaquero llevó al ganado hasta el ______________.

Actividad para la casa Su niño o niña usó palabras de vocabulario para completar oraciones. Pídale que use esas mismas palabras para hacer otro cuento. Luego, pídale que lea el cuento y que subraye las palabras de vocabulario.

Nombre ______________________________

Lee el cuento. **Encierra en un círculo** las palabras de orden.

Escribe 1, 2, 3, 4, 5 para mostrar el orden correcto de los sucesos.

El *Pony Express*

En 1860, vivían muchas personas en California. Las personas querían recibir cartas, pero el correo era muy lento. El correo se llevaba en diligencia y tardaba mucho en llegar. Pero, en enero de 1860, se creó el *Pony Express* como una manera más rápida de entregar el correo. Primero, el *Pony Express* contrató jinetes para entregar el correo a caballo. Luego, la empresa construyó estaciones entre St. Joseph, Missouri y Sacramento, California. Después, el 31 de marzo de 1860, un tren trajo el correo desde Washington, D.C. y Nueva York hasta St. Joseph. Luego de eso, el primer jinete del *Pony Express* partió de St. Joseph el 31 de abril de 1860. Finalmente, el correo llegó a Sacramento, California, sólo 10 días más tarde.

_______ El primer jinete del *Pony Express* partió de St. Joseph.

_______ Un tren llevó el correo hasta St. Joseph.

_______ *El Pony Express* contrató a jinetes.

_______ La empresa construyó estaciones del *Pony Express*.

_______ El correo llegó a Sacramento, California.

Actividad para la casa Su niño o niña identificó palabras en un cuento que indican secuencia y ubicó los sucesos en el orden correcto. Pida a su niño o niña que cuente sucesos que ocurrieron un día festivo, como el 4 de Julio. Asegúrese de que diga los sucesos en el orden correcto. Anímelo a usar palabras de orden.

Nombre ___________________________

El coordinador

Un trabajo en la escuela es el de coordinador. Este trabajo se parece mucho al de un vaquero. Los trabajos son parecidos porque tanto el coordinador como el vaquero están al frente de un grupo. Ambos muestran al grupo por dónde debe ir. Sin embargo, los trabajos son diferentes. Un coordinador guía a niños, pero un vaquero conduce al ganado. Un coordinador guía a los niños por los pasillos de una escuela, pero el vaquero conduce al ganado por caminos polvorientos.

Aspectos principales de un texto de comparación y contraste

- Indica en qué se parecen y en qué se diferencian dos cosas.
- Usa palabras clave para mostrar semejanzas y diferencias.

Nombre ___________________________

Acentuación: Palabras esdrújulas

Palabras de ortografía					
éramos	rápido	líderes	círculos	íbamos	último
lámpara	música	número	teléfono	máscara	límite

Escribe una palabra de ortografía que tenga un significado parecido a cada palabra o frase.

careta
1. ___________________

melodía
2. ___________________

cabecillas
3. ___________________

partíamos
4. ___________________

veloz
5. ___________________

menor
6. ___________________

Completa la oración con una palabra de ortografía.

7. Este río es el ___________________ entre las dos ciudades.

8. La bandera olímpica tiene cinco ___________________.

9. Hablo con mi abuelo por ___________________.

10. ¿Hasta qué ___________________ sabes contar?

11. Tengo una ___________________ para leer.

12. Verónica y yo ___________________ buenos amigos en la escuela.

Actividad para la casa Su niño o niña está escribiendo palabras esdrújulas. Dele pistas de una palabra y pídale que adivine y escriba la palabra.

Nombre ______________________________

Lee la oración. **Escoge** el significado del recuadro para la palabra subrayada y escríbelo en la línea. **Usa** las otras palabras de la oración como ayuda.

da un pago	**algo pequeño y de poco valor**	
buenos modales	**contó**	**que se puede comer**

1. La maestra relató el cuento a la clase.

____

2. Sandra se comportó con decoro; fue amable y educada.

____

3. En la mayoría de los empleos, se te compensa por tu trabajo.

____

4. Aunque eran baratijas, los pendientes eran muy lindos.

____

5. La parte comestible de una banana es la de adentro.

____

Escuela + Hogar **Actividad para la casa** Su niño o niña usó palabras clave para descubrir el significado de palabras poco comunes. Pida a su niño o niña que le diga cómo descubrió el significado de las palabras en las oraciones.

Nombre ______________________________

Uso de la coma

Usa una **coma (,)** para decirle al lector dónde puede hacer una pausa.

Cuando llegues a Kansas, báñate.

Pon **comas** entre tres cosas o más de una lista.

Se hizo con un caballo, una silla de montar y unas botas.

Pon una **coma** en las direcciones para separar los nombres de la ciudad y el estado o el país.

Houston, Texas   Cali, Colombia

Pon una **coma** al final de la despedida de una carta.

Cordiales saludos,
Frank Montes

Copia las oraciones. **Pon** comas donde sea necesario. El número entre ( ) dice cuántas comas debes poner en cada oración.

1. Llevaban sombrero un pañuelo botas y calzas. (2)

____

2. Denver Colorado (1)

____

Di las oraciones de arriba señalando las comas.

Actividad para la casa Su niño o niña estudió el uso de la coma. Miren juntos un artículo de periódico. Pídale que le señale dónde se usan comas.

Nombre ___________________________

Diagrama de Venn

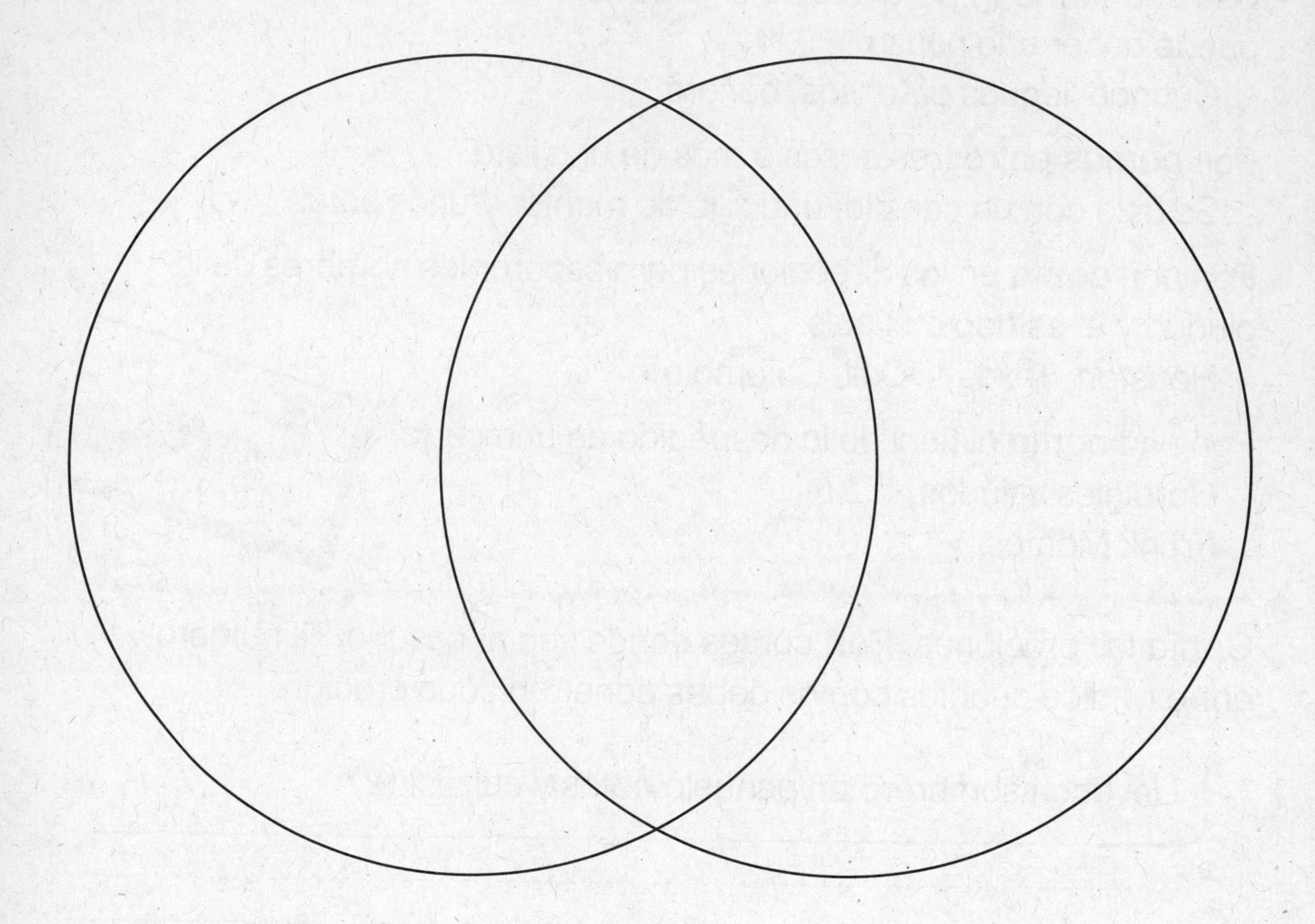

Actividad para la casa Su niño o niña está aprendiendo a escribir cuentos, poemas, informes breves, párrafos de no ficción, cartas y otros textos este año. Pregunte a su niño o niña qué está escribiendo esta semana.

Nombre ______________________________

Encierra en un círculo la ilustración o las ilustraciones que mejor responden a las preguntas.

1. ¿Qué fuente de tu casa usarías para averiguar el significado de la palabra **estampida?**

 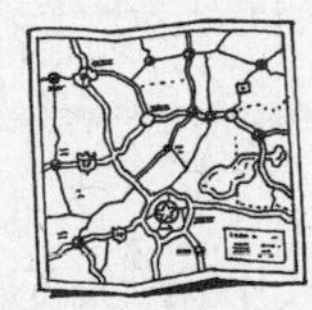 

2. ¿Qué fuentes podrías usar para anotar información sobre las horas de alimentación del ganado?

Diario de alimentación del ganado

3. ¿En qué fuente podrías hallar cómo es trabajar con caballos?

  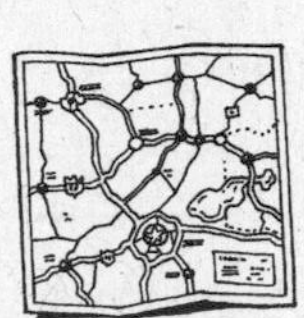

4. ¿Qué fuente podría mostrarte horarios actualizados de aviones?

  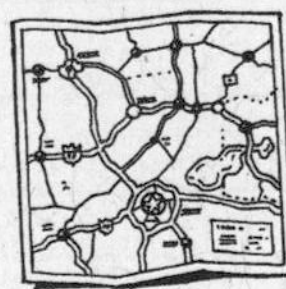

5. ¿Qué fuente podría decirte a qué hora es la lección de Historia?

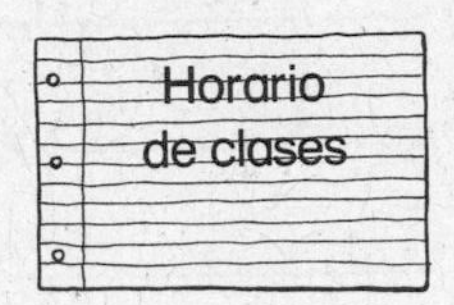

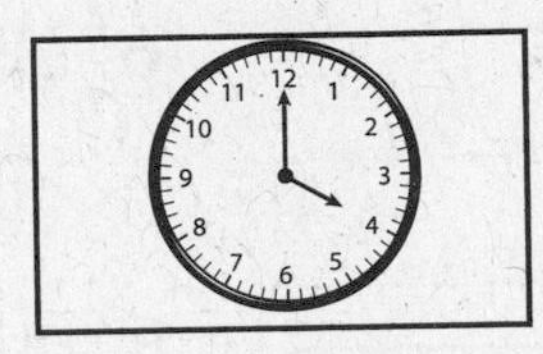

Actividad para la casa Su niño o niña aprendió a escoger fuentes de referencia. Comente distintas fuentes de información y algunas fuentes a las que podría recurrir cuando necesita información. Si es posible, trabaje con su niño o niña en la Internet o use enciclopedias u otras fuentes para averiguar más sobre los vaqueros estadounidenses. Pida a su niño o niña que anote las fuentes que usó.

Nombre ______________________

Acentuación: Palabras esdrújulas

Palabras de ortografía					
íbamos	rápido	líderes	círculos	último	éramos
lámpara	número	límite	teléfono	máscara	música

Encierra en un círculo tres palabras mal escritas. **Escribe** bien las palabras. **Separa** la última oración en dos oraciones y escríbelas.

Palabras de ortografía difícil
indígena
miércoles
murciélago

Anoche oí un ruido en la oscuridad. Mi hermana despertó y prendió la lampara. Mi conejo corría en circulos debajo de mi cama. Agarré rapído el conejo y lo puse en su jaula. Tendré más cuidado con mi conejo, es mejor dormir sin ruido ni lámparas.

1. ______ 2. ______ 3. ______

4. ______________________

Encierra en un círculo la palabra que está bien escrita. **Escríbela.**

5. telefono
teléfono ______

6. último
hultimo ______

7. líderes
liderez ______

8. número
numero ______

Actividad para la casa Su niño o niña está aprendiendo a identificar palabras esdrújulas mal escritas. Pídale que encuentre y escriba otras palabras esdrújulas.

Nombre ______________________

Subraya en el cuento las palabras y frases de orden. **Encierra** en un círculo las fechas. **Escribe 1, 2, 3, 4, 5** para mostrar el orden correcto de los sucesos.

El explorador del Ártico

Matthew Henson fue un famoso explorador, que descubrió el Polo Norte junto con Robert Peary. Trabajaron juntos e intentaron varias veces llegar al Polo Norte. Cada vez, tomaban un barco hasta Groenlandia y luego caminaban hasta el Ártico.

Su primer viaje fue en 1890. No llegaron muy lejos. Después, en 1900, llegaron más al norte de lo que cualquier persona había llegado antes. Luego, en 1906, batieron su propio récord. Finalmente, en 1909, Henson y Peary llegaron al Polo Norte. Muchos años después, en 2000, la Sociedad Geográfica Nacional dio a Henson la medalla Hubbard.

______ Henson y Peary llegaron al Polo Norte.

______ Henson y Peary lograron llegar más al norte de lo que cualquier persona había llegado antes.

______ Henson y Peary hicieron su primer viaje.

______ Henson recibió la medalla Hubbard.

______ Henson y Peary batieron su propio récord.

Actividad para la casa Su niño o niña identificó el orden de los sucesos en un texto informativo. Ayúdelo a escribir un texto sobre cómo preparar su comida favorita. Asegúrese de que su niño o niña escriba los sucesos en el orden correcto. Anímelo a usar palabras de orden.

Nombre ______________________________

Uso de la coma

Marca la oración o el grupo de palabras con la puntuación correcta.

1
- ⬭ Cheyenne Wyoming
- ⬭ Cheyenne, Wyoming
- ⬭ Cheyenne wyoming

2
- ⬭ Acarrean novillos, vacas y terneros.
- ⬭ Acarrean novillos vacas y terneros.
- ⬭ Acarrean novillos vacas y, terneros

3
- ⬭ Lima, Perú
- ⬭ Lima Perú
- ⬭ Lima. Perú

4
- ⬭ Llevaban sombrero caballo, lazo y pañuelo.
- ⬭ Llevaban sombrero caballo lazo y pañuelo.
- ⬭ Llevaban sombrero, caballo, lazo y pañuelo.

5
- ⬭ Un abrazo. Elena
- ⬭ Un abrazo, Elena
- ⬭ Un abrazo Elena

Escuela + Hogar **Actividad para la casa** Su niño o niña se preparó para examinarse sobre el uso de la coma. Pídale que escriba una lista de cosas que ve a su alrededor, por ejemplo: *Veo una silla, un cuadro, un sofá y una ventana.*

Nombre ______________________________

Escoge la abreviatura del recuadro que complete correctamente cada oración.
Usa las pistas dadas entre paréntesis.
Escribe la abreviatura en la línea.

Sr. Sra. Srta. Dr. Dra.

Dr. Gómez

Sra. Ramírez

1. El ______________ Pérez es nuestro maestro de español.
(señor)

2. El ______________ Ponce es un oftalmólogo muy bueno.
(doctor)

3. La ______________ Cruz es muy simpática.
(señorita)

4. La ______________ Peña es la pediatra de mis hijos.
(doctora)

5. La ______________ Acevedo es muy estricta.
(señora)

Actividad para la casa Su niño o niña completó oraciones con las abreviaturas Sr., Sra., Srta., Dr. y Dra. Pídale que escriba un cuento sobre sus maestros usando tantas de estas abreviaturas como le sea posible. Luego, pregúntele cuál es el significado de cada abreviatura.

Nombre ______________________________

Lee la historia. **Escoge** una palabra del recuadro para completar las oraciones. **Escribe** la palabra en la línea.

elecciones	micrófono	mítines
capitán	lema	discursos

Carlos, que había sido ______________ del equipo de fútbol de la escuela, habló en la asamblea el jueves por la mañana. Habló muy cerca del ______________, como el maestro le había enseñado. Carlos era candidato a presidente en las ______________ de la escuela. Todos los estudiantes que eran candidatos dieron ______________ ese día. Carlos ya había pasado horas hablando en ______________. Él y su vecino habían escrito su ______________ en carteles y en prendas de vestir. Gastaron muy poco dinero. En ese momento, la única pregunta que tenía era: "¿Quién ganará?".

Actividad para la casa Su niño o niña usó las palabras de vocabulario de la lección para completar un cuento. Pídale que use las palabras de vocabulario para inventar sus propias oraciones.

Nombre ______________________________

Lee el cuento. **Sigue** las instrucciones.

A Emma le encanta nadar

Emma es una gran nadadora. Cuando era bebé, aprendió a nadar al estilo perrito, que se llama así porque de esa manera nada un perro. Emma creció y aprendió el estilo espalda. En este estilo, el nadador se pone boca arriba y mueve un brazo a la vez para atrás y por sobre la cabeza. En la escuela, Emma se unió a un equipo de natación y ganó una medalla por ser la más rápida en nadar estilo espalda. Después, Emma aprendió a nadar un estilo llamado mariposa, en el que el nadador se pone boca abajo en el agua y mueve los brazos como un molino. Este es un estilo difícil, pero Emma ganó varias carreras de estilo mariposa. Cuando nada de esta manera, Emma siente que tiene alas de mariposa.

1. Menciona un hecho sobre el estilo perrito.

____

2. Subraya los detalles del cuento que hablan del estilo espalda.

3. Menciona un hecho sobre cómo comienza un nadador el estilo mariposa.

____

Actividad para la casa Su niño o niña leyó un cuento que es una ficción realista e identificó hechos y detalles. Pídale que le diga algunos hechos y detalles sobre otro deporte.

Nombre ______________________________________

Una bandera para la escuela

Instrucciones para la escritura: Escribe un enunciado persuasivo sobre un cambio en una tradición que mejoraría tu escuela.

Estamos orgullosos de nuestro país y de nuestro estado. Por ese motivo, las banderas de los Estados Unidos y Texas ondean siempre enfrente de la escuela. También estamos orgullosos de nuestra escuela. Pero no tenemos una bandera para demostrarlo. Pienso que deberíamos crear una bandera de la escuela. En el futuro, podemos izarla para que todo el mundo sepa cómo nos sentimos.

Sería fácil hacer una bandera. El águila es el símbolo de nuestra escuela. Podemos ponerla en la bandera. Algunos padres pueden coserla y otros padres pueden colocar el mástil. Podemos organizar ventas de pasteles después de la escuela para recaudar dinero para pagar la tela y el mástil. Cuando la bandera escolar ondee, ¡la comunidad verá que amamos a nuestro país, a nuestro estado y a nuestra escuela!

Escuela + Hogar **Actividad para la casa** Su niño o niña está aprendiendo a escribir en respuesta a una instrucción de examen. Pídale que le diga por qué este es un buen ejemplo de enunciado persuasivo.

Nombre ____________________

Abreviaturas

Palabras de ortografía		
Dr. (doctor)	**Dra.** (doctora)	**Sra.** (señora)
D. (don)	**Dña.** (doña)	**pág.** (página)
Srta. (señorita)	**etc.** (etcétera)	**tel.** (teléfono)
Sr. (señor)	**p. ej.** (por ejemplo)	**núm.** (número)

Lee la palabra. **Escribe** la abreviatura.

etcétera

1. ____________________

por ejemplo

2. ____________________

doctora

3. ____________________

señorita

4. ____________________

señor

5. ____________________

don

6. ____________________

señora

7. ____________________

doña

8. ____________________

Completa la oración con una abreviatura. **Escríbela.**

9. Mi número de ____________________ es 5557686.

10. Leímos la ____________________ 35 de este libro.

Actividad para la casa Su niño o niña está escribiendo abreviaturas. Ayúdelo a buscar abreviaturas en un libro.

Nombre ______________________

Escribe el significado de las palabras subrayadas.
Usa la página del diccionario como ayuda.

como *adv.* de tal manera; *v.* tomo alimentos
corazón *sust.* órgano del cuerpo; *sust.* parte central de algo
cuesta *sust.* terreno en pendiente; *v.* está en venta a un cierto precio
frente *sust.* parte superior de la cara; *sust.* parte delantera de una cosa
punto *sust.* signo de puntuación; *sust.* lugar, sitio
río *sust.* corriente de agua; *v.* celebro algo con risas

1. Juan vivía en el corazón de la ciudad.
____

2. Falta el punto final en esta oración.
____

3. ¿Cuánto cuesta esta camisa?
____

4. Están pintando el frente del edificio.
____

5. Yo no como mucho en el desayuno. ______________________

6. Este río cruza toda la ciudad. ______________________

Actividad para la casa Su niño o niña usó un diccionario para inferir el significado correcto de palabras que tienen más de un significado. Pídale que le diga qué claves usó en cada oración para escoger el significado correcto del diccionario.

Nombre ______________________________

La coma en oraciones compuestas

Una **oración simple** tiene un sujeto y un predicado. A veces se unen dos o más oraciones simples para formar una **oración compuesta:**

Yo voté por Grace. Tú votaste por Thomas.
Yo voté por Grace y tú votaste por Thomas.

Las oraciones simples se pueden unir con comas y con palabras como *y, o, pero.*

Thomas tenía muchos seguidores, pero Grace también tenía los suyos.

Encierra en un círculo las palabras y las comas que unen oraciones simples para formar estas oraciones compuestas.

1. Nuestra bandera tiene barras y tiene estrellas.
2. Los estados tienen banderas, pero cada una es diferente.
3. Subimos la bandera por la mañana y la bajamos por la tarde.
4. Yo quería votar en las elecciones presidenciales, pero era demasiado joven.

Di otras oraciones compuestas unidas con *y, o* o *pero*.

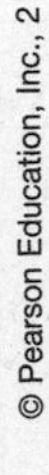

Escuela + Hogar **Actividad para la casa** Su niño o niña estudió las oraciones compuestas. Pídale que combine estas oraciones con una coma y la palabra *y: Luis llegó. Se sentó en el sofá. Se quedó dormido. (Luis llegó, se sentó en el sofá y se quedó dormido.)*

Nombre ______________________________

Guía para calificar: Enunciado persuasivo

	4	3	2	1
Enfoque/ Ideas	El enunciado está bien enfocado en una idea con tres hechos, razones o ejemplos de apoyo.	El enunciado está enfocado en una idea con dos hechos, razones o ejemplos de apoyo.	El enunciado está vagamente enfocado en una idea con un hecho, razón o ejemplo de apoyo.	El enunciado no está enfocado y carece de hechos, razones o ejemplos de apoyo.
Organización	Los detalles se presentan de manera clara y organizada.	Los detalles se presentan de manera organizada.	Algunos de los detalles están organizados.	Los detalles no están organizados.
Voz	En la escritura se usa un tono definido y persuasivo.	En la escritura se usa un tono persuasivo.	En la escritura se usa a veces un tono persuasivo.	En la escritura no se usa un tono persuasivo.
Lenguaje	El escritor usa palabras expresivas y persuasivas.	El escritor usa algunas palabras persuasivas.	El escritor usa pocas palabras persuasivas.	El escritor usa un vocabulario aburrido.
Oraciones	Las oraciones están completas y varían en longitud.	La mayoría de las oraciones están completas y varían en longitud.	Algunas oraciones están completas y varían en longitud.	Pocas oraciones están completas o varían en longitud.
Normas	No hay errores de ortografía, de uso de mayúsculas o puntuación.	Hay pocos errores de ortografía, de uso de mayúsculas o puntuación.	Hay algunos errores de ortografía, de uso de mayúsculas o puntuación.	Hay muchos errores de ortografía, de uso de mayúsculas o puntuación.

Escuela + Hogar

Actividad para la casa Su niño o niña está aprendiendo a escribir un enunciado persuasivo. Pídale que le explique el tema. Luego, pídale que le diga el enunciado principal y los detalles de apoyo. La escritura de su niño o niña se evaluará según esta guía para calificar de cuatro puntos.

Nombre ________________________

El año que viene se cumplirán 50 años de la llegada de la familia de Kai a los Estados Unidos. Están organizando una gran reunión para celebrar la ocasión. **Encierra en un círculo** los dibujos o **escribe** las respuestas a las preguntas.

1. ¿Qué fuente usarías para saber dónde queda Japón?

2. ¿Con quién podría hablar Kai si quisiera saber más sobre las tradiciones de su familia?

3. Escribe una pregunta que Kai podría hacer sobre una tradición familiar.

____

____

4. ¿Cuál es una tradición japonesa que Kai podría aprender a hacer?

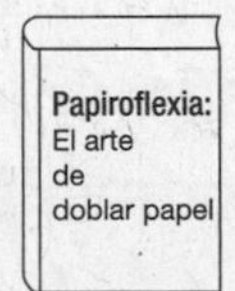

5. Escribe una pregunta que Kai podría hacer para comparar las tradiciones japonesas con las tradiciones estadounidenses.

____

____

Actividad para la casa Su niño o niña aprendió a reunir evidencia de fuentes naturales y a usar a personas como fuentes de información. Háblele sobre algunas tradiciones que su familia celebra y comparte con otros. Dele un tema de una tradición para investigar. Hagan una lista de las fuentes que pueden usar para hallar las respuestas a las preguntas.

Nombre ______________________

Abreviaturas

Lee la nota. **Encierra en un círculo** cuatro abreviaturas mal escritas. Escribe bien las abreviaturas.

> Señores y señoras estudiantes:
> Para el lunes deben traer la lectura de "Dn. Pedro y Dna. María". En la segunda pgg. del libro está la tarea. Los estudiantes que no tienen el libro llamen al tell. 547-3124810.
> Profesor Suárez

1. ______________ 2. ______________

3. ______________ 4. ______________

Palabras de ortografía

1. Dr. (doctor)
2. Dra. (doctora)
3. Srta. (señorita)
4. Sr. (señor)
5. Sra. (señora)
6. D. (don)
7. Dña. (doña)
8. p. ej. (por ejemplo)
9. pág. (página)
10. núm. (número)
11. tel. (teléfono)
12. etc. (etcétera)

Encierra en un círculo la abreviatura que esté bien escrita. **Escríbela.**

5. etc. etcc. ______________

6. EE.UU. E.U. ______________

7. dr Dr. ______________

8. por ej. p. ej. ______________

Palabras de ortografía difícil

EE.UU. (Estados Unidos)
admón. (administración)
Avda. (avenida)

Actividad para la casa Su niño o niña está aprendiendo a identificar abreviaturas mal escritas. Pídale que escriba una nota usando algunas de estas abreviaturas.

Nombre ________________________________

Lee el cuento. **Sigue** las instrucciones.

Hornear pastelitos

A Lin le encantaba cocinar con su mamá. Todos los sábados por la mañana, horneaban algo juntas. Este sábado, hicieron pastelitos de arándanos. Lin preparó los ingredientes.

—¿Tenemos todo? —preguntó su mamá—. ¿Harina, huevos, aceite, azúcar, yogur y arándanos?

Lin asintió. Juntas, mezclaron la harina con el polvo de hornear, la sal y los arándanos. Después, mezclaron los huevos, el aceite y el yogur. Luego, combinaron las dos mezclas.

—¡Mezcla suavemente! —le advirtió su mamá.

—Bueno —dijo Lin y miró la receta—. Ahora, deben hornearse durante 25 minutos.

Pronto, en la cocina había un aroma increíble. Más tarde, Lin comió un pastelito. ¡Pensó que nunca había probado nada tan delicioso!

1. **Subraya** los detalles del cuento que indican cómo hornear pastelitos.

2. ¿Qué hecho se incluye en la receta sobre cómo hornear los pastelitos?

____

____

Actividad para la casa Su niño o niña leyó un cuento de ficción realista e identificó hechos y detalles. Pídale que enumere algunos hechos y detalles sobre algo que le guste mucho hacer.

Nombre ______________________________

La coma en oraciones compuestas

Marca las palabras y comas que completan cada oración correctamente.

1 Todos pueden ____________ que haber cumplido los 18 años.

- ⬭ votar tienen
- ⬭ votar, pero tienen
- ⬭ tienen

2 Hay votos ____________ votos electorales.

- ⬭ populares y hay
- ⬭ populares
- ⬭ populares pero

3 Ha habido muchos ____________ han sido hombres.

- ⬭ presidentes o todos
- ⬭ presidentes, pero todos
- ⬭ presidentes todos

4 Muchos estudiantes votaron ____________ Grace ganó las elecciones.

- ⬭ Thomas o
- ⬭ por Thomas
- ⬭ por Thomas, pero

5 Puedes votar por ____________ votar por Thomas.

- ⬭ Grace o puedes
- ⬭ Grace puedes
- ⬭ Grace pero

Actividad para la casa Su niño o niña se preparó para examinarse sobre las oraciones compuestas. Dígale una de las oraciones compuestas de esta página y pregúntele qué dos oraciones simples combina y con qué palabra.

Nombre ______________________________

Tacha las palabras del recuadro que NO sean raíces de palabras usadas con el sufijo que se muestra en el título del recuadro.

-mente		*-dad*	
suavemente	lamente	bondad	solemnidad
completamente	inteligentemente	dad	recordad
mente	repetidamente	soledad	novedad
abiertamente	felizmente	lealtad	brevedad
comente	primeramente	honestidad	facilidad
anteriormente	miente	hablad	agilidad
inicialmente	aumente	sinceridad	maldad

Lee el cuento.

David estaba completamente aislado del resto de la clase. Su soledad se notaba cada vez que jugábamos al básquetbol. Inicialmente, y demostrándole amabilidad, intentamos integrarlo, pero él se negó. Al menos tuvo la sinceridad de decirnos que no quería ser nuestro amigo. Normalmente, los niños nuevos se adaptan sin problemas, pero David no. Con el tiempo, comenzó a unirse a nosotros ocasionalmente. Jugábamos al básquetbol semanalmente, y él jugaba a veces. La primera vez fue una gran novedad, pero finalmente, y después de demostrarle nuestra amistad y lealtad, David se unió al grupo.

Actividad para la casa Su niño o niña identificó raíces de palabras con los sufijos *-mente* y *-dad*. Pídale que escriba cuatro oraciones con las palabras *humildad, rápidamente, fácilmente* y *humedad.* Compruebe su trabajo para asegurarse de que usó las palabras correctamente en las oraciones.

Nombre ______________________________

Sufijos *-mente* y *-dad*

Palabras de ortografía

suavemente alegremente tristemente lentamente brevedad bondad
amabilidad posibilidad novedad realidad justamente soledad

Encierra en un círculo la palabra que mejor completa la oración.

1. La (bondad, brevedad) de mi madre la hace única.
2. Tienes que hacerlo (alegremente, suavemente) para que no se rompa.
3. Reaccionaron (tristemente, lentamente) ante la mala noticia.
4. Desde que su familia se fue, sufría de (realidad, soledad).
5. Ten la (posibilidad, amabilidad) de ayudarme.
6. El inesperado cambio de director es una gran (novedad, brevedad).

Escribe las palabras del recuadro en orden alfabético.

7. ______________________ 8. ______________________

9. ______________________ 10. ______________________

11. ______________________ 12. ______________________

lentamente
brevedad
posibilidad
realidad
justamente
alegremente

Actividad para la casa Su niño o niña ha estado escribiendo palabras con los sufijos *-mente* y *-dad*. Escriba algunas palabras con estos sufijos en una hoja de papel. Pídale a su niño o niña que lea la palabra e identifique la raíz. Por ejemplo, la raíz de la palabra *igualmente* es *igual*.

Nombre ______________________

Escoge la palabra del recuadro que complete correctamente cada oración. **Escribe** la palabra en la línea.

carnaval	paralizada	meneando
samba	muestra	

1. Sara aprendió a bailar ______________ desde pequeña.

2. Por eso fue invitada a bailar en el ______________ de los bailes típicos.

3. Sara hizo ______________ de su destreza para el baile.

4. Sara se desplazaba al ritmo de la música ______________ los colores de su hermosa falda.

5. Su amiga Suzy se quedó ______________ de sorpresa al ver lo bien que bailaba Sara.

Actividad para la casa Su niño o niña repasó las palabras de vocabulario que aprendió en esta unidad. Pídale que escriba un cuento sobre un baile típico de alguna región que conozca usando las palabras de vocabulario.

Nombre ______________________________

Lee el cuento.
Contesta las preguntas.

Ayuda a las víctimas de las inundaciones

El regalo de ayudar

Juan y su familia se acaban de mudar. A pesar de que Juan comenzaba a hacer amigos en su nuevo vecindario, extrañaba a sus viejos amigos. La semana pasada hubo una inundación en el pueblo donde Juan vivía antes. Muchos perdieron sus casas y estaban viviendo en carpas montadas en campo abierto.

Juan quería recaudar dinero para ayudar a las víctimas, pero se sentía extraño pidiéndole ayuda a gente que no conocía.

—¿Cómo le puedo pedir dinero a gente que no conozco? —le preguntó a la madre.

—No es fácil, pero verás que la mayoría de la gente quiere ayudar —explicó la madre—. Primero debes hacer un plan.

Aun así, Juan se sentía extraño; pero quería hacer algo para ayudar a las víctimas de la inundación. Juan y su hermana María fueron a la Tienda de Alimentos de Flynn.

—Queremos pedirle algo, Sr. Flynn. ¿Le gustaría ayudar a las víctimas de la inundación? —preguntó Juan.

Después, Juan le explicó al Sr. Flynn cuál era su plan.

—Si un jovencito como tú puede hacerlo, yo también quiero hacerlo —exclamó el Sr. Flynn alegremente—. ¡Trabajemos juntos!

Escuela + Hogar **Actividad para la casa** Su niño o niña comparó y contrastó los personajes del cuento. Hagan juntos una lista sobre diferentes maneras en que las personas pueden ayudar a otras personas necesitadas. Comparen y contrasten las diferentes maneras.

Nombre ______________________

El Sr. Flynn y Juan hicieron una fiesta para recaudar dinero. Muchos de los clientes del Sr. Flynn ofrecieron dinero y otros ofrecieron ropa y comida enlatada.

—Me siento muy orgullosa de ti —dijo la madre de Juan—. Nunca te lo había dicho, pero cuando era pequeña un huracán destruyó nuestra casa. No nos quedó nada, solamente la ropa que llevábamos. No había ningún lugar adonde ir para refugiarnos y teníamos muy poca comida y agua —explicaba la madre de Juan—. La gente alrededor del mundo escuchó la noticia del huracán y comenzó a enviar comida y medicinas. Ya ves, muchas personas ayudan a otras sin pensar en sí mismas. ¡Y es lo que has hecho!

---

1. ¿En qué se parecen Juan y el Sr. Flynn?

2. ¿En qué se diferencia lo que hizo Juan de lo que hizo la madre cuando era pequeña?

3. Según la madre de Juan, ¿en qué se parecen las personas?

Nombre ______________________

Uso de las mayúsculas

Busca las palabras que deben comenzar con mayúscula. **Escríbelas** correctamente.

1. A laura y a bárbara les gusta el cuatro de julio.

2. Su tía carla le regaló un vestido a amelia.

3. carla márquez vive en san francisco.

Subraya las palabras que deben comenzar con mayúscula. **Escríbelas** correctamente.

4. Hoy celebramos el día del trabajo.

5. Nos visitará julio garcía.

6. Viajaremos a los ángeles.

Nombre ______________________________

Día 1 Unidad 6 Semana 1

Amelia y la fiesta

Copia las oraciones. Asegúrate de que el espacio entre tus letras y tus palabras sea el correcto.

No iremos a Viena.

No conoces al tío Guillermo.

Día 2 Unidad 6 Semana 2

Roja, blanca y azul

Copia las oraciones. Asegúrate de que tus letras estén escritas de manera uniforme.

A Beth y a Pam les gusta salir de compras.

Rob caminó hasta el bosque.

Actividad para la casa Su niño o niña practicó la escritura uniforme y el espaciado correcto entre letras y palabras. Pídale que todos los días copie una oración de su libro de cuentos favorito usando su mejor caligrafía.

Nombre ______________________

Día 3 Unidad 6 Semana 3 — Una canasta para Tía

Copia las oraciones. Asegúrate de que tus mayúsculas y minúsculas tengan el tamaño adecuado.

Gabriela y Carina son audaces.

Tiene un resfrío terrible.

Día 4 Unidad 6 Semana 4 — Los vaqueros

Copia las oraciones. Asegúrate de que todas tus letras tengan la misma inclinación.

Quintín tiene una pregunta.

Xavier Zorbo hizo una mezcla.

Día 5 Unidad 6 Semana 5 — Grace para presidenta

Copia las oraciones. Asegúrate de que el espacio entre tus letras y tus palabras sea el correcto.

Mira el microscopio de Daniel.

Nombre ______________________________

Acentúa correctamente cada una de las siguientes palabras.

1. balon 2. reves 3. adios 4. quizas

Escoge la palabra que completa correctamente cada oración y **tacha** la que no corresponde.

5. Ayer comi comí una riquísima ensalada.

6. ¿Ya comenzo comenzó la primavera?

7. Estados Unidos es una nación nacion enorme.

8. Despues Después de almorzar jugaremos juntos a las cartas.

Lee el cuento.

Ayer mi mamá y mi papá compraron melón para merendar. El melón me gusta, pero aún más el melocotón. Otras veces meriendo un poco de jamón, maíz o algo así. Después de merendar, juego un rato. Ayer jugué, bailé y reí un montón. ¡Sería por el melón!

Escuela + Hogar **Actividad para la casa** Su niño o niña practicó la acentuación de palabras agudas. Dígale algunas palabras agudas y pídale que las escriba.

Nombre ______________________

Acentuación de palabras agudas

Palabras de ortografía					
allá	quizás	comenzó	jugó	visité	nación
comí	balón	razón	revés	adiós	después

Encierra en un círculo la palabra que está bien escrita.

1. Ayer **visite** **visité** el museo.
2. La banda tocó **después** **despues** de la comida.
3. Le dije **adios** **adiós** y me fui a mi casa.
4. Ese pantalón está al **revés** **reves.**
5. Mi abuela me regaló un **balon** **balón.**
6. El baile **comenzó** **comenzo** en la tarde.

Escribe las palabras del recuadro en orden alfabético.

7. ______________ 8. ______________

9. ______________ 10. ______________

11. ______________ 12. ______________

nación
allá
comí
quizás
razón
jugó

Escuela + Hogar

Actividad para la casa Su niño o niña está escribiendo palabras agudas. Dele pistas de una palabra de ortografía. Pídale que la adivine y la escriba.

Nombre ______________________________

Escoge la palabra del recuadro que complete cada oración.
Escribe la palabra en la línea.

bandera	sobrenombres	franjas
estrellas	América	aniversario

1. La ______________________ ondea en el asta.

2. Me gusta ver las ______________________ destellar y brillar en el cielo de la noche.

3. Te deseo un feliz ______________________ de bodas.

4. Una cebra tiene muchas ______________________.

5. Fran es tan fuerte como un toro. Por eso sus amigos lo llaman "Toro". A Leonardo le encantan los leones y sus padres lo llaman "Leo".

   Toro y Leo son ______________________.

6. Nuestro país está en ______________________ del Norte.

Actividad para la casa Su niño o niña repasó las palabras de vocabulario que aprendió en esta unidad. Pídale que escriba un cuento sobre la bandera de los Estados Unidos usando todas las palabras del recuadro que le sea posible. Luego, anímele a ilustrar el cuento con una foto.

Nombre ______________________________

Lee el cuento. **Escribe** la respuesta a cada pregunta.

Celebraciones en Hawai

Los habitantes de Hawai siempre han celebrado la belleza de su tierra y la historia de su pueblo con antiguas costumbres. Dos costumbres populares son bailar el hula y regalar leis.

Los hawaianos han bailado el hula durante miles de años. En un principio, lo bailaban tanto hombres como mujeres. Entonces, los bailarines no usaban faldas de paja. Usaban faldas, pero estaban hechas de corteza.

El antiguo hula a menudo se realizaba acompañado de un canto, llamado *mele*, en el que los sonidos se repetían una y otra vez. A veces, los bailarines bailaban al ritmo de la música de instrumentos antiguos. Los hawaianos usaban cocos, guajes y troncos pequeños como instrumentos que golpeaban o agitaban.

Los movimientos del bailarín de hula contaban una historia. Los bailarines expresaban la historia, las costumbres y las ceremonias de Hawai. A veces, la danza daba las gracias por las bendiciones. El antiguo hula era una danza seria. Los maestros de danza enseñaban a los bailarines jóvenes la manera correcta de bailar este hula.

Otra costumbre importante del pueblo hawaiano es hacer, usar y regalar leis. Un lei es un collar de flores reales. En todo Hawai crecen flores hermosas de colores brillantes.

Las personas que hacen leis suelen enhebrar flores, pero a veces cuelgan hojas verdes brillantes. También pueden hacer leis con caracolas, nueces o plumas.

Cuando llegaron visitantes a Hawai a principios del siglo XX, los

Actividad para la casa Su niño o niña leyó un texto de no ficción e identificó el propósito del autor al escribirlo. Vuelvan a leer juntos el cuento. Pregunte a su niño o niña por qué el autor habló a los lectores sobre el hula antiguo.

Nombre ______________________

hawaianos dieron un lei a cada uno para darles la bienvenida a su isla. Colocaban el lei en el cuello del visitante. Hoy en día, a las personas que llegan a Hawai todavía les dan la bienvenida con leis.

Nadie debe negarse a aceptar ni a usar un lei. Hacerlo podría herir los sentimientos de la persona que lo entrega. Los leis son tan importantes para los hawaianos que el 1 de mayo es un día festivo. Es el Día del Lei.

---

1. ¿Cuál es el tema del texto?

____

2. ¿Cuál crees que fue el propósito del autor al escribir este cuento? Subraya la respuesta correcta.

   contar una historia divertida

   explicar cómo se hace algo

   dar información

3. ¿Por qué crees que el autor habló al lector sobre el canto?

____

____

4. ¿Qué datos sobre Hawai aprendiste mientras leías el cuento? Menciona dos cosas que aprendiste.

____

____

Nombre ______________________________

Uso de las comillas

Haz una √ junto a la oración que está bien escrita.

1. El profesor leyó en voz alta: “Capítulo 1. La bandera”. ______

   El profesor “leyó en voz alta”: Capítulo 1. La bandera. ______

2. La cantante interpretó “Estrellas”. ______

   La cantante interpretó Estrellas”. ______

3. ¿Me lees “el artículo Las trece colonias”? ______

   ¿Me lees el artículo “Las trece colonias”? ______

Escribe bien cada oración.

4. Esta canción se titula Betsy Ross.

____

5. ¿Te leo el cuento Vecinos?

____

6. Dijo el sabio: Querer es poder.

____

Nombre ______________________________

Las siguientes palabras son graves.
Subraya la sílaba donde está la fuerza de pronunciación de la palabra.

1. mármol
2. ángel
3. botella
4. cómo
5. útil
6. cocina
7. llave
8. fútbol

Lee el cuento.

A Félix le gusta ir a la escuela, aunque la clase de idiomas le resulta difícil. El señor López, su maestro, dice que es fácil y que Félix es muy hábil para escribir poesías y cuentos. ¡Cuánto más útil le parece la clase de Ciencias de la señorita Pérez! Hoy salieron al patio y se sentaron en el césped debajo de un árbol. La maestra les dijo que buscaran un insecto o un pájaro y lo dibujaran con lápiz en su guía de estudio.

Actividad para la casa Su niño o niña identificó la sílaba que contiene la fuerza de pronunciación de las palabras graves y leyó un cuento. Pídale que escriba una oración o un cuento corto con estas palabras: *ágil, dónde, débil* y *cansado.*

Nombre ______________________

Palabras graves

Palabras de ortografía					
útil	móvil	difícil	árbol	álbum	lápiz
ángel	azúcar	débil	fácil	cómo	dónde

Encierra en un círculo las palabras que se repitan. **Escríbelas.**

difícil	ángel	vida
dónde	difícil	dócil

cómo	útil	móvil
móvil	azúcar	árbol

Escribe la palabra de ortografía que describe la frase.

1. que se hace sin esfuerzo ______________
2. se pone al café para endulzarlo ______________
3. lo usas para escribir ______________
4. que no tiene mucha fuerza ______________
5. planta grande con tronco y ramas ______________
6. que tiene algún uso ______________
7. tipo de pez de muchos colores: pez ______________

Actividad para la casa Su niño o niña está aprendiendo palabras graves. Díctele palabras de ortografía y pídale que las escriba.

Nombre ______________________

Escoge la palabra del recuadro que complete cada oración.
Escribe la palabra en la línea.

regalo	favorito	alcancía
canasta	chistosa	sorpresa

1. El pasatiempo ______________ de Tina es coleccionar monedas.

2. En su cumpleaños, su tía, una persona ______________, le trajo un ______________ pequeño.

3. —¿Qué tipo de ______________ me trajiste esta vez? —preguntó Tina.

4. Tina lo abrió. ¡Era una ______________!

5. —Es una ______________ para ti —dijo la tía—, para las monedas especiales.

Actividad para la casa Su niño o niña repasó el vocabulario de la lección que aprendió anteriormente en esta unidad. Pregúntele qué clases de cosas colecciona o qué le gustaría coleccionar. Luego, pídale que escriba un párrafo sobre coleccionar cosas, usando algunas de las palabras de vocabulario.

Nombre ______________________

Lee el cuento. **Responde** a las preguntas.

El árbol genealógico

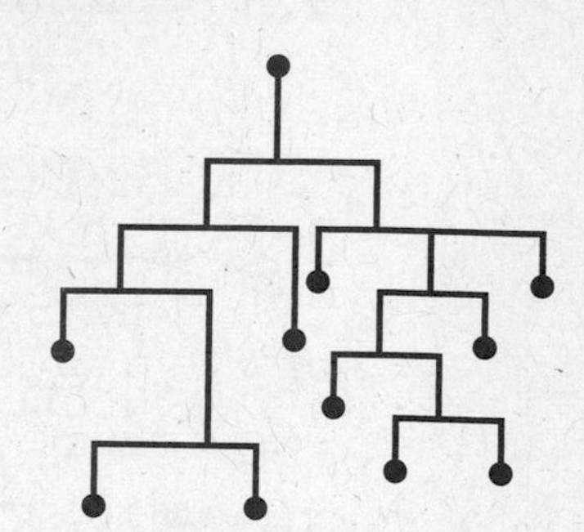

Cada año, la familia Torrado organiza un gran picnic. Es el picnic de verano favorito de María Torrado. Puede ver a sus tías y tíos y jugar con sus primos.

—Éste sería un buen momento para saber sobre nuestro árbol genealógico —dijo la señora Torrado.

—¿Dónde lo plantaron? —preguntó María.

—No es el tipo de árbol que crece en la tierra —se rio la tía Juana—. Es un cuadro que muestra la historia de una familia.

—Al igual que un árbol real, tiene ramas. Las ramas muestran a todas las personas de la familia —explicó el señor Torrado.

—Me gusta trepar a los árboles. ¿Puedo estar en la cima? —preguntó María.

—Disculpa, los miembros más jóvenes de la familia están al pie del árbol —respondió la señora Torrado.

La familia Torrado comenzó a trabajar en el árbol genealógico. María aprendió mucho sobre su familia. El regalo de cumpleaños que siempre le enviaba su abuela era ropa hecha a mano. María se enteró de que, en una época, su abuela tenía una tienda de ropa.

—¿Recuerdas que la abuela siempre hablaba de su madre? —preguntó el señor Torrado.

Actividad para la casa Su niño o niña sacó conclusiones sobre los personajes de un cuento. Pídale que le diga si María tiene una familia grande o chica y por qué piensa eso.

Nombre ____________________

—Fue la primera Torrado que fue a la universidad —dijo la tía Juana con orgullo.

El árbol mostraba a las personas de las dos partes de la familia de María. La familia Torrado es la parte de su padre. La familia Jacobo es la parte de su madre. María descubrió que la familia Jacobo llegó a los Estados Unidos desde Rusia.

—¿Tienes familiares en Rusia? —preguntó María.

—Mi prima Raquel todavía vive en Rusia —contestó la señora Torrado.

—¿Podemos invitarla al picnic del próximo año? —preguntó María con emoción.

—¡Qué idea genial! —dijo la señora Torrado.

El señor y la señora Torrado reunieron toda la información para el árbol genealógico.

—¿Puedo seguir añadiendo ramas al árbol? —preguntó María.

—¡Seguro! ¡Cuando pase el tiempo, no estarás más al pie del árbol! —agregó la señora Torrado.

1. ¿Cómo muestra María su interés por el árbol genealógico de su familia?

____

____

2. ¿Cómo podría llegar la prima Raquel al picnic del próximo año?

____

____

Nombre ____________________

Preposiciones

Copia la preposición de cada oración

1. Pongo la taza en la cesta.

2. Por la vereda viene Tía.

3. Tenemos globos y adornos para la fiesta.

Copia la frase preposicional de cada oración.

4. Los músicos comienzan a tocar.

5. Chica pone su cara en las flores.

6. Bailé sin sombrero.

Nombre ______________________________

Escribe las palabras esdrújulas correctamente en las líneas.

1. eramos ______________
2. circulos ______________
3. mascara ______________
4. telefono ______________
5. numero ______________
6. limite ______________

Encierra en un círculo la palabra que está acentuada correctamente.

7. silaba	silabá	sílaba
8. unico	único	unicó
9. pasábamos	pasabamós	pásabamos
10. mirame	mírame	miramé

Lee el cuento.

La doctora Ruth tenía una habilidad mágica. Las visitas a su consultorio siempre eran rápidas. Cuando Lázaro se sentó en el consultorio, estaba cómodo. La música era tranquila. La doctora, muy simpática, entró, encendió su lámpara y le preguntó lo que había hecho el sábado. Mientras conversábamos, lograba que nos olvidáramos de todo. La revisión pareció cortísima. La doctora dijo a Lázaro que estaba fantástico, pero que debía continuar haciendo mucha actividad física.

Actividad para la casa Su niño o niña escribió palabras esdrújulas y leyó un cuento. Pídale que escriba una oración o un cuento corto con estas palabras: *íbamos, teléfono, típico* y *déjame*.

Nombre ______________________

Acentuación: Palabras esdrújulas

Palabras de ortografía					
música	rápido	líderes	círculos	éramos	último
lámpara	íbamos	número	teléfono	máscara	límite

Escribe la palabra de ortografía con significado parecido a la palabra o frase.

1. veloz ______________
2. melodía ______________
3. careta o disfraz ______________
4. aros ______________
5. jefes o caudillos ______________
6. linterna ______________

Ordena la palabra de ortografía.

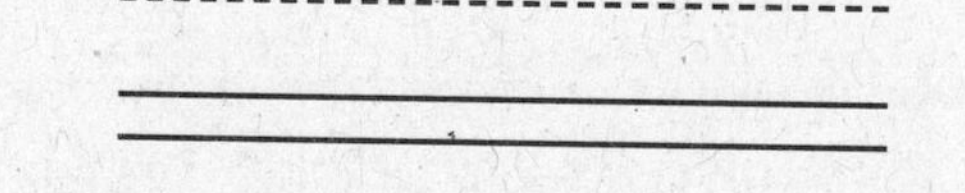

7. s a í m b o ______________
8. l o s c u c í r ______________

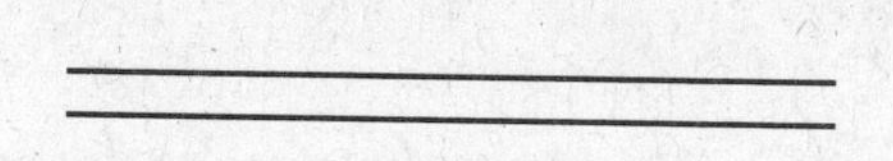

9. s é m a r o ______________

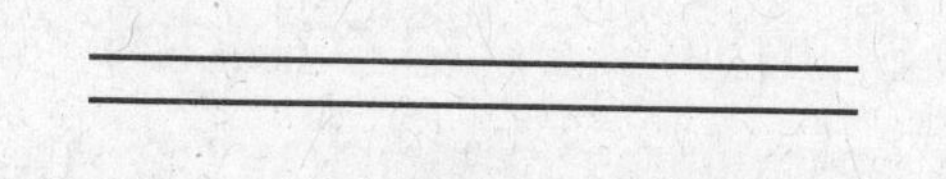

10. m o t i ú l ______________
11. l é n o t e f o ______________
12. o m n e r ú ______________

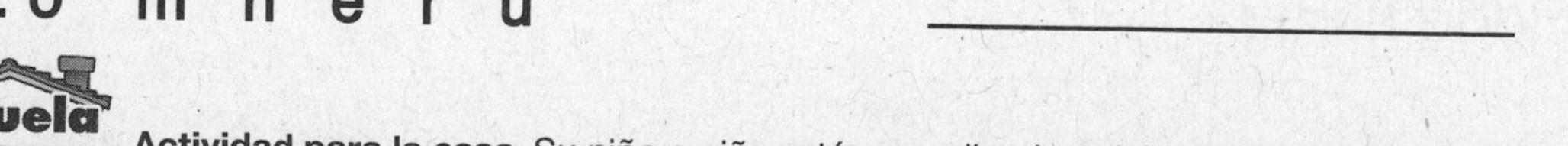

Actividad para la casa Su niño o niña está aprendiendo palabras esdrújulas. Pídale que ilustre algunas palabras de ortografía y las rotule.

Nombre ____________________

Escoge la palabra del recuadro que complete correctamente cada oración.
Escribe la palabra en la línea.

vaqueros	ganado	manada	
hoguera	galopaba	ferrocarril	corredizo

1. Los ____________________ montaban a caballo.
2. Cocinaban la comida con el fuego de una ____________________.
3. Los vaqueros arreaban el ____________________.
4. Algunas veces, una de las vacas de la ____________________ salía corriendo o se quedaba atrás.
5. Uno de los vaqueros hacía un lazo ____________________ y ____________________ en su caballo para capturar a la vaca y volver a reunirla con la manada.
6. El ganado se llevaba a los corrales cerca de las líneas del ____________________.

Actividad para la casa Su niño o niña repasó las palabras de vocabulario que aprendió en esta unidad. Pídale que escriba sobre un día cotidiano en la vida de un vaquero usando las palabras de vocabulario.

Nombre ______________________

Lee el cuento. **Sigue** las instrucciones.

La gran rueda de Chicago

La primera rueda de Chicago se construyó hace más de 100 años para la Exposición Universal de Chicago.

Las personas a cargo de la exposición querían mostrar algo magnífico. Un grupo de hombres se reunió. Allí, había un joven ingeniero con el nombre de George Washington Gale Ferris.

Ferris tuvo la idea de construir la rueda de Chicago. Tal vez pienses que las ruedas de Chicago que viste eran grandes, pero la rueda de Chicago que Ferris quería construir era mucho más grande. ¡Sería una rueda de Chicago GIGANTE!

Pero primero, se tenía que aprobar el diseño de Ferris. En 1892, llevó sus planos a otra reunión. Las personas dijeron que Ferris era un payaso. Le dijeron que su rueda sería imposible de construir. Pero Ferris no se rindió y su idea se aprobó.

Luego, Ferris comenzó a trabajar de inmediato para construir su rueda. Después, en junio de 1893, Ferris organizó una prueba para la rueda que ya estaba terminada. Quería comprobar si la enorme rueda funcionaba antes de colocar los carros. ¡La rueda ya pesaba alrededor de 2 millones de libras! ¿Podría una rueda tan pesada realmente girar? ¡Sí! La rueda pasó la prueba fácilmente.

Entonces, Ferris encargó 36 carros enormes. Cada carro pesaba 26,000 libras y podían llevar a 60 pasajeros. Finalmente, Ferris colocó los carros y la rueda estuvo lista.

Actividad para la casa Su niño o niña identificó el orden de los sucesos en un cuento. Pídale que cuente qué sucedió en una película que haya visto recientemente. Pida a su niño o niña que cuente los sucesos en el orden en que ocurrieron. Anímelo a usar palabras de orden.

Nombre ______________________

Por último, en el otoño de 1893, la Exposición Universal se abrió al público. El día de la inauguración hubo una gran ceremonia con oradores, música y una multitud de personas. El último orador fue George Washington Gale Ferris. Cuando terminó su discurso, sopló un silbato dorado como señal para accionar la rueda. Todos miraron asombrados y aclamaron con entusiasmo cuando la magnífica rueda giró. La gran rueda de Chicago fue un éxito.

---

1. **Encierra en un círculo** las palabras del texto que se usan como claves para mostrar el orden en que ocurrieron los sucesos.

2. **Escribe** los números **1, 2, 3, 4, 5** y **6** para mostrar el orden correcto de los sucesos.

______ Ferris comenzó a trabajar para construir la gran rueda de Chicago.

______ Aprobaron los planos para la gran rueda de Chicago.

______ En 1893, se inauguró la Exposición Universal.

______ Ferris encargó carros para su rueda.

______ Ferris organizó una prueba para ver si la rueda giraba.

______ Ferris colocó los carros en la rueda de Chicago.

Nombre ______________________________

Uso de la coma

Copia las oraciones. **Pon** las comas necesarias.

1. A mi caballo le gusta correr correr y correr.

2. El rancho tiene reses caballos y perros.

3. Mis tíos se llaman Enrique Ángela Luisa y Gerardo.

4. Mi tío Enrique vive en San Antonio Texas.

Nombre ______________________

Escribe la abreviatura del recuadro que corresponde con cada palabra.

Dr.	Srta.	Sr.	Dra.	pág.	p. ej.
Sra.	D.	núm.	Dña.	etc.	tel.

1. __________ página
2. __________ por ejemplo
3. __________ don
4. __________ número
5. __________ señorita
6. __________ señora
7. __________ doctor
8. __________ señor
9. __________ teléfono
10. __________ etcétera
11. __________ doña
12. __________ doctora

Lee el cuento.

Ayer en la escuela no me sentía bien. Entonces, la Srta. López, mi maestra, llamó al Dr. Díaz, que es el médico de la escuela. Como él estaba ocupado, le dio el núm. de la Dra. Torrado. Enseguida, la directora, Dña. Norma, la llamó por tel. Mientras llegaba la doctora, me quedé con el Sr. Rivera, el encargado del servicio de mantenimiento. Cuando la Dra. Torrado llegó, me tomó la temperatura y me dijo que, por dos días, me quedara en cama, no me desabrigara, comiera ligero, etc.

Actividad para la casa Su niño o niña escribió abreviaturas y leyó un cuento. Escriba abreviaturas en una hoja, señálelas y pregúntele qué significa cada una.

Nombre ______________________

Abreviaturas

Palabras de ortografía		
Dr. (doctor)	D. (don)	Srta. (señorita)
Sr. (señor)	Dra. (doctora)	Sra. (señora)
pág. (página)	núm. (número)	Dña. (doña)
p.ej. (por ejemplo)	tel. (teléfono)	etc. (etcétera)

Escribe la abreviatura de la palabra subrayada.

1. La primera página del libro está sin número. ______
2. Puedes escribir una letra; por ejemplo, la "m". ______
3. El señor José viene con su hija. ______
4. ¿Cuál es tu número de teléfono? ______
5. El doctor Pérez atiende a sus pacientes. ______
6. Don José era capitán de un barco. ______

Encierra en un círculo las abreviaturas del recuadro.
Hay palabras horizontales y verticales.

a	b	b	i	k	l	o	d	r	a	j	u
f	a	r	t	o	s	r	t	a	l	o	p
s	r	a	t	d	r	e	s	m	o	x	l
r	t	r	a	ñ	t	p	r	a	s	t	e
f	g	o	l	a	e	c	t	o	e	t	c
a	e	l	u	p	l	r	s	a	l	o	s

Srta.
Dña.
Sra.
Dra.
etc.
tel.

Actividad para la casa Su niño o niña está aprendiendo a escribir abreviaturas. Para practicar en casa, pídale que busque abreviaturas en un periódico.

Nombre ______________________

Escribe una palabra del recuadro para completar las oraciones.

elecciones	micrófono	mítines
capitán	lema	discursos

1. Cuando algunos estudiantes se postulan a la presidencia de la escuela, el resto de los estudiantes votan en las ______________ escolares.

2. Todos los estudiantes votan: desde el estudiante más joven hasta el ______________ del equipo de fútbol.

3. Por lo general, los candidatos usan un ______________ para hablar a los otros estudiantes.

4. A veces, se dan ______________ antes de las elecciones.

5. Los estudiantes dan ______________ en los que dicen por qué deberían ser presidente.

6. Inventan un ______________, como "Juan puede lograrlo".

Actividad para la casa Su niño o niña repasó el vocabulario aprendido previamente en esta unidad. Dígale que imagine que se postuló para presidente de la clase. Pídale que escriba una breve descripción acerca de lo que sucedió con la mayor cantidad de palabras de vocabulario posibles.

Nombre ______________________________

Lee el cuento. **Sigue** las instrucciones.

El jardín de mariposas

Rich y Flo hicieron una visita emocionante al Jardín de mariposas. El guía les dijo que hay unas 28,000 especies.

Las mariposas volaban dentro de un edificio grande con techo de vidrio. A veces, las mariposas volaban muy cerca de Rich y Flo. ¡Una mariposa incluso se posó sobre la cabeza de Flo!

El techo era de vidrio para que pudiera entrar el cálido sol. Y el edificio se mantenía a una temperatura adecuada para las mariposas. Las mariposas necesitan calor. Si la temperatura es menor a 86 °F, las mariposas no pueden volar. Es por eso que están activas de día y duermen de noche.

Rich y Flo aprendieron que algunas mariposas son muy pequeñas y tienen una envergadura de solo 1/8 de pulgada. Otras son grandes y tienen una envergadura de casi 12 pulgadas. Y las alas de una mariposa están cubiertas de escamas. Esas escamas tienen colores hermosos y forman diseños interesantes. Pero las escamas pueden salirse de las alas si se las toca.

El guía les explicó que una mariposa no crece una vez que sale de su crisálida. Y a Rich y Flo les sorprendió enterarse de que la mayoría de las mariposas sólo viven de dos a cuatro semanas.

Mientras recorrían el lugar, Rich preguntó:

—¿Las mariposas pueden ver?

—Ven tres colores —dijo el guía—. Rojo, amarillo y verde.

Luego, Flo preguntó si hacían algún sonido.

Actividad para la casa Su niño o niña ha aprendido a identificar los hechos y detalles de un cuento. Lea una parte de una biografía breve escrita para el nivel de su niño o niña. Juntos, hagan una lista de hechos sobre la persona.

Nombre ______________________

—La mayoría de las mariposas no hacen ningún ruido —respondió el guía—. Pero algunas hacen fuertes chasquidos con las alas.

Cuando llegó el momento de irse, los visitantes del Jardín de mariposas le agradecieron al guía por haberles contado acerca de las mariposas. Mientras Rich y Flo salían del lugar, ¡se fijaron que ninguna mariposa se fuera con ellos!

1. Aproximadamente, ¿cuántas especies de mariposas existen?

2. ¿Cuál es la temperatura adecuada para las mariposas?

3. ¿Cuál es la envergadura de las mariposas más pequeñas?

4. ¿Cuánto tiempo viven la mayoría de las mariposas?

5. **Subraya** un hecho acerca de lo que pueden ver las mariposas.

Nombre ______________________

La coma en oraciones compuestas

Encierra en un círculo las palabras y las comas que unen oraciones simples para formar estas oraciones compuestas.

1. Hoy se celebran las elecciones y vamos a votar.
2. Sofía quería votar pero se puso enferma.
3. Nuestra maestra preparó una caja y allí pusimos nuestros votos.
4. Podíamos votar por un candidato o podíamos votar por el otro.

Usa una de las palabras entre ( ) para combinar cada par de oraciones. Vuelve a escribir la oración completa.

5. La Sra. Larrea contó los votos (y, pero) fue anotando los totales.

____

____

6. Yo no sabía si estaba preocupada (o, y) si estaba ilusionada.

____

____

7. Juan era un buen candidato, (o, pero) María era mejor.

____

____

Nombre ______________________________

Gráfica S-Q-A

Completa esta gráfica S-Q-A como ayuda para organizar tus ideas. **Escribe** tus ideas en oraciones.

Lo que Sé	Lo que Quiero saber	Lo que Aprendí

Nombre ______________________________

Característica de la escritura: Organización

Párrafo

- Todas las oraciones de un párrafo deben tratar sobre la misma idea.
- Las oraciones del párrafo deben estar en un orden que tenga sentido.
- Una oración del párrafo expresa la idea principal y las otras oraciones dan detalles sobre la idea principal.
- La primera oración de un párrafo tiene sangría.

Lee las siguientes oraciones. **Tacha** la oración que no trata de la misma idea. **Escribe** las otras oraciones en el orden correcto para formar un párrafo. **Deja** sangría en la primera oración.

Chris balanceó el bate.
Chris corrió hasta la primera base.
Su equipo ganó cinco partidos.
El bate golpeó la pelota.
Era el turno de batear de Chris.

Nombre ______________________

Eliminar palabras, frases u oraciones

Cuando revisas, puedes eliminar palabras, frases u oraciones para que tu escritura sea más clara. Estas reglas te ayudarán.

- Elimina cualquier palabra que signifique lo mismo que otra.
- Elimina una frase que no sea necesaria: especie de calor.
- Elimina cualquier oración que no trate sobre el tema.

Sigue las instrucciones.

1. Tacha la palabra que no es necesaria en esta oración. Escribe la oración nueva.

   Jugamos adentro cuando afuera hace mucho frío helado.

   ____

2. Tacha la frase que no es necesaria en la oración. Escribe la oración nueva.

   Las reglas del básquetbol han sufrido una especie de cambios.

   ____

3. Tacha la oración que no pertenece al párrafo. Explica por qué.

   El básquetbol ha sufrido cambios. Los aros ahora son de metal. La pelota es más grande. Las reglas del juego también han cambiado. Los Chicago Bulls son mi equipo favorito. El básquetbol ha cambiado, pero aún es emocionante.

   ____

Nombre ______________________

Guía de autoevaluación

Marca *Sí* o *No* acerca de los párrafos de tu informe de investigación.

	Sí	No
1. Organicé mis hechos en párrafos.		
2. Las oraciones de mi párrafo están en un orden que tiene sentido.		
3. Las oraciones de cada párrafo tratan sobre la misma idea.		

Responde a las preguntas.

4. ¿Cuál es la mejor parte de tu informe de investigación?

5. ¿Qué cambiarías del informe de investigación si pudieras volver a escribirlo?